姒兼山藏書目録

姒兼山　撰

國家圖書館出版社

圖書在版編目(CIP)數據

姒兼山藏書目録 / 姒兼山撰.-- 北京:國家圖書館出版社,2017.8
ISBN 978-7-5013-5935-6

Ⅰ.①姒… Ⅱ.①姒… Ⅲ.①私人藏書—圖書目録—中國—現代 Ⅳ.①Z842.7

中國版本圖書館 CIP 數據核字(2016)第 210872 號

書　　名　姒兼山藏書目録
著　　者　姒兼山　撰
責任編輯　張慧霞　陳　卓
封面設計　九雅工作室

出　　版　國家圖書館出版社(100034　北京市西城區文津街 7 號)
(原書目文獻出版社　北京圖書館出版社)
發　　行　010—66114536　66126153　66151313　66175620
66121706(傳真)　66126156(門市部)
E - mail　nlcpress@ nlc. cn(郵購)
Website　www. nlcpress. com→投稿中心
經　　銷　新華書店
印　　裝　北京華藝齋古籍印務有限公司
版　　次　2017 年 8 月第 1 版　2017 年 8 月第 1 次印刷

開　　本　787×1092(毫米)　1/16
印　　張　32.375

書　　號　ISBN 978-7-5013-5935-6
定　　價　280.00 圓

出版説明

《姒兼山藏書目録》四卷，姒兼山編，民國間稿本。三册。

姒艮成（1896—1972），字兼山，以字行，祖籍浙江紹興，天津著名文史專家。早年就讀於南開中學，從北洋大學法律系畢業後，曾任職天津地方法院、高等法院、地方檢察處、高等檢察處，歷任書記官、推事、檢察官、首席檢察長等職。創辦了保定高等法院、河間地方法院。民國二十一年（1932）以浙江同鄉會常務理事，創辦了浙江小學。民國二十七年（1938）創辦浙江中學。新中國成立後，應黄鈺生邀以專家身份審核管理天津圖書館古籍圖書。一九七二年，因腦溢血去世於天津。

姒兼山雖習法律，但極喜好文史，酷嗜藏書，爲近代著名藏書家。姒氏藏書以明清筆記、詩文集，以及有關紹興鄉邦文獻爲收藏特色。其藏書既有明清刻本，也有稿本、鈔本、批校本，如明范檟撰明萬曆三十六年（1608）刻本《洗心居雜言集》、清程哲撰清康熙五十年（1711）七略書堂刻本《蓉槎蠡説》、清顧藹吉撰清康熙五十七年（1718）玉淵堂初刻本《隸辨》、五代徐鍇撰清陳仲魚校本清乾隆四十七年（1782）汪啓淑刻本《説文繫傳》、清董含精鈔本《三岡識略》等，皆珍稀古籍，具有歷史文物性、學術思想性和藝術性，從内容到版刻都頗具價值。

《姒兼山藏書目録》手稿本，以經、史、子、集四部分類法著録，第一册著録經、史兩部書目，計一百四十二頁；第二册著録子部書目，計一百二十八頁；第三册著録集部書目，計二百四十四頁。全稿共計五百一十四頁，收録古籍四千五百餘種。所録各書依次標注書名、卷數、作者、版本、册數。此書目系統反映了姒兼山先生的藏書狀況，爲研究其生平與學術狀況提供了重要依據。

姒兼山藏書有一部分毁於十年浩劫，除此外，基本或售歸或捐贈給了北京、天津兩地的公共和學校圖書館，如北京大學圖書館所藏的民國鈔本《萬曆起居注》乃其中之一種。

宋文娟

二〇一七年六月

目録

姒兼山 編

姒兼山藏書目録

稿本

姒兼山藏書目錄

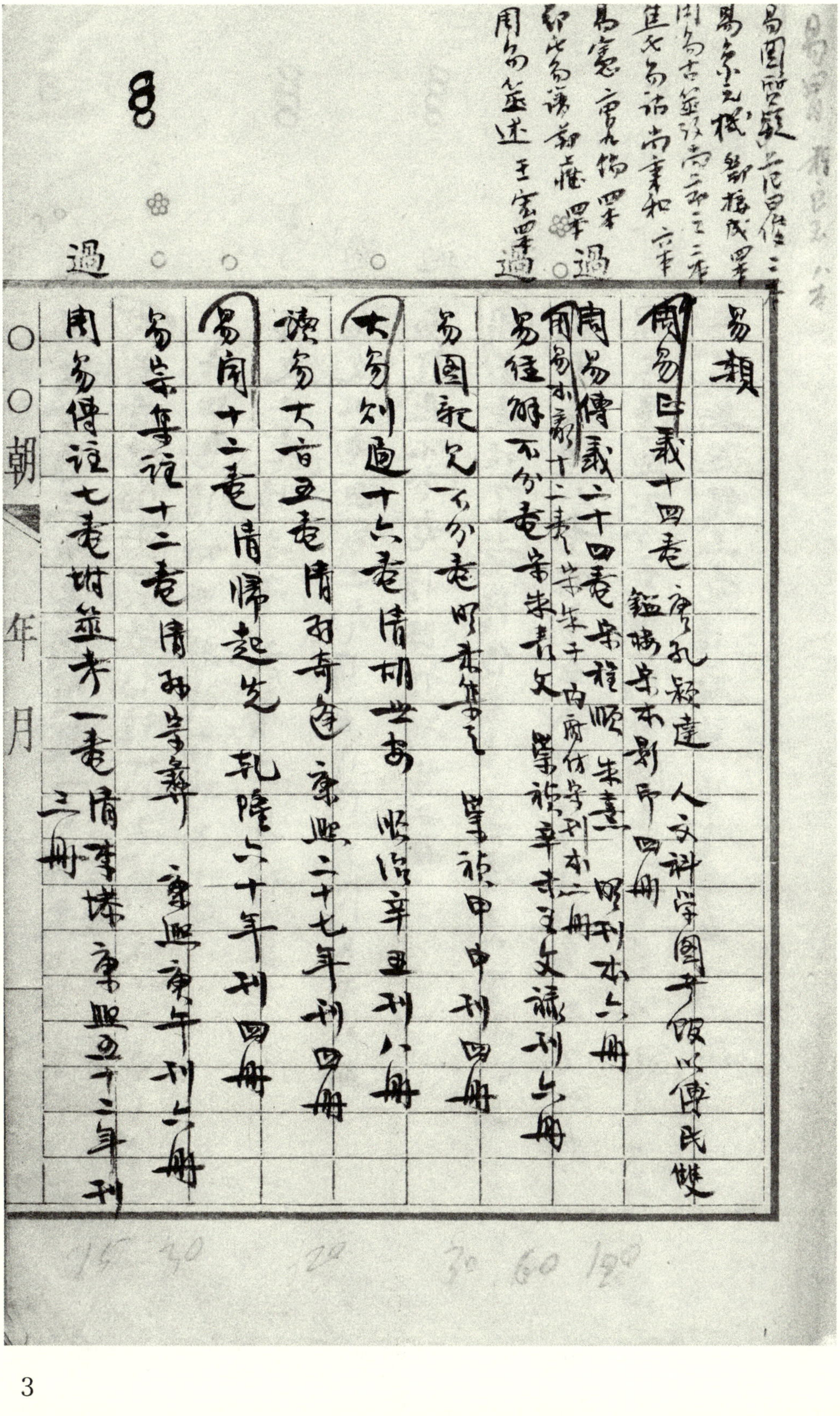

易圖略疑二卷 [illegible] 二本
易象元機 鄧楷成 四本
周易古筮考 尚[illegible] 二本
焦氏易詁 尚秉和 六本
易憲 [illegible] 四本 過
卲氏易講 鄭廬 四本 過
周易筮述 王宏 四本 過

8

過

易類

周易正義十四卷 唐孔穎達 人文科學圖書館以傅氏雙鑑樓宋本影印 四冊

周易傳義二十四卷 宋程頤 朱熹 明刊本六冊

周易本義十二卷 宋朱子 內府仿宋刊本二冊

易經解不分卷 宋朱長文 崇禎辛未王文謙刊六冊

易圖親見不分卷 明来集之 崇禎甲申刊四冊

大易則通十六卷 清胡世安 順治辛丑刊八冊

讀易大旨五卷 清孫奇逢 康熙二十七年刊四冊

易問十二卷 清歸起先 乾隆六十年刊四冊

易宗集注十二卷 清孫宗彝 康熙庚午刊六冊

周易傳注七卷附筮考一卷 清李塨 康熙五十二年刊 三冊

○○朝 年 月

易廣會通三卷 易圖質疑一卷 清趙日俊 乾隆間刊 三册

周易函書約存十八卷約注十八卷别集十六卷卜法詳考四卷 清胡煦 乾隆間刊 三十册

易見二卷 清吳鑒 嘉慶二十年刊 一册

易見九卷 啓蒙二卷 清貢渭濱 乾隆間刊 八册

易經述不分卷 清陳詵 刊本 二册

周易索詁十二卷 清倪象占 嘉慶辛酉刊 六册

周易後傳八卷附易互卦圖 清朱兆熊 刊本 二册

周易遵述不分卷附周易讀義一卷 蔣本 道光十年信芳閣刊 六册

易義無忘錄三卷 清蔣詢 道光辛丑刊 二册

8

過 周易通義二十二卷 清蘇秉國 嘉慶丙子刊十册

過 周易辨象合參十一卷首一卷 清任兆麟 道光乙巳刊五册

過 周易發蒙四卷 清胡鐈 道光二十六年刊二册

過 鄭氏爻辰補六卷 清戴棠 道光己酉刊三册

過 周易述翼一卷 清林慶炳 刊本一册

過 周易擇言六卷 清鮑作雨 同治甲子刊四册

過 周易通義十六卷 清莊忠棫 光緒庚辰刊二册

過 易學一得錄四卷 清胡澤章 光緒四年刊二册

○ 周易舊疑十二卷 清徐鼒 光緒十二年刊本二册

過 易象一說二卷 清唐樹仁 光緒丙申刊二册

○○朝 年 月

論　8

過　過　過　過　論

易論異同辨　青蘅館論一冊　清王世輝　光緒二十三年刊

易説二卷　清周謐音　宣統二年重刊本一冊

讀易質疑二卷　清金兆基　光緒己亥刊二冊

周易人事疏證正編八卷續四卷　清章世臣　宣統庚戌排印八冊

周易雜卦證解四卷　周善培　乙亥年排印本四冊

讀易一卷　失名輯　鈔本一冊

蓍卦考誤一卷　日本山崎嘉點　延寶戊午（康熙十七年）刊一冊

過　過　過

○○朝　年　月

尚書類

書經六卷　明孫鑛批評　閔元仲參定　明崇禎間天益山房刊二冊

尚書考異六卷　明梅鷟　道光乙酉[illegible]刊二冊

尚書埤傳十五卷附錄一卷　清朱鶴齡　康熙癸丑刊四冊

尚書古文疏證八卷附朱子古文書疑　清閻若璩　乾隆十年[illegible]刊本八冊

晚書訂疑三卷　清程廷祚　乾隆間三[illegible]書屋刊四冊

尚書古文證疑四卷　清孫喬年　嘉慶庚午天心閣刊二冊

尚書考辨四卷　清宋鑒　嘉慶四年刊四冊

今文尚書說三卷　清陸奎勳　乾隆六年刊一冊

尚書瑣記二卷　清尹恭保[illegible]　丙申刊五冊

過　過　過　過

禹貢說便蒙一卷 明鄭曉 光緒十五年刊一冊

禹貢匯疏十二卷圖經一卷神禹創鑄一卷附禹貢書義二卷 明茅瑞徵 崇禎壬申刊八冊

禹貢錐指二十卷 清胡渭 康熙四十四年漱玉軒刊十冊

禹貢今釋二卷 清馮日松 道光戊子刊一冊

禹貢正義三卷 清曹爾成 乾隆丙寅刊一冊

禹貢分箋七卷 清方溶 嘉慶己卯銀花藤館刊二冊

禹貢古今注通釋六卷 清侯楨 光緒刊本二冊、

禹貢班義述三卷 清成蓉鏡 光緒十一年刊一冊

禹貢易知編十二卷 清李慎儒 光緒二十五年刊四冊

10　7　6　5　4　4　30　60　4

過

詩類

呂氏家塾讀詩記三十二卷 宋呂祖謙 嘉慶辛未重刊本十冊

詩集傳音釋二十卷 元許謙 咸豐七年何昌彥老館刊本五冊

詩筏二卷 清賀貽孫 道光甲申刊一冊

毛詩日箋六卷 清秦松齡 康熙庚辰尊賢堂刊一冊

詩說二卷 清惠周惕 吳趙王澧刊本一冊

毛詩明辨錄十卷 清沈青崖 乾隆辛酉刊二冊

詩瀋二十卷 三家詩拾遺十卷 附夏小正輯注四卷 清范家相 乾隆甲午刊七冊

毛詩蒙求款啟十卷 清薛韜光 嘉慶庚申刊三冊

○○朝 年 月

過　過　過

毛詩稽古編三十卷　清陳啓源　嘉慶十八年刊八册

詩經通論十八卷　清姚際恒　民十六成都書局重刊八册

毛詩後箋三十卷　清胡承珙　道光丁酉刊十六册

毛詩叙說三十二卷　清龔鑑　道光間刊六册

詩說考畧十二卷　清成僎　道光十年信芳閣木活字本六册

古卯詩義一卷　清許曉　道光十二年刊一册

詩經廣詁三十卷　清徐璈　道光十年刊八册

毛詩補禮六卷　清朱濂　道光己亥刊二册

詩古微二卷　清魏源　道光間修吉堂精刊二册

詩管見七卷　清尹繼美　咸豐辛酉木活字擺印本六册

100　93

15　8　10　25　25　30　80　30　40

過　　過

詩地理考略二卷 清前人 同治甲子刊二冊

詩經申義十卷 清吳士模 光緒十六年重刊四冊

詩經原始二十卷 清方玉潤 同治辛未刊十六冊

兩詩徵名二卷 樹覺華龕詩存 清王蔭祜 光緒三十四年刊二冊

毛詩證讀五卷 清戚學標 嘉慶乙丑刊四冊

毛詩音韻考四卷 清程以恬 道光三年刊四冊

六家詩名物疏五十五卷 明馮復京 明崇禎刊本六冊

詩識名解十五卷 清姚炳 康熙戊子刊十冊

毛詩名物圖說九卷 清徐鼎 乾隆辛卯刊二冊

詩攷異字箋餘十四卷 清周邵蓮 嘉慶四年刊四冊

〇〇朝　年　月

詩攷攷異三十二卷 清徐華嶽 道光十二年刊六册
詩異文錄三卷 清黃位清 道光庚子刊二册
毛詩異義四卷附詩譜序 清汪龍 光緒四年刊四册
詩攷補訂五卷 清楊晨 丁卯石印本二册
韓詩外傳十卷 漢韓嬰 明嘉靖間沈氏野竹齋刊本四册
韓詩外傳十卷 前人 民二十四柳壽叟年影元刊二册
韓詩外傳十卷 前人 乾隆五十五年亦有生齋校正本一册
韓詩外傳十卷附西漢儒林傳經表二卷 前人 周廷寀校注 乾隆辛亥營道堂刊本四册
韓詩外傳十卷 前人 光緒乙亥望三益齋合周趙本校刊二册

過 過 過

韓詩故二卷 清沈清瑞 刊本一冊

韓詩遺說續考四卷 顧震福 家刊本一冊

齊詩翼氏學四卷 清迮鶴壽 嘉慶壬申刊一冊

詩傳釋義十二卷 清桂文燦 鈔本六冊

詩書古訓六卷 阮元 十六冊

毛詩補傳 日人南陽仁井田 十七冊

○○朝 年 月

30 10 10

禮類

周禮軍賦說四卷 清王鳴盛 嘉慶三年刊二册

周官圖說六卷 清李鍾書 嘉慶六年刊二册

周官經疏商要六卷 清顧文炤 嘉慶九年刊二册

冬官旁求二卷 清辛紹業 刊本一册

周官參證二卷 夏小正戴氏傳訓解四卷附考異通論 清王寶仁 同治甲戌重刊二册

周官指掌五卷 清莊有可 道光九年刊二册

周禮正義八十六卷 清孫詒讓 民二十四湖精舍刊本 六十册

周禮政要二卷 孫人 光緒壬寅刊二册

周禮古學考十一卷 李滋然 宣統元年排印本三冊

周禮俟說六卷 陳日昌 壬子年石印本六冊

周禮講義六卷 李步青 民三刊本二冊

井田圖考二卷 清朱克己 光緒庚寅刊四冊

考工記述注二卷附圖 明林兆珂 萬曆癸卯刊二冊

考工記圖二卷 清戴震 乾隆己亥刊二冊

輪輿私箋二卷附圖一卷 清鄭珍 同治七年獨山莫氏刊一冊

儀禮疏五十卷 唐賈公彥 道光庚寅汪氏藝芸書舍重刊宋本六冊

儀禮正義四十卷 清胡培翬 木犀香館刊本二十冊

儀禮蒙求一卷 清賈仲思 嘉慶辛酉刊一冊

書儀 二冊

冬官旁求一冊

8 8 8

過 過 過 過 過 過

儀禮問津一卷 清孟先靝 道光乙未刊一冊

喪服經傳三卷附釋問一卷 清雷鐏 道光九年刊 四冊

喪服答問紀實一卷 清汪喜孫 道光癸巳刊一冊

禮經宮室答問二卷 清洪頤煊 道光十年刊一冊

儀禮先易六卷 清呂仁杰 光緒元年重刊四冊

禮記注二十卷附釋文考異 漢鄭玄 嘉慶丙寅陽城張氏影宋撫州本重雕 十六冊

檀弓通二卷考工記二卷 明徐昭慶 萬曆庚戌刊四冊

檀弓論文二卷 清孫濩孫 康熙辛丑刊二冊

禮記訓義擇言八卷 清江永 乾隆庚寅刊四冊

○○朝 年 月

15 8.60 400 10 5 3 3

大戴禮補注十三卷 清王聘珍 光緒癸巳重刊四冊

戴禮緒言四卷 清陸奎勳 刊本一冊

禮記訓纂四十九卷 清朱彬 咸豐六年宜稼堂刊本八冊

蔡氏月令二卷 清蔡雲 道光四年刊二冊

月令七十二候贊一卷 清[illegible] 刊本一冊

夏小正注附或問 清[illegible] 道光丙戌刊一冊

夏小正義一卷 清沈秉成 民十六刊一冊

夏小正戴氏傳訓解一卷 王宗仁 [illegible]

三禮編繹二十六卷 明鄧元錫 萬曆乙巳刊十二冊

讀禮志疑六卷 清陸隴其 嘉慶二十年刊一冊

讀禮參考二十卷 清王曜南 光緒丁酉武林石印本六冊

白虎通四卷 漢班固 乾隆四十九年抱經堂盧氏校刊二冊

廟制圖考四卷 清萬斯同 乾隆乙酉刊二冊

過 禮義三卷 清金榜 乾隆五十九年刊二冊

過 求古錄禮說十六卷 清金鶚 道光庚戌刊八冊

禮書綱目八十五卷 清江永 嘉慶十二年俞氏刊二十四冊

過 禮書附錄十二卷 清陳宗彝 嘉慶廿五年刊六冊

過 讀禮通考一百二十卷 清徐乾學 原刊本三十二冊

過 五禮通考二百六十二卷 清秦蕙田 乾隆二十八年味經窩刊一百冊

過 文公家禮七卷 宋朱子 康熙乙未刊六冊

過 四禮要規不分卷 明程策 崇禎六年刊一冊

過 三禮從今三卷 清黃本驥 道光二十四年刊一冊

擇要禮樂記六卷附首末各一卷 清郝寶時 光緒十七年王之春重刊四冊

○○朝 年 月

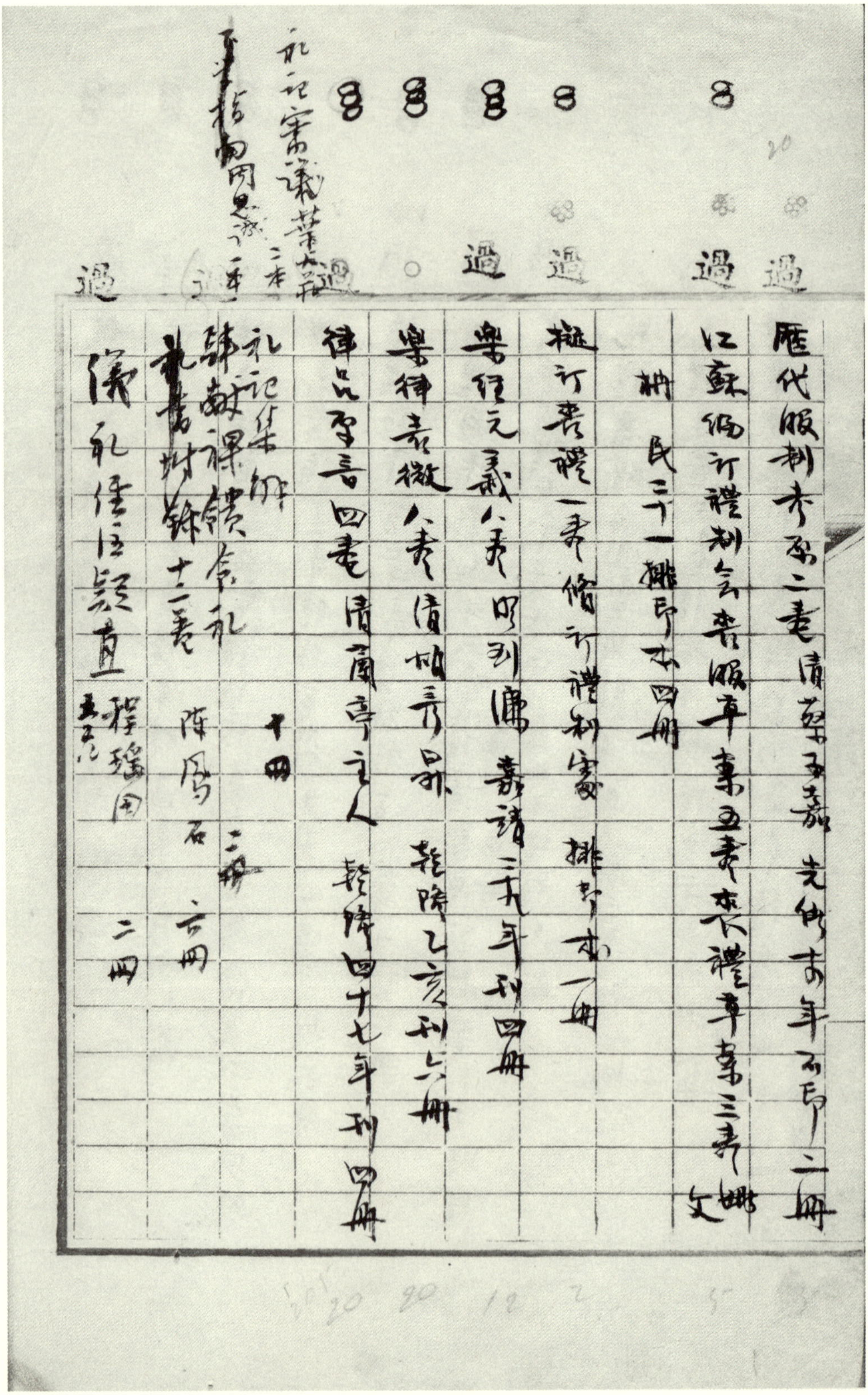

歷代服制考原二卷 清葉大莊 光緒廿年石印 二冊

江蘇編訂禮制會喪服草案五卷 喪禮草案三卷 姚文

枏 民二十一排印本 四冊

擬訂喪禮一卷 修訂禮制會 排印本 一冊

樂經元義八卷 明劉濂 嘉靖三十九年刊 四冊

樂律表微八卷 清胡彥昇 乾隆乙亥刊 六冊

律呂正音四卷 清蘭亭主人 乾隆四十七年刊 四冊

禮記集解 十冊

肆獻祼饋食禮 二冊

禮書附錄十二卷 陳風石 六冊

儀禮經注疑直 程瑤田 二冊

禮記宗義 葉大莊 二本

春秋

春秋胡氏傳三十卷 宋胡安國 刊本六册

春秋取義測十二卷 清法坤宏 乾隆甲寅刊四册

左傳拾遺二卷 清朱元英 康熙四十三年刊二册

公羊傳十二卷 何休解詁 陸氏問禮堂仿宋[illegible]刊本四册

公羊傳二卷 穀梁傳一卷 清王源評選 康熙丙申刊三册

左傳同名錄 清楊文新 道光己丑刊一册

左腴三卷 清儲希全 道光戊申刊二册

左傳舊疏考正八卷 清劉文淇 道光戊戌刊二册

春秋內傳古注輯存三卷附補輯三卷 清嚴蔚輯 馮明五補 乾隆己丑刊四册

○○朝 年 月

過 過 過 過 過 過

春秋摘微一卷 唐盧仝 李邦黻輯 抄本一册

春秋大事表五十卷 清顧棟高 光緒戊子陝西求友齋刊二十四册

春秋臆說四卷 清吳廷民 康熙五十九年刊一册

春秋比事參議十六卷 清桂含章 光緒年刊十六册

春秋夏正二卷 清胡天游 道光十年刊二册

春秋新義十二卷 清朱兆熊 刊本二册

春秋命通一卷 清程庭桂 咸豐十一年刊一册

春秋隨筆一卷 清顧奎光 刊本一册

春秋左氏傳補注十卷 明趙汸 雍正間趙吉士刊

左傳紀敘八卷 清許培文 一册 雍正四年刊四册

過　○　過　過

劉炫規杜持平六卷　清邵瑛　嘉慶丁丑刊二册
春秋世族辨異二卷　清王文源　鈔本二册
春秋左傳新纂二卷　清桂含章　光緒七年刊二册
公羊禮說一卷　清凌曙　嘉慶己卯刊一册
春秋穀梁經傳補注二十四卷坿一卷　清鍾文烝　光緒二年刊八册
春秋繁露十七卷　漢董仲舒　明孫鑛評　天啓乙丑花齋刊本四册
春秋繁露十七卷　京人　乾隆五十年盧氏抱經堂校刊本二册
春秋董氏學八卷　康有爲　上海刊本六册

○○朝　年　月

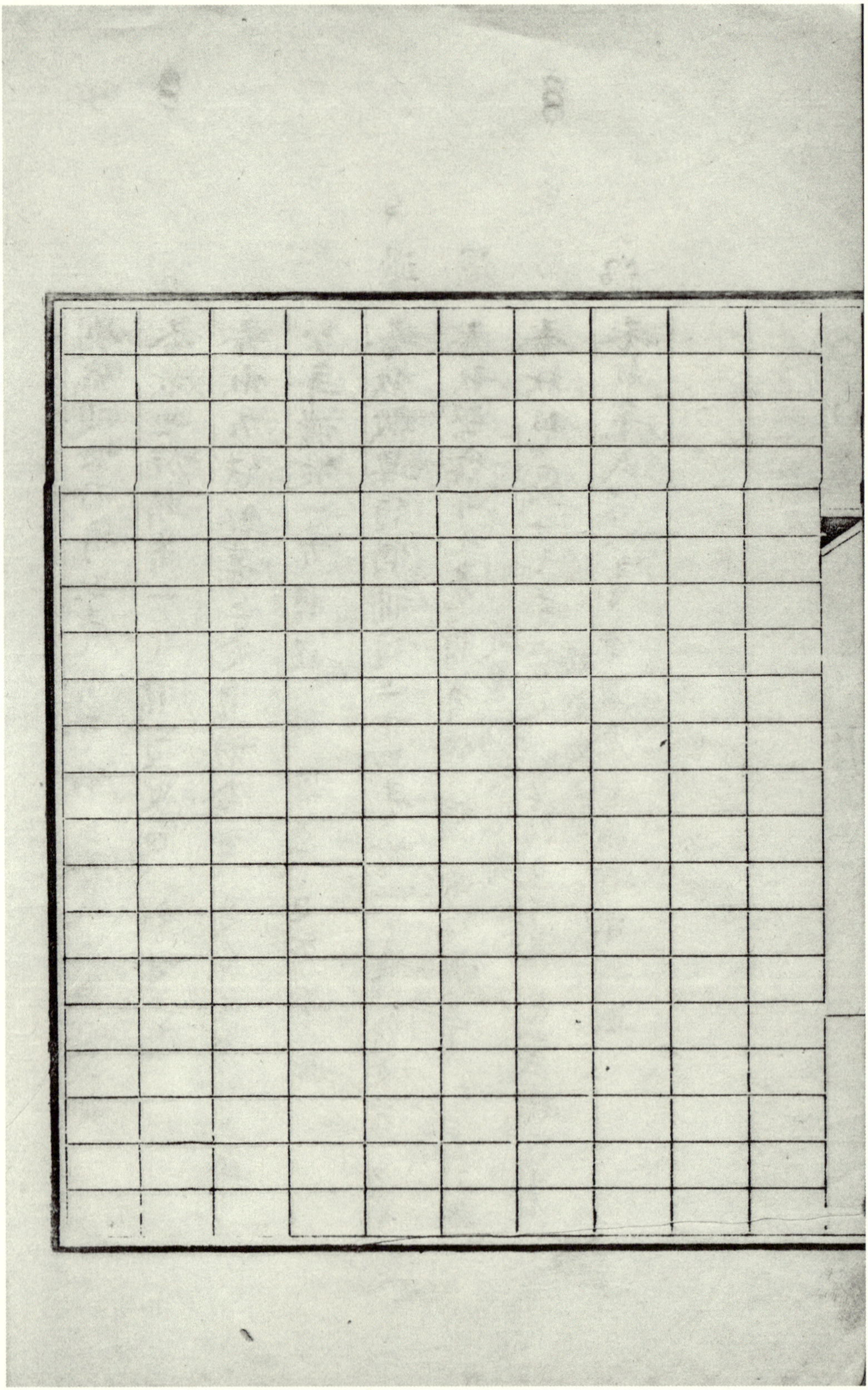

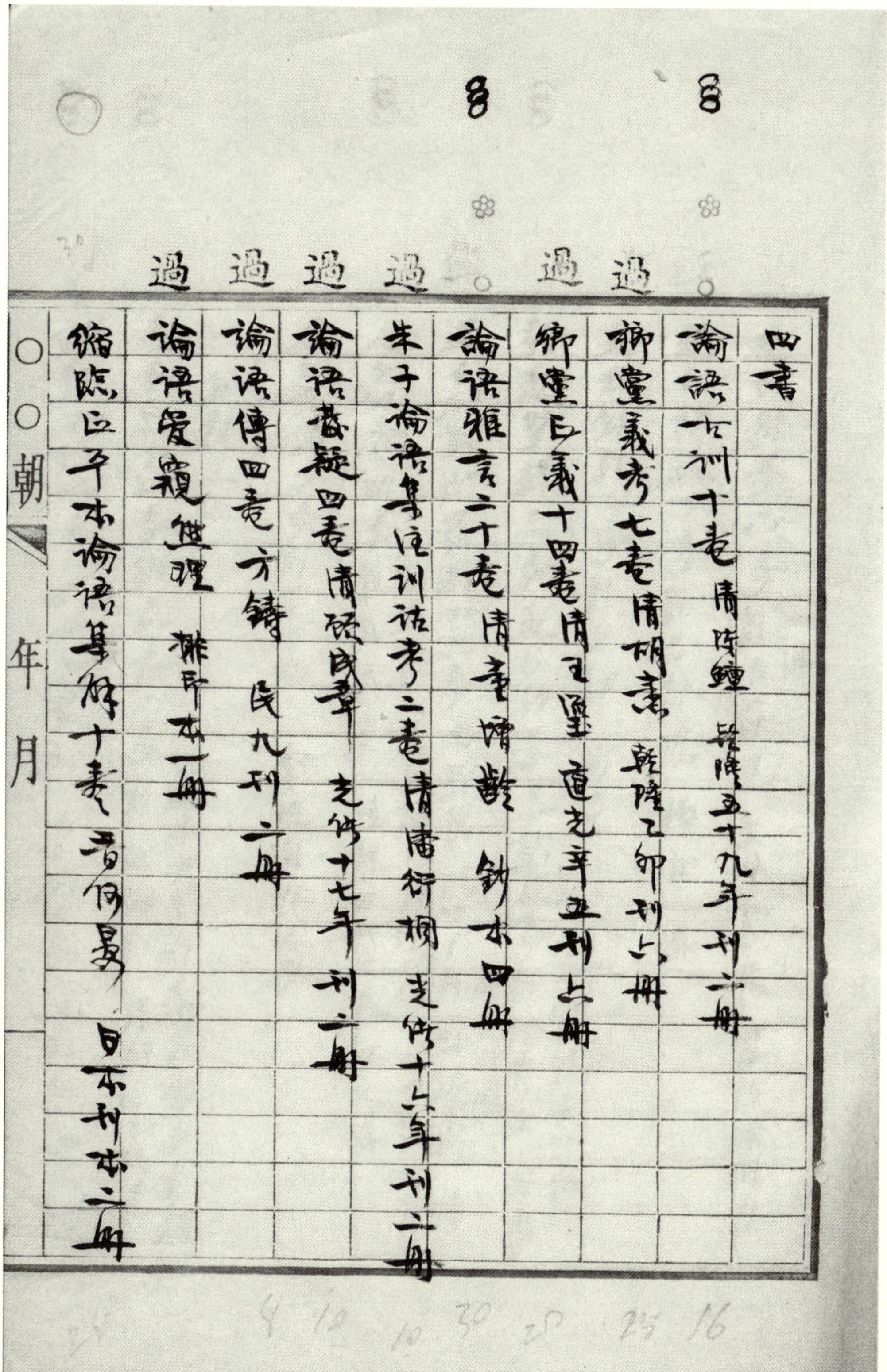
四書
論語古訓十卷 清陳鱣 乾隆五十九年刊二册
鄉黨義考七卷 清胡薰 乾隆乙卯刊上册
鄉黨正義十四卷 清王堃 道光辛丑刊上册
論語雅言二十卷 清童增齡 鈔本四册
朱子論語集注訓詁考二卷 清潘衍桐 光緒十七年刊二册
論語發疑四卷 清顧成章 光緒十七年刊二册
論語傳四卷 方鑄 民九刊二册
論語曼窺惟理 排印本一册
縮臨正平本論語集解十卷 魏何晏 日本刊本二册
朝 年 月
過 過 過 過 過 過
24 4 12 10 30 20 25 16

過　　過

論語古訓十卷　日本太宰純　寬政四年（乾隆五十七年）刊　五冊

孟子注十四卷附音義二卷　漢趙岐注　乾隆四十六年　益都李文藻覆宋槧本重校

附釋　二冊

孟子篇敘七卷　清姜兆錫　寧照向刊二冊

孟子四考四卷　清周廣業　乾隆四十六年刊　二冊
逸文考　異本考　古注考　出處時地考

孟子疏證班爵祿十六卷　正經界六卷　清迮鶴壽　鈔本十四冊

讀孟質疑三卷　孟子外書集證五卷　清施彥士　嘉慶己卯刊本一冊

孟子補注二卷　清艾暢　道光二十三年刊　一冊

孟子析疑七卷　清呂綸恩　鈔本一冊

孟子編略六卷　清孫葆田　光緒十年　聚珍版排印　一冊

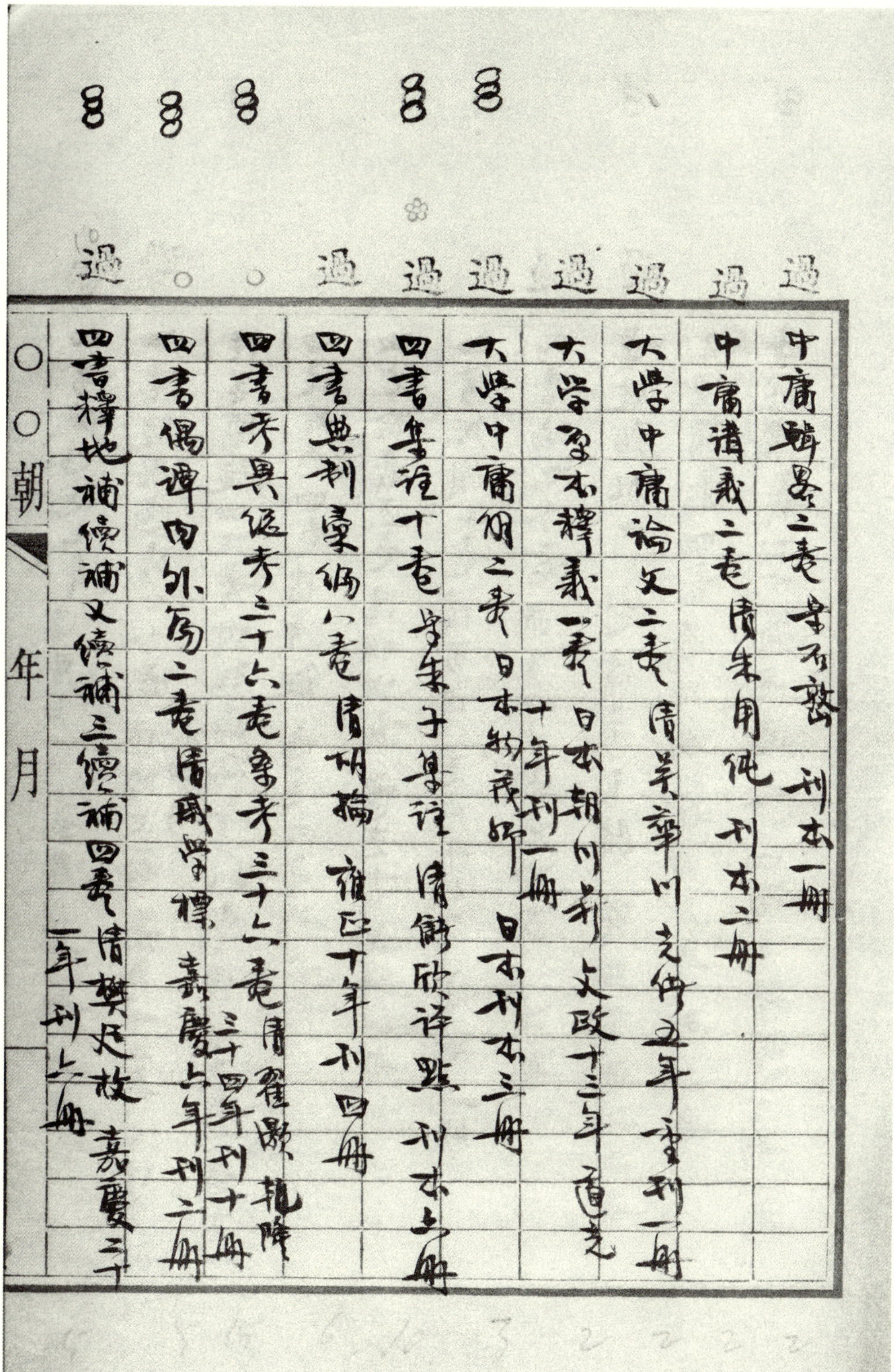

中庸輯略二卷 宋石憝 刊本一冊

中庸講義二卷 清朱用純 刊本二冊

大學中庸論文二卷 清吳章門 光緒五年重刊一冊

大學參本釋義一卷 日本朝川鼎 文政十三年 道光十年刊一冊

大學中庸解二卷 日本物茂卿 日本刊本三冊

四書集注十卷 宋朱子集注 清錢欣評點 刊本六冊

四書典制彙編八卷 清胡掄 雍正十年刊四冊

四書考異總考三十六卷條考三十六卷 清翟灝 乾隆三十四年刊十冊

四書偶譚內外篇二卷 清戚學標 嘉慶六年刊二冊

四書釋地補續補又續補三續補四卷 清樊廷枚 嘉慶二十一年刊六冊

○○朝 年 月

四書摭餘說七卷 清曹之升 嘉慶戊午刊六冊

四書經典通考不分卷 清陸文籍 嘉慶十二年本堂字版本四冊

經學質疑四十卷 附孔孟編年八卷 清狄子奇 道光十七年刊八冊

四經拾遺四卷 清龍銓 道光九年刊二冊

四書拾義五卷 清胡紹勳 道光十年刊一冊

四書紀聞二卷 清容肖 道光十八年重刊二冊

四書論不分卷 清王伊 道光戊戌刊四冊

孝經類解十八卷 清吳之騄 康熙癸酉刊二冊

孝經精義四卷 清張敘 乾隆三年刊二冊

孝經讀義四十篇 清潘任 江南高等學堂刊一冊

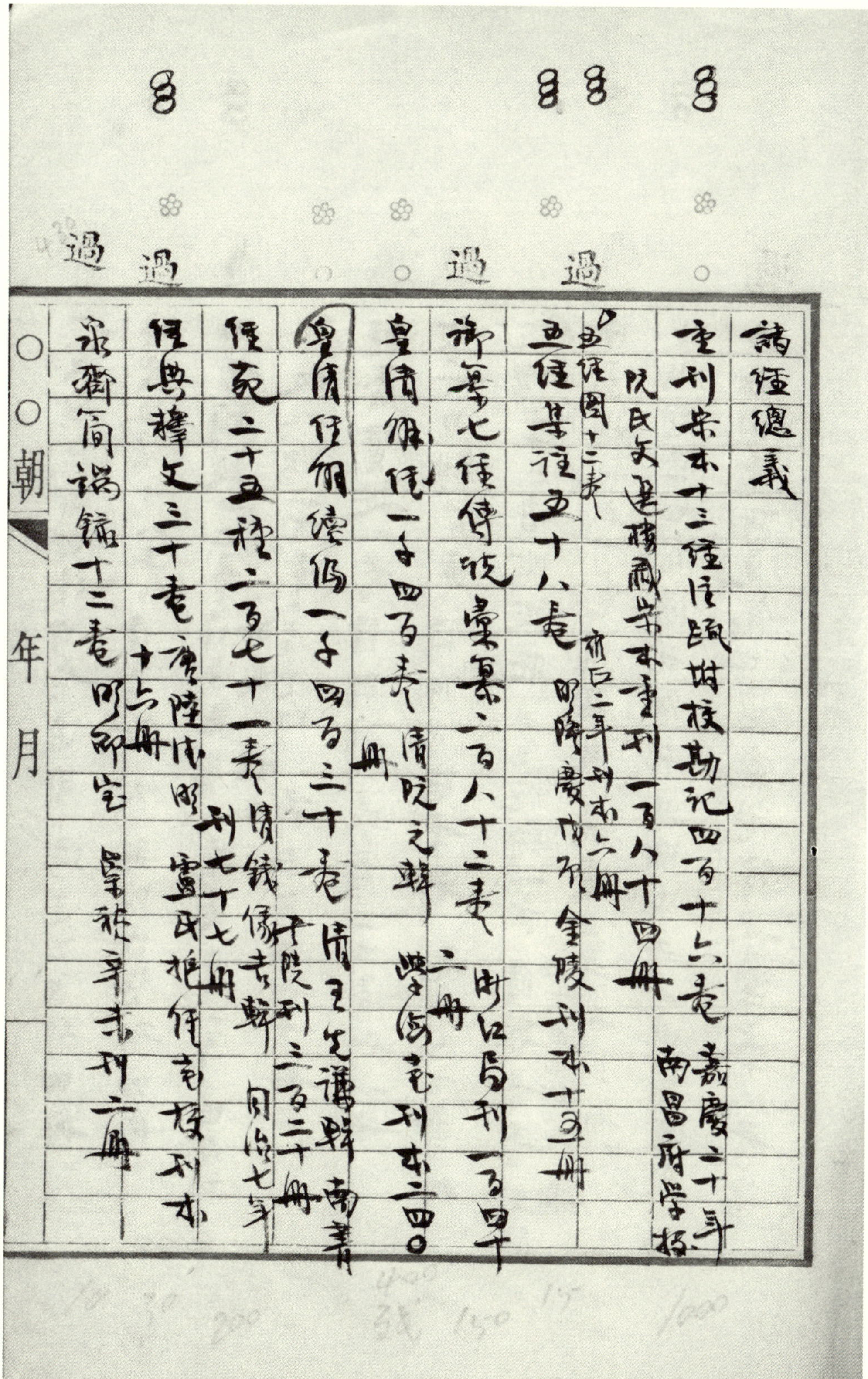

諸經總義

重刊宋本十三經注疏附校勘記四百十六卷 嘉慶二十年南昌府學校

阮氏文選樓藏宋本重刊一百八十四冊

五經集注五十八卷 明隆慶戊辰金陵刊本十五冊

五經圖十二卷 萬曆二年刊本六冊

御纂七經傳說彙纂二百八十二卷 浙江局刊一百四十二冊

皇清經解一千四百卷 清阮元輯 學海堂刊本二四〇冊

皇清經解續編一千四百三十卷 清王先謙輯 南菁書院刊三百二十冊

經苑二十五種二百七十一卷 清錢儀吉輯 同治七年刊七十七冊

經典釋文三十卷 唐陸德明 盧氏抱經堂校刊本 十六冊

容齋簡端錄十二卷 明邵寶 嘉靖辛未刊二冊

朝 年 月

黄石齋經義四種所見過錄 道光乙酉刊四冊

經學五書十八卷 清蔣斯大 乾隆戊寅刊四冊

鄭書辨疑十二卷 清蔣斯同 四冊 校本 嘉慶二十一年四冊刊

經玩八帙二十卷 清沈淑 雍正己酉刊十冊

經義質疑八卷 清時庠 嘉慶二十年刊二冊

稽古日鈔八卷 清陳方灃李輯 二冊 乾隆二十九年刊

說經二十六卷 衍說莊一卷 說騷一卷 清韓泰青 乾隆四十年刊六冊

經義雜記三十卷 清臧琳 嘉慶四年刊六冊

北海經學七錄 清孔廣林 乾隆甲午古俊梅樓刊一冊

通德遺書所見錄七十二卷 說經五藁三十八卷 家人

過　過　過

光緒庚寅山東書局刊十二冊

經疑二十五卷　清王仲　嘉慶元年刊八冊

十經文字通正書十四卷　增新斠注地理志十六卷

清錢坫　嘉慶二年刊六冊

十三經拾遺十六卷　廣石經考正一卷　清王朝璩　嘉慶五年刊五冊

隸經文四卷　清江藩　道光元年[illegible]刊一冊

詩古訓六卷　清晄之　道光二十一年刊十六冊

經籍籑詁百零六卷　清阮元　原刊本四十八冊

十三經策案二十二卷　清王謨　嘉慶三年刊六冊

羣經識小八卷　清李惇　道光五年刊四冊

○○朝　年　月

過 過 過 過 過 過 過

鄂宰四種 清王筠 咸豐二年刊 二册

夏小正正義 弟子職正音 毛詩重言 毛詩雙聲疊韻説

菉友蛾術編二卷附禹貢正字 清王筠 咸豐十年刊 一册

戴靜齋先生遺書四書典故攷辨 清戴清 咸豐元年

羣經釋地 刊 一册

古屋考古錄四卷 清鍾褱 中國書店影印本 一册

點經筆記一卷 清陳偉 刊本 一册

讀經求義二卷 清陳維屏 刊本 二册

詩誦五卷 羣經質二卷 清陳倬 光緒乙酉刊 四册

胡氏小學稽業五卷 清胡元玉 光緒丁亥刊 一册

漢音鉤沈一卷 鄭許字義異同評二卷 駮春秋名字

解詁一卷 釋字本一卷

10 6 5 3 3 5 12 10 119

溫經日記六卷 清林昌彝 道光十六年刊六冊

韋庵經說一卷 清周壽昌 刊本一冊

睡餘偶筆二卷 清雷浚 刊本一冊

經誼襍識一卷 清許克勤 光緒二十一年刊一冊

西崖經說一卷 清陳成章 光緒十八年刊一冊

壽行宧經說二卷 清楊賓記 光緒二十三年刊一冊

十三經注疏校勘記識語四卷 清汪文臺 光緒三年刊二冊

史伯平先生所著書 丙子偉聞 讀左評餘 刊一冊 清史致準 光緒七年

鄦鄭學叢書第一集 清潘任 光緒甲午刊二冊

鄭君粹言 說文粹言疏證 博約堂經說 孝經鄭注考證 周禮札記 雙樹軒答問 鄦鄭學經義

○○朝 年 月

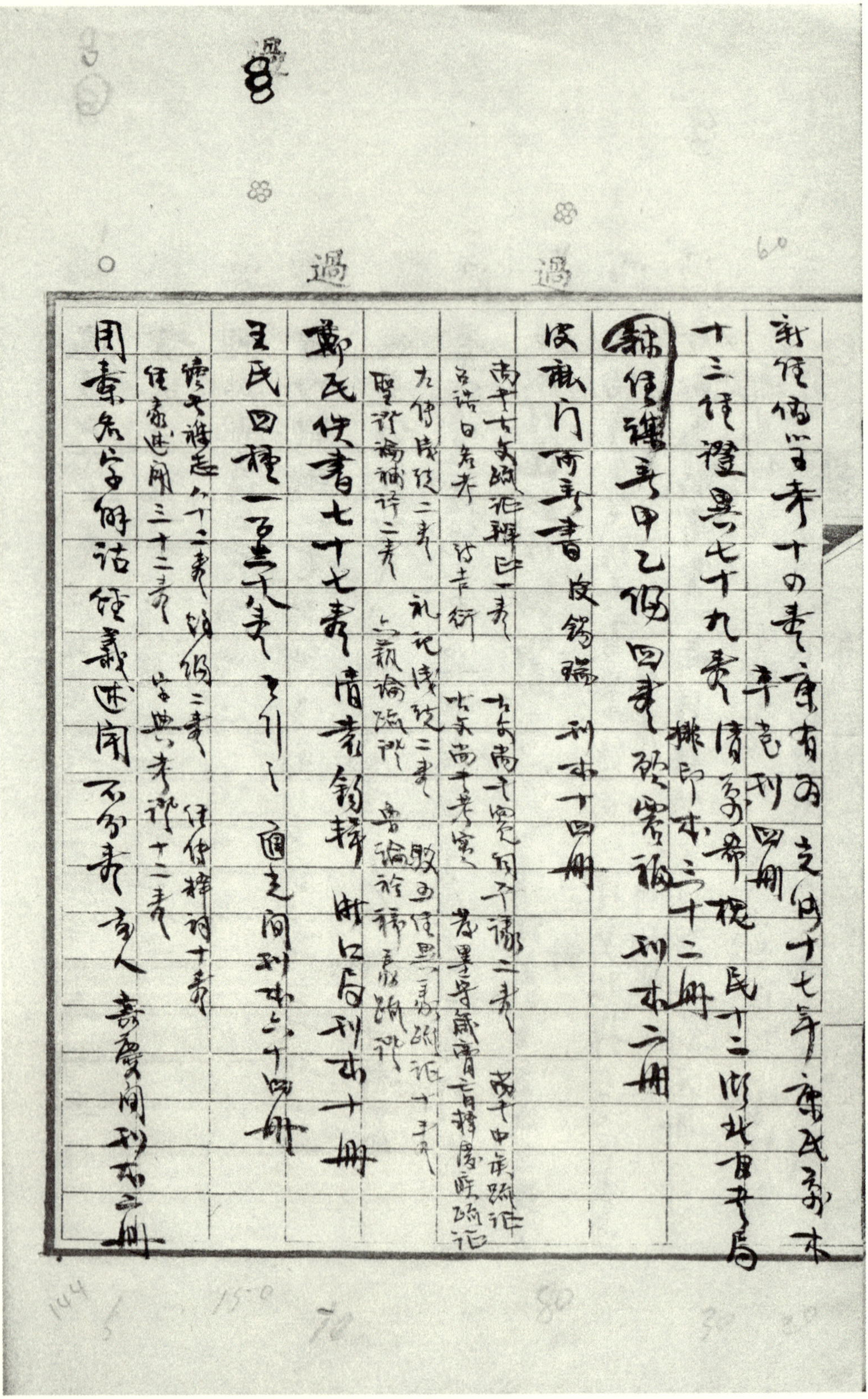
新學偽經考十四卷 康有爲 光緒十七年康氏家刻本 辛亥刊四冊
十三經證異七十九卷 清萬希槐 民十二湖北官書局排印本二十二冊
新經禮表甲乙偶四卷 殷寶福 刊本二冊
皮鹿門所著書 皮錫瑞 刊本十四冊
尚書古文疏證辨正一卷 古文尚書冤詞平議二卷 尚書中候疏證
[illegible] [illegible] [illegible] 發墨守箴膏肓釋廢疾疏證
左傳淺說二卷 禮記淺說二卷 駁五經異義疏證十卷
聖證論補評二卷 六藝論疏證 魯禮禘祫義疏證
鄭氏佚書七十七卷 清袁鈞輯 浙江局刊本十冊
王氏四種一百三十八卷 王引之 道光間刊本六十四冊
讀書雜志八十二卷 餘編二卷 經傳釋詞十卷
經義述聞三十二卷 字典考證十二卷
周秦名字解詁 經義述聞 不分卷 王引之 嘉慶間刊本二冊

七經紀聞四卷 管同 影印商務刊本二冊

四書字詁七十八卷 群經字詁七十二卷 清段諤廷 道光間刊本十二冊

七經劄記八卷 日本岡田敏 日本刊本三冊

歷代石經略二卷 清桂馥 光緒九年刊二冊

漢魏石經考三篇 清劉傳瑩 光緒二十一年刊一冊

石經彙函十種四十五卷 清王秉恩輯 光緒十六年四川刊本十冊

歷代石經考不分卷 張國淦 民十九燕大國學研究所排印本三冊

漢熹平石經殘字集錄附補遺 羅振玉 民九石印本四冊

新出漢魏石經考四卷 吳維孝 民十六石印本二冊

舊西樓漢石經殘字記一卷 排印本一冊

○○朝 年 月

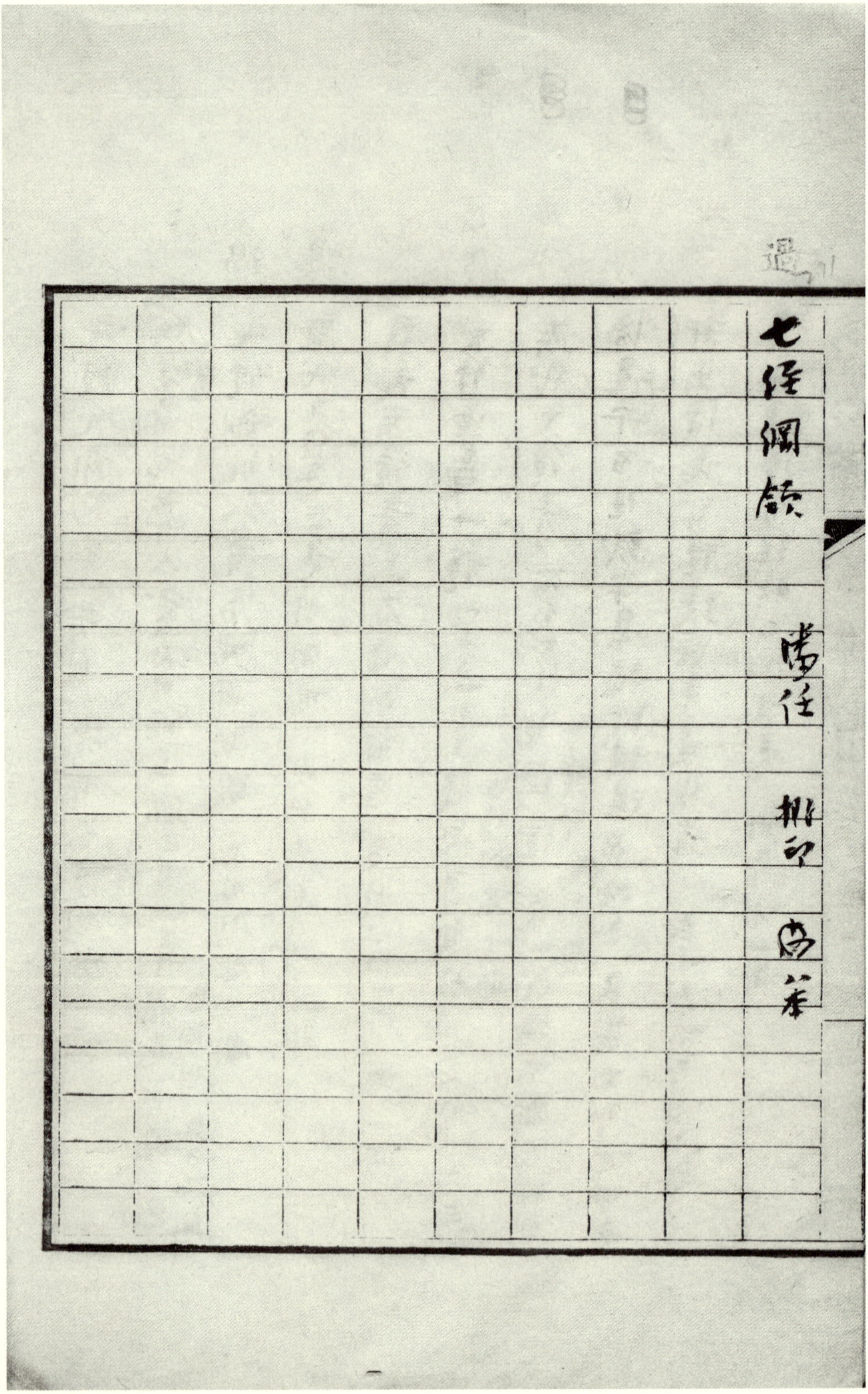
七經闡餘

潘任

排印

尚未

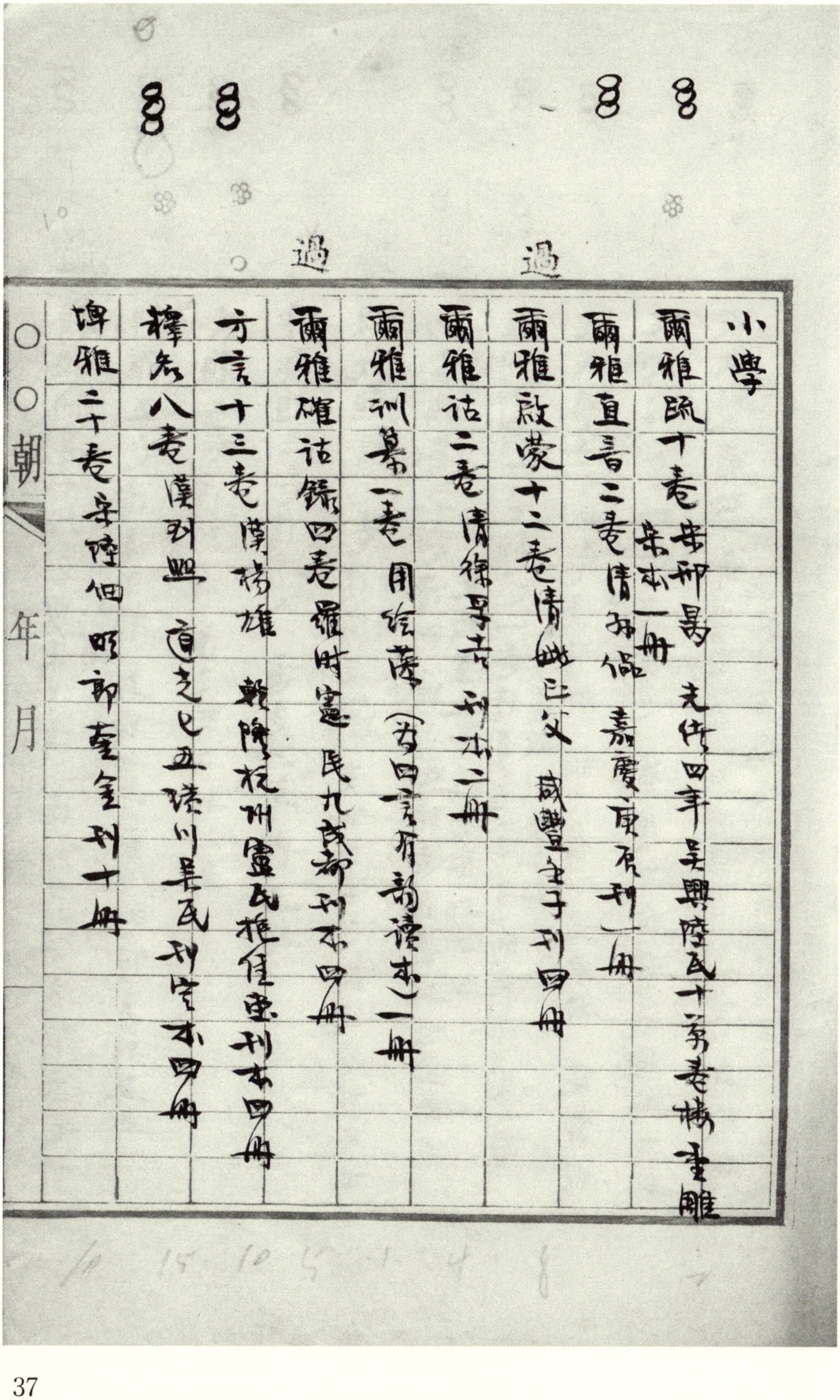

過　過

小學

爾雅疏十卷　宋邢昺　光緒四年吳興陸氏十萬卷樓重雕

宋本一册

爾雅直音二卷　清孫偘　嘉慶庚辰刊一册

爾雅啟蒙十二卷　清姚丘文　咸豐壬子刊四册

爾雅詁二卷　清徐孚吉　刊本二册

爾雅訓纂一卷　用拾葉（另四字有韵讀本）一册

爾雅確詁錄四卷　羅時憲　民九成都刊本四册

方言十三卷　漢揚雄　乾隆杭州盧氏抱經堂刊本四册

釋名八卷　漢劉熙　道光己丑璜川吳氏刊宋本四册

埤雅二十卷　宋陸佃　明郎奎金刊十册

○○朝　年　月

過 過

駢雅訓纂十六卷 明朱謀㙔 清魏茂林 道光辛巳刊 八册

別雅五卷 清吳玉搢 乾隆七年新安習經堂刊 五册

支雅二卷 清劉燦 道光丙戌刊 一册

續廣雅三卷 清同人 道光六年刊 三册

娛親雅言六卷 清嚴元照 道光乙酉王鑫活字排印本 四册

助字辨畧五卷 清劉淇 乾隆向國泰刊本五册 又咸豐五年海源閣刊六册

經詞衍釋十卷補遺一卷 清吳昌瑩 光緒九年日一齋 吳氏刊本二册

說文解字十五卷 宋本 漢許慎 汲古閣刊本五册 嚴蔵校

說文解字十四卷 [illegible]家人 嘉慶丁卯藤花榭刊四册

說文繫傳四十卷 南唐徐鍇 乾隆[illegible]汪啟淑刊八册 陳仲魚校本

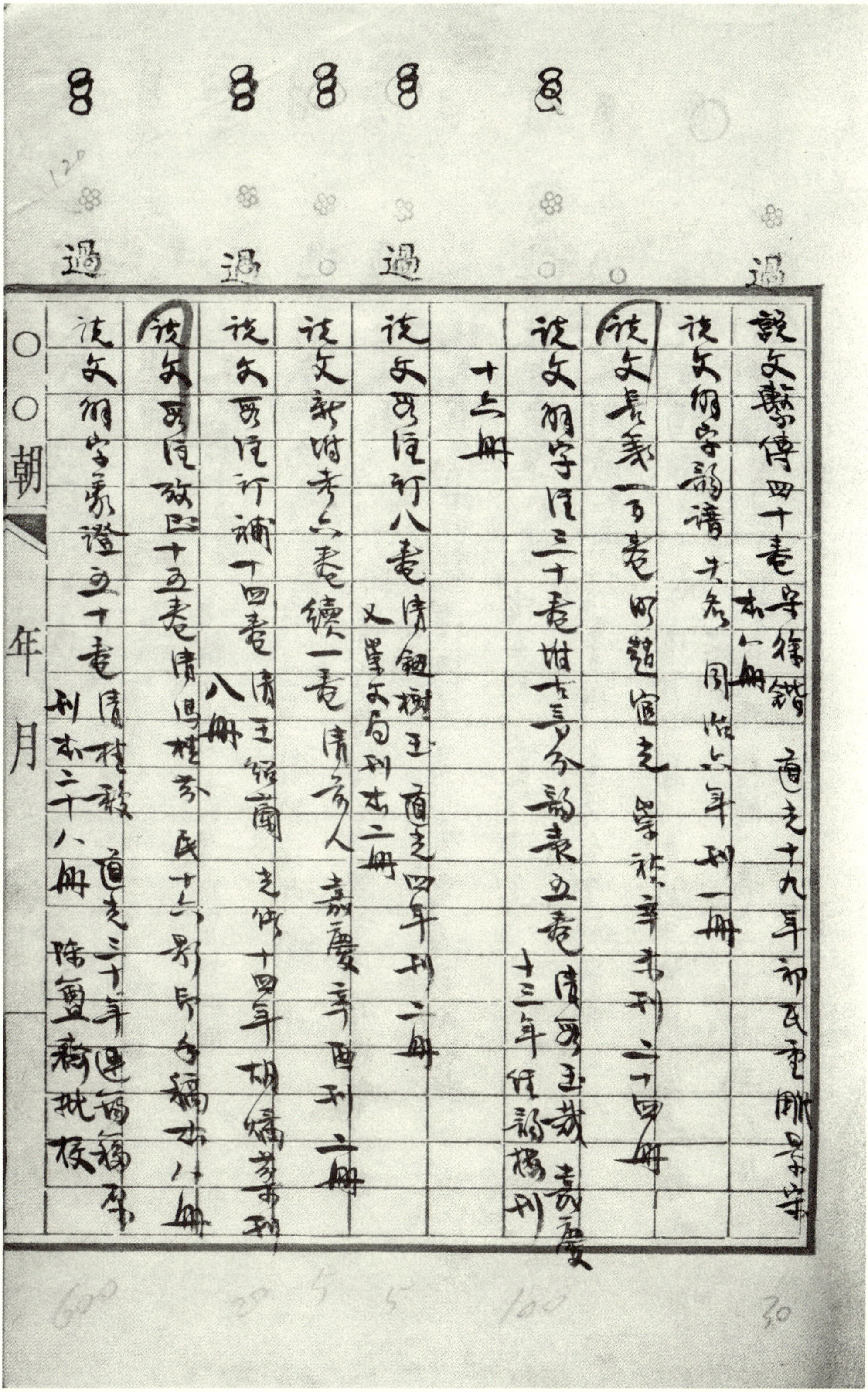

說文繫傳四十卷 宋徐鍇 道光十九年祁氏重雕影宋本八冊

說文解字韻譜 十卷 同治六年刊一冊

說文長箋一百卷 明趙宧光 崇禎辛未刊 二十四冊

說文解字注三十卷附六書音均表五卷 清段玉裁 嘉慶十三年經韻樓刊 十六冊

說文段注訂八卷 清鈕樹玉 道光四年刊 二冊

說文新附考六卷續一卷 清同人 嘉慶辛酉刊 二冊 又崇文局刊本二冊

說文段注訂補十四卷 清王紹蘭 光緒十四年胡燏棻刊 八冊

說文段注攷正十五卷 清馮桂芬 民十六影印手稿本 八冊

說文解字義證五十卷 清桂馥 道光三十年連筠簃楊氏刊本二十八冊 陸費墀批校

〇〇朝 年 月

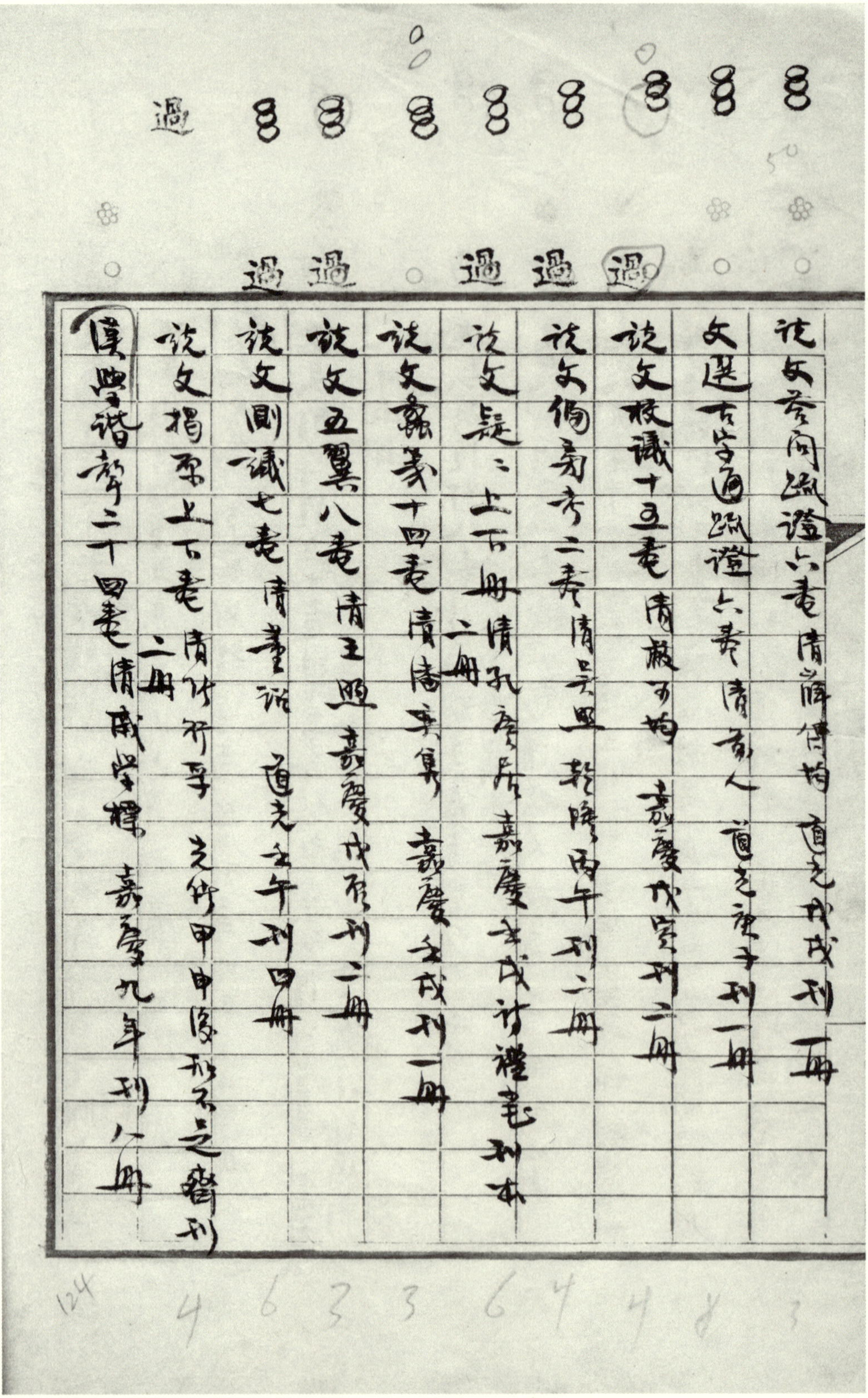
說文答問疏證六卷 清薛傳均 道光戊戌刊 一冊
文選古字通疏證六卷 清同人 道光庚子刊 一冊
說文校議十五卷 清嚴可均 嘉慶戊寅刊 二冊
說文偏旁考二卷 清吳照 乾隆丙午刊 二冊
說文疑〻上下冊 二冊 清孔廣居 嘉慶壬戌詒禮堂刊本
說文蠡箋十四卷 清潘奕雋 嘉慶壬戌刊 一冊
說文五翼八卷 清王煦 嘉慶戊辰刊 二冊
說文測議七卷 清董詔 道光壬午刊 四冊
說文揭原上下卷 二冊 清張行孚 光緒甲申後形不之齋刊
漢學諧聲二十四卷 清戚學標 嘉慶九年刊 八冊

諧聲補逸十四卷 清宋保 影鈔原刊本二冊

苗氏說文四種 清苗夔 咸豐辛亥刊八冊
說文聲訂二卷 說文聲讀表七卷
毛詩韻訂八卷 建首字讀

雷刻四種 清雷浚 光緒甲申刊八冊
說文引經例辨三卷 說文外編十五卷補遺一卷 [illegible]鈎沉
五卷（以上雷浚著） 說文辨疑一卷（顧廣圻） 劉氏碎金一卷（劉禧延）

邵太天字說 清邵實壽齡 道光二十七年刊一冊

說文假借義證二十八卷 清朱珔 光緒二十一年刊二十八冊

說文徐氏未詳說 清許溎祥 光緒十八年許氏古韻閣刊 一冊

說文二徐箋異十四卷 清田吳炤 宣統二年石印本二冊

說文建首音讀一卷建首文字義四卷 王樹枏 刊本五冊

〇〇朝 年 月

說文羣經正字二十八卷 清邵瑛 嘉慶丙子刊 十冊

說文引經異字三卷 清吳雲蒸 道光五年刊 二冊

說文引經考證八卷 清陳瑑 同治十三年崇文局刊 二冊

說文引經攷異十六卷 清柳榮宗 咸豐二年刊 二冊

說文經字正誼四卷 清郭慶藩 光緒二十年刊 二冊

說文經字攷證六卷 清錢人龍 丁酉刊本 二冊

許學叢刻第一集第二集 清許溎祥輯 光緒十三年局印 許氏古均閣刊本 四冊

說文述（孫歸世） 轉注古義考（曹仁虎） 說文訂訂（嚴可均）

說文辨疑（顧廣圻） 說文舉例（陳瑑） 以上一集

說文蠡箋 潘奕雋 王氏讀說文記（王念孫） 讀說文證疑 陳詩庭

新附攷校正（王筠） 以上二集

小學類編 清李祖望輯 咸豐二年刊 八冊

惠氏讀說文記 說文校議 錢大昕說文答問 陳壽祺說文經字考
江聲六書說 江沅說文釋例 畢沅說文舊音

小學鉤沈十八卷 清任大椿 嘉慶丁丑刊 二冊

小學鉤沈十九卷 清[illegible]人 續編八卷 顧震福 光緒壬辰刊 六冊

北窗偶談三卷 清胡秀穎 乾隆甲子刊 一冊

小學初告六卷 清孫文昱 丙寅湘潭孫氏家塾刊 四冊

怡堂字話三十卷 謝鏞 清陳鱣 稿本八冊

玉篇十卷 陳顧野王 澤存堂張氏刊十冊

復古編二卷 附安陸集 宋張有 光緒八年淮南書局刊

續復古編四卷 元曹本 刊二冊 光緒十四年歸安姚氏刊四冊

繆篆分韻五卷 清桂馥 乾隆己酉刊二冊

〇〇朝 年 月

古籀拾遺三卷附宋政和禮器文字考 清孫詒讓 同治壬申刊二冊
說文古籀補十四卷 清吳大澂 光緒九年刊二冊
字說一卷 清吳大澂 光緒間刊一冊
金文編十四卷附錄 容庚 廿三年印 二冊
漢隸字原六卷 宋婁機 汲古閣樣本印 六冊
隸辨八卷 清顧藹吉 康熙戊戌玉淵堂刻本 八冊
隸篇十五卷續十四卷再續十四卷 清翟云升 道光十七年刊十冊
金石文字辨異十二卷 清邢澍 光緒間刊八冊
碑別字五卷 清羅振鋆 光緒甲申刊二冊
增訂碑別字五卷 清羅振玉 石印本二冊

碑別字拾遺不分卷 羅振玉 石印本一冊
說文辨字正俗八卷 清李富孫 嘉慶二十一年 校經廎刊 四冊
通俗字林辨證五卷 清宦懋庸 咸豐丙辰借[illegible]琛刊 二函
古今文字通釋十四卷 附變異[illegible]起緣一卷 清呂世宜 光緒己卯刊八冊
康熙字典四十二卷 清張玉書等敕撰 康熙五十五年內府刊三十二冊
韻會舉要三十卷 元熊忠 [illegible] 同治間[illegible]書局刊 十冊
韻會小補三十卷 明方日升 萬曆丙午刊三十冊
龍龕手鑑四卷 遼釋行均 刊本四冊
音學五書 清顧炎武 符山堂刊本十冊
音論三卷 詩本音十卷 易音三卷 唐韻正二十卷 古音表二卷

○○朝 年 月

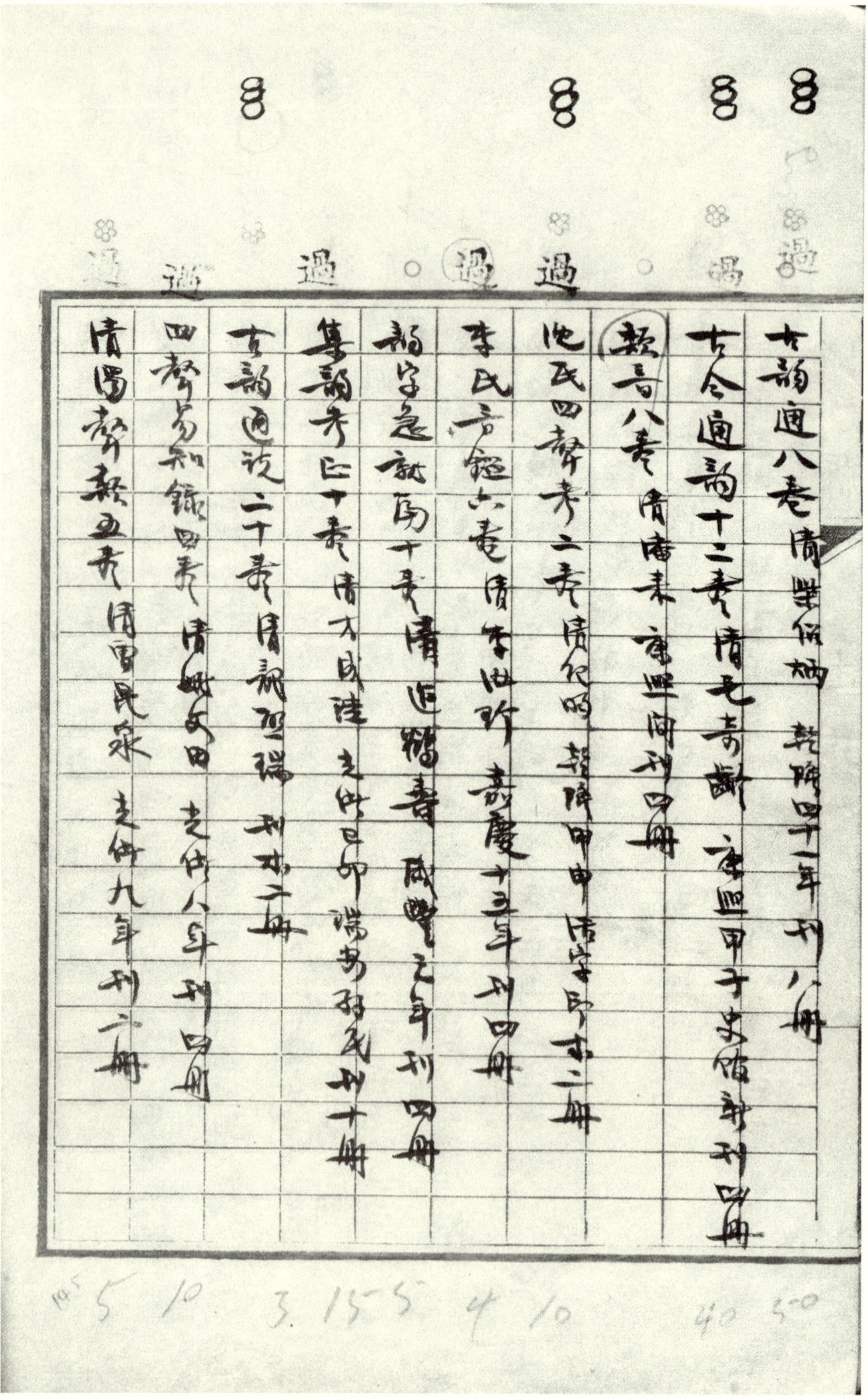
古韻通八卷 清柴紹炳 乾隆四十一年刊八冊
古今通韻十二卷 清毛奇齡 康熙甲子史館新刊四冊
類音八卷 清潘耒 康熙間刊四冊
池氏四聲表二卷 清池化明 乾隆甲申[illegible]刊本二冊
李氏音鑑六卷 清李汝珍 嘉慶十五年刊四冊
韻字急就篇十卷 清延鶴壽 咸豐元年刊四冊
集韻考正十卷 清方成珪 光緒己卯瑞安孫氏刊十冊
古韻通說二十卷 清龍啟瑞 刊本二冊
四聲易知錄四卷 清姚文田 光緒八年刊四冊
清蜀聲類五卷 清雷民泉 光緒九年刊二冊

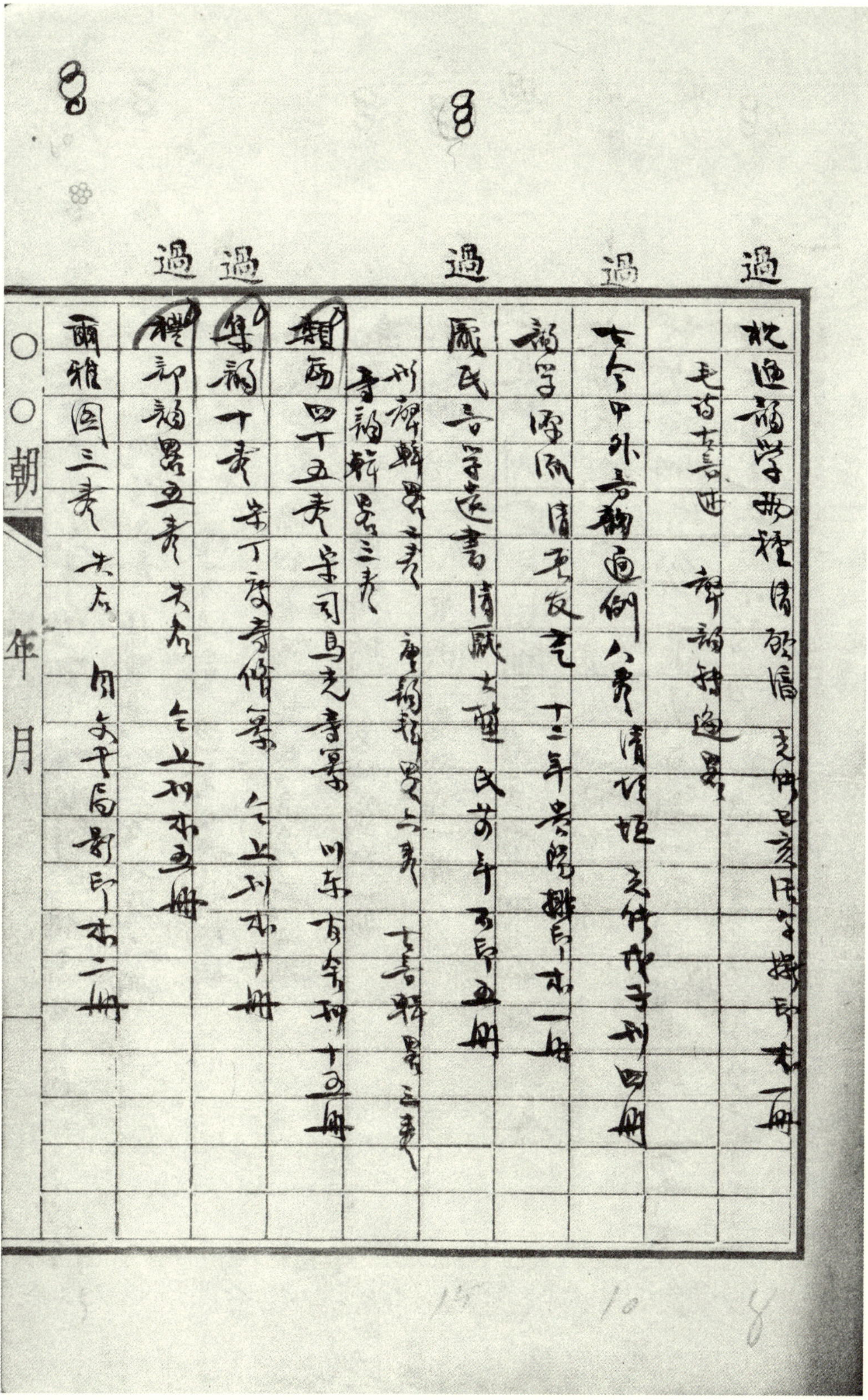
過　過　過　過　過

切韻學兩種　清▢▢　光緒己亥▢▢撥印本一冊
毛詩古音述　聲韻轉通略

古今中外音韻通例八卷　清胡垣　光緒戊子刊　四冊

韻學源流　清莫友芝　十三年貴陽排印本一冊

臧氏音學遺書　清臧▢▢　民國年石印五冊

切韻輯略二卷　廣韻輯略六卷　古音輯略三卷
等韻輯略三卷

類篇四十五卷　宋司馬光等纂　川東官舍刊十五冊

集韻十卷　宋丁度等修纂　仝上刊本十冊

禮部韻略五卷　失名　仝上刊本五冊

爾雅圖三卷　失名　同文書局影印本二冊

○○朝　年　月

15　10　8

爾雅義疏六卷附一卷　郝蘭皋　排印本八冊

小爾雅疏證五卷　清葛其仁　家刻本二冊

埤雅二十卷　宋陸佃　道光七年刊八冊

釋穀四卷　清劉寶楠　咸豐五年刊二冊

親屬記二卷　清鄭珍　光緒間刊一冊

爾雅補郭二卷　清翟灝　家刻本一冊

說文釋例二十卷附補正　清王筠　刊本十冊

說文句讀三十卷　同人　刊本十六冊

說文通訓定聲十八卷　柬韻一卷　清朱駿聲　石印本八冊

說文管見三卷　古韻論三卷　清胡秉虔　同治癸酉刊二冊

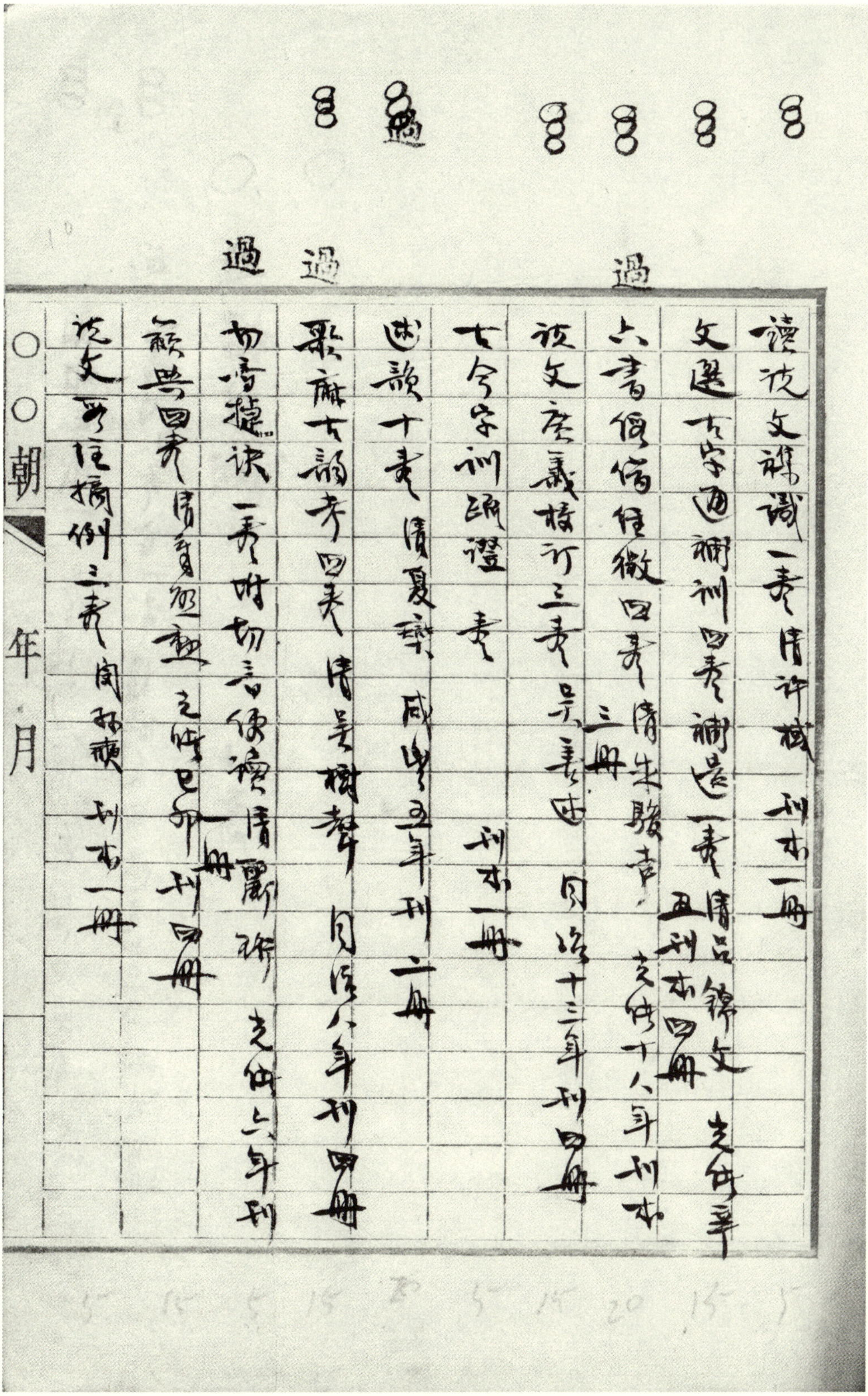

○ ○ 過 ○ ○ ○ ○

過 過 過

讀說文雜識一卷 清許棫 刊本一冊

文選古字通補訓四卷補遺一卷 清呂錦文 光緒辛丑刊本四冊

六書假借徵四卷 清朱駿聲 光緒十八年刊本 三冊

說文座義校訂三卷 吳善述 同治十三年刊四冊

古今字訓疏證一卷 刊本一冊

述韻十卷 清夏燮 咸豐五年刊二冊

歌麻古韻考四卷 清吳樹聲 同治八年刊四冊

切音捷訣一卷附切音便讀 清鄭衍 光緒六年刊 一冊

顧無四卷 清[illegible] 光緒己卯刊四冊

說文形征撮例三卷 周孫穎 刊本一冊

○○朝 年 月

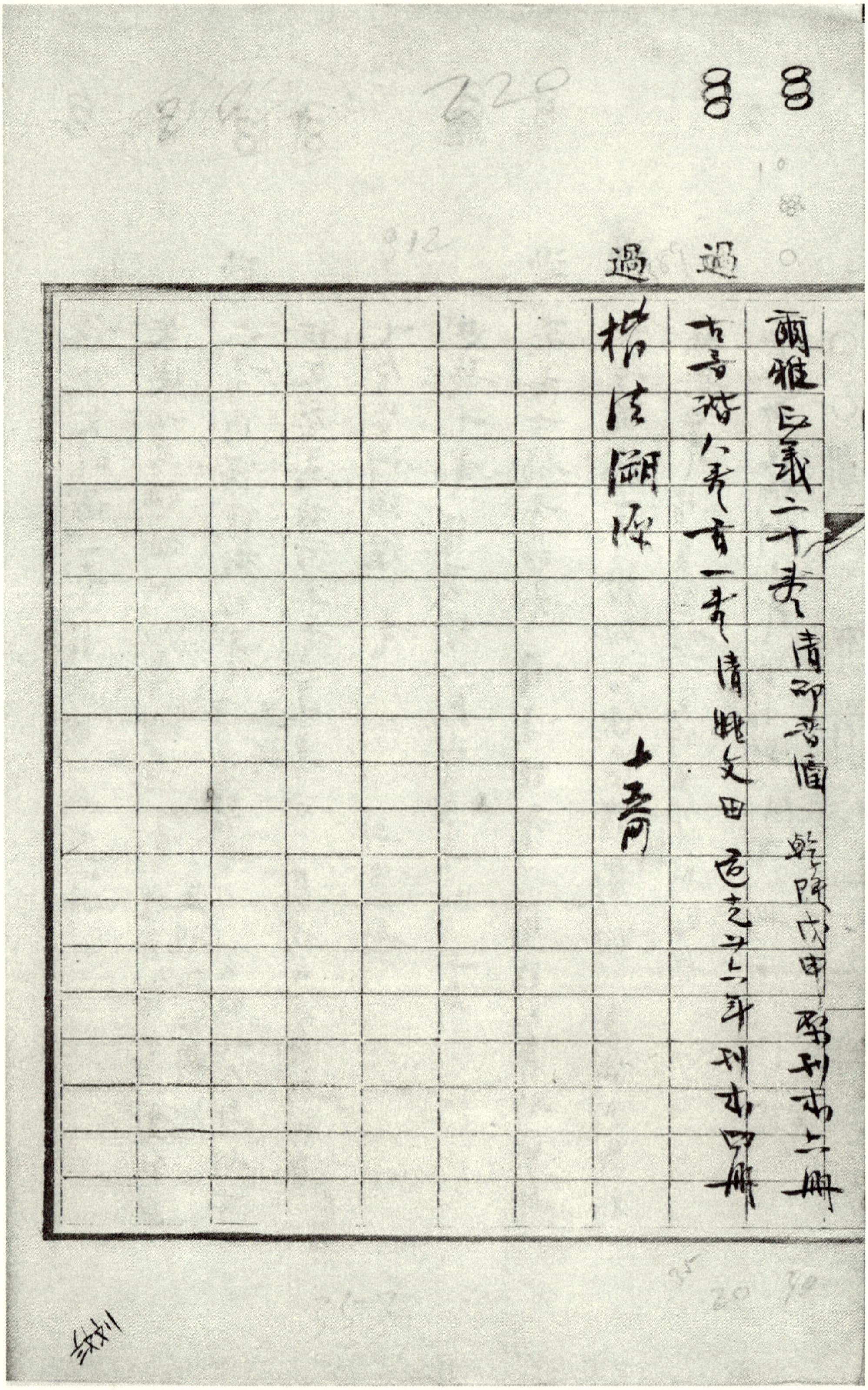
過
過
爾雅正義二十卷 清邵晉涵 乾隆戊申原刊本六冊
古音諧八卷首一卷 清姚文田 道光廿六年刊本四冊
楷法溯源 十冊

正史

二十四史三千另六十四卷 二十冊 同文書局影印武英殿本七百

史記集解一百三十卷 漢司馬遷（駰） 嘉靖六年莆田柯維熊校正注釋刊本六十四冊 又宣統元年貴池劉氏影刻劉燕庭百衲宋本二十二冊 又乙卯年排印吳汝綸點勘史記白文十二冊

前漢書一百卷 漢班固 後漢書一百二十卷 宋范曄 明嘉靖二十八年福建按察周采提學副使周□校□□修正文藏本三十六冊 又汲古閣刊本四十冊

後漢書年表十卷 宋熊方 乾隆四十七年盧氏抱經樓校刊二冊

漢書正誤四卷 清王峻 日本影印乾隆丙戌刊本二冊

前漢書疏證三十六卷 後漢書疏證三十卷 清沈欽韓 光緒廿六年浙江書局刊本四十二冊

〇〇朝 年 月

漢書辨疑二十二卷 後漢書辨疑十一卷 續漢書辨疑九卷 清錢大昭 嘉慶間檇李沈氏銅熨斗齋刊本八冊

漢書引經異文錄證六卷 清繆祐孫 光緒乙酉刊二冊

漢地理志校本二卷 清汪遠孫 道光六年刊二冊

漢書地理志校注二卷 清王紹蘭 光緒二十二年刊二冊

後漢書朔閏攷五卷 清徐紹楨 光緒十七年刊二冊

漢書補注一百卷 後漢書集解一百二十卷 清王先謙 思賢講舍刊六十六冊

漢書疏證二十七卷 宋祁 日本印本一冊

三國志六十五卷 晉陳壽 明吳氏西爽堂刊十六冊

晉書校證五卷 補藝文志四卷 丁國鈞 民八刊四冊

南北史世系表五卷帝王世系表一卷年表一卷 清周嘉猷 乾隆間刊四冊

魏書官氏志疏證一卷 清陳毅 光緒二十三年刊一冊

魏書宗室傳注十二卷表一卷 羅振玉 民十三排印本四冊

新舊唐書合鈔二百六十卷 清沈炳震 同治辛未重校補刊本八十冊

舊唐書校勘記六十六卷逸文十二卷 清羅士琳 岑建功等 同治十一年刊二十二冊

五代史記注七十四卷 清彭元瑞 道光八年刊四十冊

遼史地理志考五卷 清李慎儒 光緒二十八年刊二冊

歷代史表五十三卷附五代將相大臣年表六卷 清萬斯同 嘉慶間留香閣刊八冊

紀元象表八卷首一卷 孫鏘鳴 刊本一冊

〇〇朝 年 月

50 150 15

十七史商榷一百卷 清王鸣盛 乾隆丁未刊十六册

读史举正八卷 清张熷 嘉庆间刊二册

二十一史四谱五十四卷 清沈炳震 同治辛未刊十六册
纪元 封爵 谥号

九史同姓名略七十二卷 清汪辉祖 乾隆年自刊十二册

汉书札记七卷 后汉书札记七卷 三国志札记一卷 晋书札记一卷 宋书札记一卷 南齐书札记一卷 梁书札记一卷 隋书札记一卷 清李慈铭 北平图书馆排印本 七册

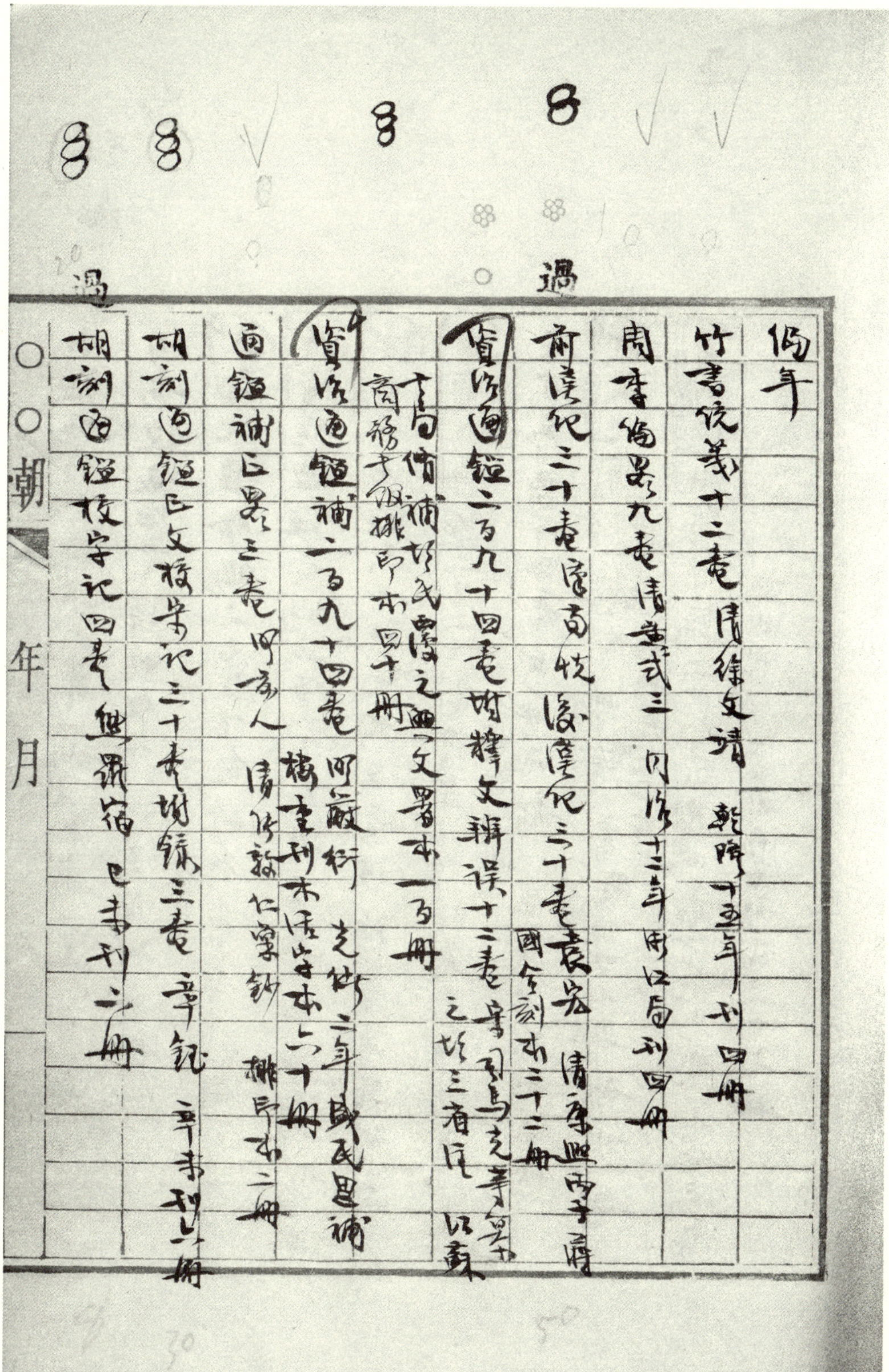

過　過

編年

竹書統箋十二卷　清徐文靖　乾隆十五年刊四册

周季編略九卷　清黃式三　同治十二年浙江局刊四册

前漢紀三十卷　漢荀悅　後漢紀三十卷　袁宏　清康熙丙子蔣國祚刻本二十二册

資治通鑑二百九十四卷　胡注釋文辯誤十二卷　宋司馬光　元胡三省注　江蘇

又　資補胡氏澂之四文署本一百册　商務書館排印本四十册

資治通鑑補二百九十四卷　明嚴衍　光緒二年盛氏思補樓重刊本活字本六十册

通鑑補正略三卷　明嚴衍　清張敦仁鈔　排印本二册

胡刻通鑑正文校宋記三十卷　附錄三卷　章鈺　章氏刊六册

胡刻通鑑校宋記四卷　熊羅宿　己未刊二册

朝　年　月

過

通鑑地理今釋十六卷 清吳熙載 刊本三冊

岣嶁鑑撮四卷 清曉般本 道光間刊四冊

三朝北盟會編二百五十卷 宋徐夢莘 排印本四十冊

續資治通鑑長編五百二十卷 宋李燾 浙江局刊一百冊

續資治通鑑六十四卷 明王宗沐 隆慶辛未刊二十四冊

續資治通鑑二百二十卷 清畢沅 江蘇局繙補畢氏刊本六十冊

元史節要十四卷 明張九韶 正德甲戌刊二冊

國史紀聞十二卷 明張銓 起洪武迄正德 萬曆四十八年刊十二冊

皇明通紀法傳錄二十八卷 陳建 嘉隆紀六卷 續紀三朝

全錄十六卷 高汝栻 崇禎丙子刊本三十六冊

過 過

皇明通紀述遺十二卷 明卜世昌 萬曆三十三年刊十冊
萬曆起居注若干卷 鈔本三十七冊
萬曆紀事二十卷 佚撰人名 鈔本十冊
明末紀事補遺十卷 清南沙三餘氏 東陽寫本十冊
南明綱目五卷 高麗鄭喬 排印本二冊
通鑑輯覽一百十六卷附唐桂二王本末 武英殿本二十冊 同文書局影印
九朝東華錄四百二十五卷 清王先謙 刊本百六十冊
東華錄三十二卷 清蔣良騏 刊巾箱本二十冊
清史提要六卷 日本增田貢 日本刊本六冊

○○朝 年 月

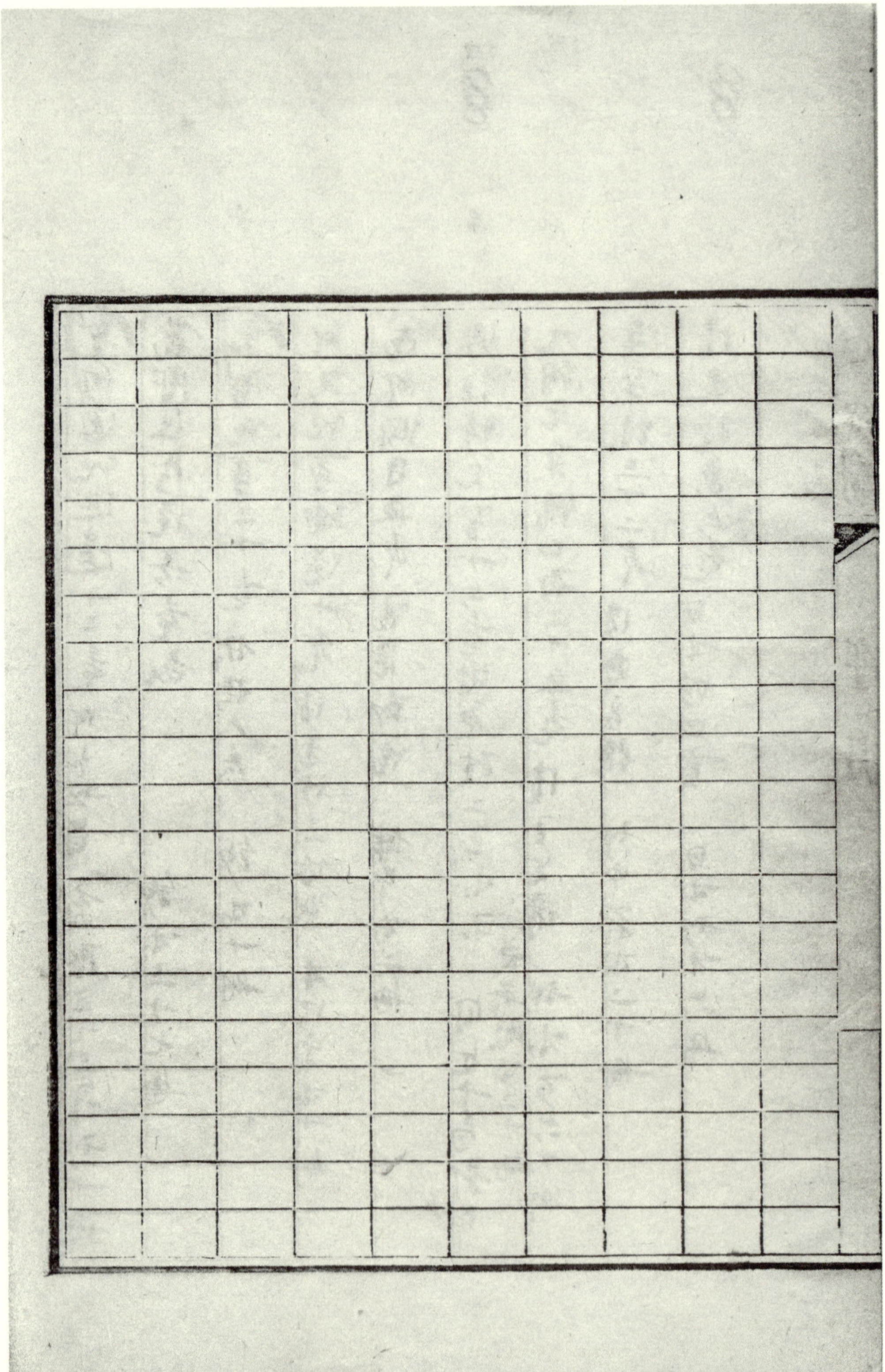

過　8　過

紀事本末

繹史一百六十卷　清馬驌　浙江局刊本六十冊

左傳紀事本末五十三卷　清高士奇　康熙二十九年刊　十二冊

宋史紀事本末一百九卷　明馮琦　元史紀事本末十八卷　明陳邦瞻　明季刊本十二冊

遼史紀事本末四十卷　金史紀事本末五十二卷　清李有棠　棠之作　癸巳刊　二十冊

明朝紀事本末八十卷　清谷應泰　本六十六冊　朝宗書局本[illegible]

明朝紀事本末補編十六卷　清彭孫貽　第子書鈔本二冊　雲山周氏鑄[illegible]

三藩紀事本末四卷　清楊陸榮　康熙丁酉刊　六冊

朝　年　月

續通鑑紀事本末一百十卷 清李銘漢 光緒廿三年刊 三十二冊

國朝事畧五卷 先秦 本院呈擬印之冊

通鑑紀事本末 可刊本四十八冊

别史

路史四十七卷 宋羅泌 崇禎間吴弘基刊二十册

穆天子傳注疏六卷 卷末一卷 清檀萃 道光間刊 六册

國語正義二十一卷 清董增齡 光緒庚辰會稽章氏式訓堂刊八册

國策十卷 宋鮑彪校注 明嘉靖刊本八册

越絶書十五卷 漢趙曄 明萬曆間刊四册

吴越春秋十卷 漢袁康 元徐天祜音注 元大德十年刊 四册

藏書六十八卷 續藏書二十七卷 明李贄 萬曆己亥刊二十册

晉紀六十八卷 清郭倫 乾隆丙午刊三十二册

晉略六十五卷 序目一卷 清周濟 道光間家刊本 十册

過　88　過　過

十六國春秋一百卷　魏崔鴻　乾隆四十六年汪日桂重刊二十二冊

西魏書二十四卷　清謝啟昆　乾隆六十年刊上冊

五代外史四種　嘉慶戊午刊二冊

陶岳五代史補五卷　王禹偁五代史闕文

尹洙五代春秋二卷　無名氏五國故事二卷

吳越備史四卷補遺一卷　范坰　林禹　康熙戊午刊二冊

南唐書合刻　康熙間陸國祥刊八冊

馬令南唐書三十卷
陸游南唐書十八卷

十國春秋百十六卷　清吳任臣　乾隆五十三年周昂重刊　二十冊

東都事略一百三十卷　宋王偁　蘇城汪氏仿宋眉山程氏刊本十冊

四朝別史　掃葉山房刊本七十二冊

過 8888

王偁东都事略一百三十卷　钱大昕南宋书六十八卷

叶隆礼契丹国志二十八卷　宇文懋昭大金国志四十卷

宋史翼四十卷　清陆心源　光绪丁亥刊十册

辽史拾遗二十四卷　清厉鹗　补五卷　杨复吉　道光元年刊六册

西夏书四十二卷　清吴广成　影印道光乙酉刊本八册

元史译文证补三十卷　清洪钧　光绪丁酉刊四册

明史列传稿二百八卷　清王鸿绪　敬慎堂刊八十册　明史稿最初印本

明史本纪二十四卷　附本纪补本异同录　清[illegible]廷玉　故宫博物院印本五册

吾学编六十九卷　郑晓　万历己亥重刊本二十四册

名山藏六十八卷　明何乔远　崇祯间刊四十八册

明督抚年表五卷　吴廷燮　排印本五册

清史稿五百二十九卷 趙爾巽等 石印本一百二十八冊

清帝系后妃皇子皇女四卷附年表 吳昌綬 石印本一冊

歷代諱字譜二卷 清 張惟驤 壬申年刊二冊

多識錄四卷 清 練恕 道光十八年刊二冊

清代徵獻類編九卷 清 嚴懋功 民二十排印本六冊

過 過 過

8 8

雜史類

開元天寶遺事一卷 唐王仁裕 日本寬永十六年（明崇禎十二年）風月宗智刊一冊

中興禦侮錄二卷 舊鈔本二冊

金人南遷錄一卷 金張師顏 鈔本一冊

世廟識餘錄二十六卷 明徐學謨 萬曆間刊六冊

野獲編三十卷補遺四卷 明沈德符 道光丁亥扶荔山房刊二十冊

西園聞見錄一百六卷 明張萱 燕京排印本四十冊

涌幢小品三十二卷 明朱國禎 天啓二年刊二十四冊

野記四卷 明祝允明 民國十三年刊二冊

古言二卷今言四卷 明鄭曉 萬曆甲辰彭宗孟重刊本三冊

朝 年 月

300 50

過

三朝平攘錄八卷　明諸葛元聲撰　傳鈔本四冊

先撥志始二卷　明文秉　刊本二冊

甲乙事案二卷　明文秉　鈔本二冊

二申野錄八卷　清孫之騄　光緒辛丑刊本四冊

荊駝逸史四十七冊　清陳湖逸士　活字本二十四冊

紀載彙編十種　[illegible]　都城琉璃廠來活字本二冊

明季野史六種　鈔本二冊

痛史二十種　民六商務印書館排印本三十冊

流賊張獻忠陷廬州紀一卷　清余瑞紫　本一冊　民十八排印

三垣筆記四卷　清李清　舊鈔本四冊

過 過 過 過 過

荷牐叢談四卷 明林時對 排印本二冊

殷頑野乘一集十六卷 清鄭濤 民廿五故宮博物院圖書館排印 四冊

明季南畧十八卷北畧二十四卷 清計六奇 都城琉璃廠半松居士排印本二十冊

小腆紀年附考二十卷 清徐鼒 咸豐十一年刊二十冊

小腆紀傳六十五卷補遺六卷 前人 光緒十三年刊十六冊

南疆逸史勘本五十八卷 清溫睿臨 重刻本十六冊 又舊鈔本殘存四冊 又國光書局排印本六冊

南天痕二十六卷 西亭凌雪 宣統庚戌復古社排印本六冊

劫灰錄六卷 珠江寓舫 舊鈔本四冊

海東逸史十八卷 清翁洲老民 舊鈔本一冊

山中聞見錄十一卷 清管葛山人 刊本二冊

朝 年 月

過　過

頫學齋叢刊　羅繼祖輯　石印本四冊
主輯錄一卷　遼漢臣世系表一卷　明宰相世臣傳一卷　李廣
國年譜一卷　校錄一卷　唐園年譜補遺一卷　程易疇年譜一卷
朱笥河年譜一卷　石樵先年譜一卷
史闕十四卷　清陳[illegible]　[illegible]之四年刊　六冊
庭聞錄六卷　清劉健　刊本四冊
滇事總錄二卷　清莊士敏　光緒十年刊一冊
蜀碧四卷　清彭遵泗　刊本二冊
聖武記十卷　清魏源　道光二十二年　十冊
平苗紀略　清方顯　同治癸酉季刊一冊
靖逆記六卷　清蘭簃外史　嘉慶庚辰刊二冊
黎陽見聞錄　清趙為楷　刊本一冊

粵氛紀事十三卷 清謝山居士 同治八年刊四冊
湘軍記二十卷 清王定安 光緒己丑刊八冊
金陵兵事彙略四卷 清李圭 光緒十二年刊二冊
江蘇兵事紀略二卷 清陳心霖 刊本一冊
吳中平寇記八卷 清錢勖 同治四年刊二冊
虎口日記一卷 清魯叔容 光緒丙申刊一冊 紀髮匪陷紹興
皖上兵略 清許恩燿 同治甲戌刊一冊
武昌紀事二卷 坿錄一卷 南越遊記三卷 清陳徽言 咸豐七年刊二冊
太平天國忠王李秀成供狀 同治間木活字印本一冊
魚鳥寧刻 清寧壽祺 咸豐辛酉刊四冊

○○朝 年 月

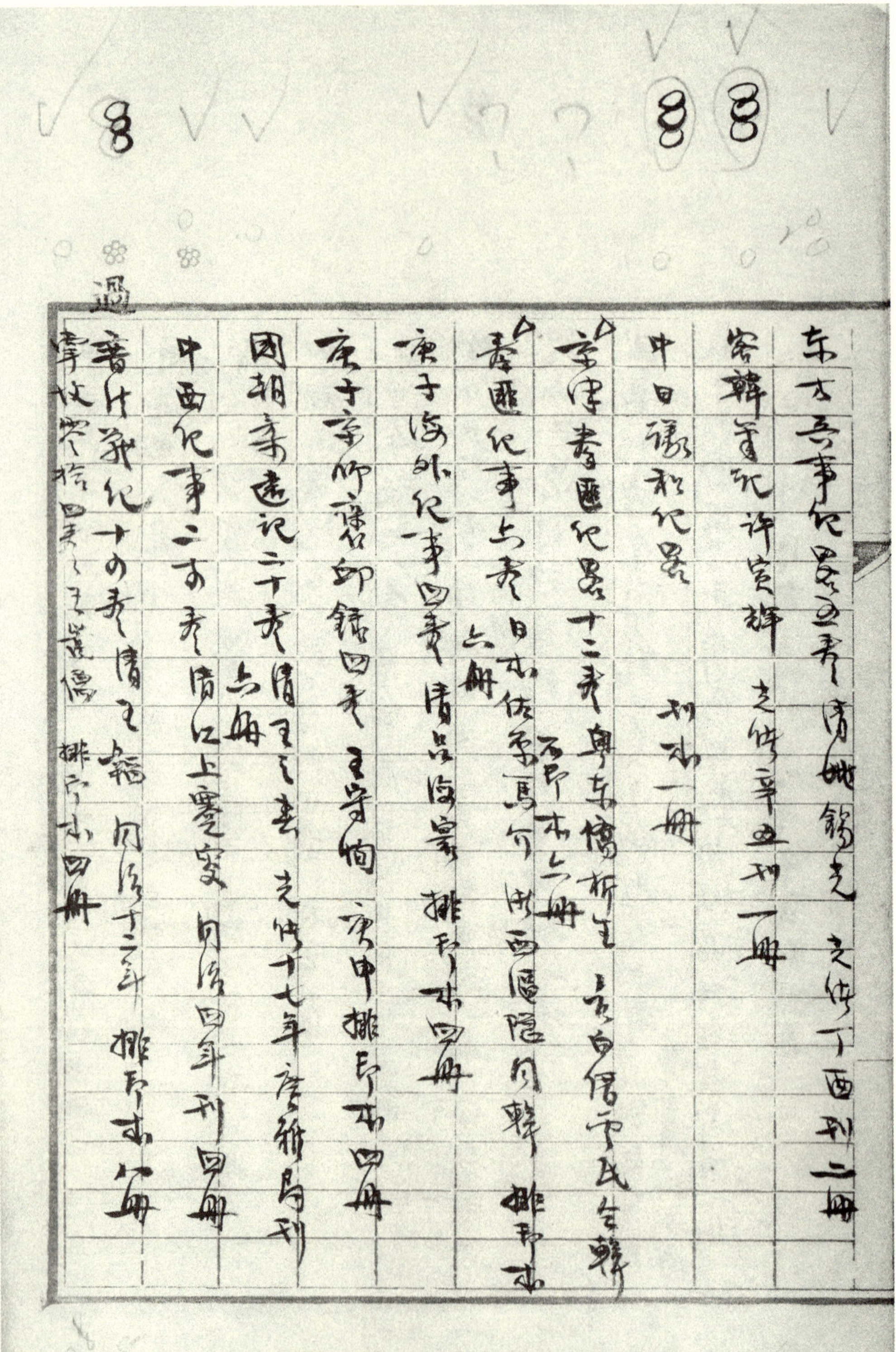

东方兵事纪略五卷 清姚锡光 光绪丁酉刊二册
客韩笔记 许寅辉 光绪辛丑刊一册
中日议和纪略 刊本一册
△拳匪纪略十二卷 粤东侨析生 袁白居市氏全辑 石印本六册
△拳匪纪事六卷 日本佐原笃介 浙西沤隐同辑 排印本 六册
庚子海外纪事四卷 清吕海寰 排印本四册
庚子京师褒卹录四卷 王守恂 庚申排印本四册
国朝柔远记二十卷 清王之春 光绪十七年广雅局刊 六册
中西纪事二十卷 清江上蹇叟 同治四年刊四册
过 普法战纪十四卷 清王韬 同治十二年 排印本八册
拳杖丛拾四卷 王崇偬 排印本四册

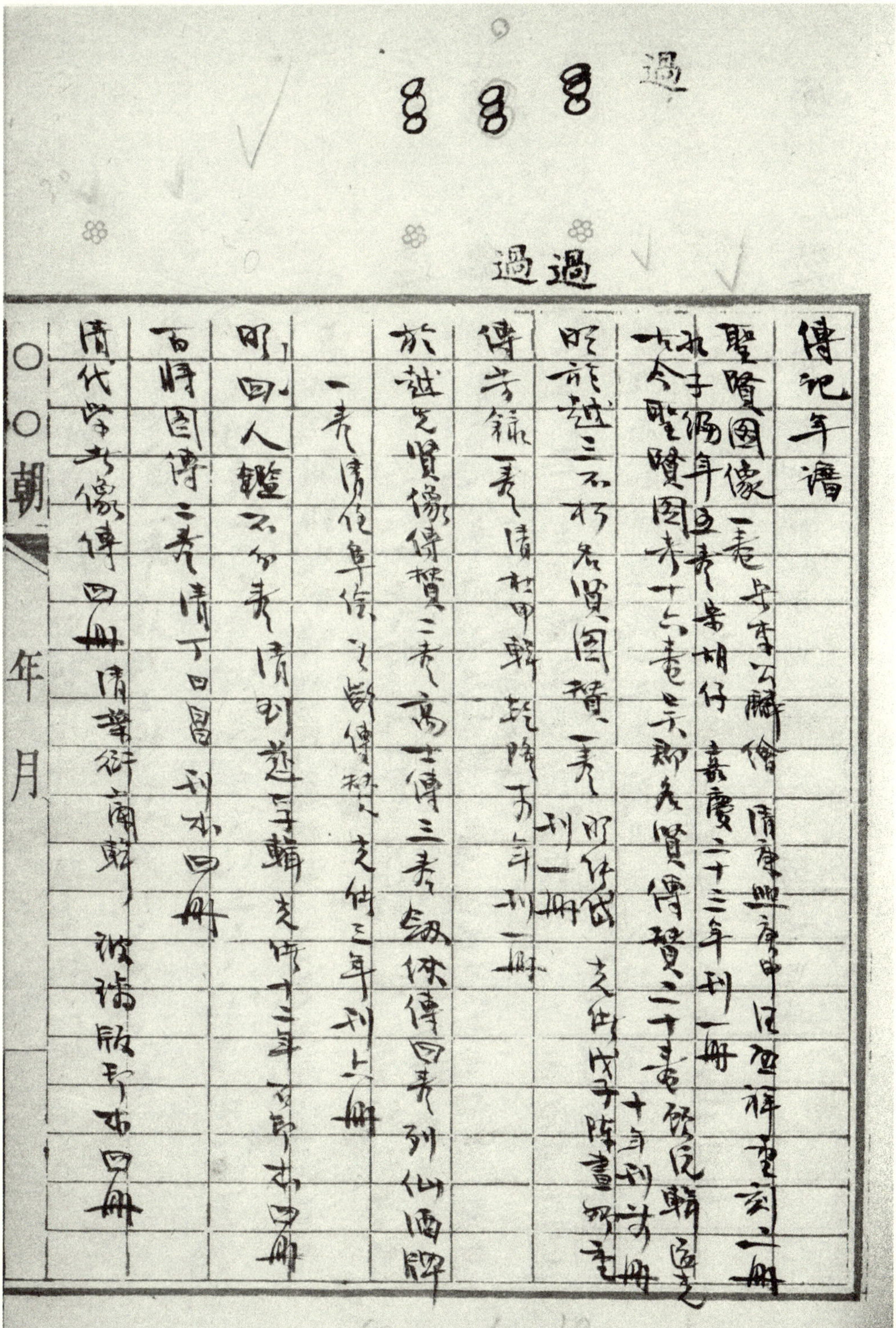

過

過過

傳記年譜

聖賢圖像一卷 宋李公麟繪 清康熙庚申江[illegible]祥重刻 二冊

孔子編年五卷 宋胡仔 嘉慶二十三年刊一冊

古今聖賢圖考十六卷 吳郡先賢傳贊二十卷 顧沅輯 道光十年刊 共四冊

於越三不朽名賢圖贊一卷 明張岱 光緒戊子陳畫卿重刊一冊

傳芳錄一卷 清杜甲輯 乾隆丙午年刊一冊

於越先賢像傳贊二卷 高士傳三卷 劍俠傳四卷 列仙酒牌

一卷 清任[illegible] 光緒三年刊 上冊

明人人鑑不分卷 清劉[illegible]輯 光緒十二年石印本四冊

百將圖傳二卷 清丁日昌 刊本四冊

清代學者像傳四冊 清葉衍蘭輯 [illegible]石印本四冊

○○朝 年 月

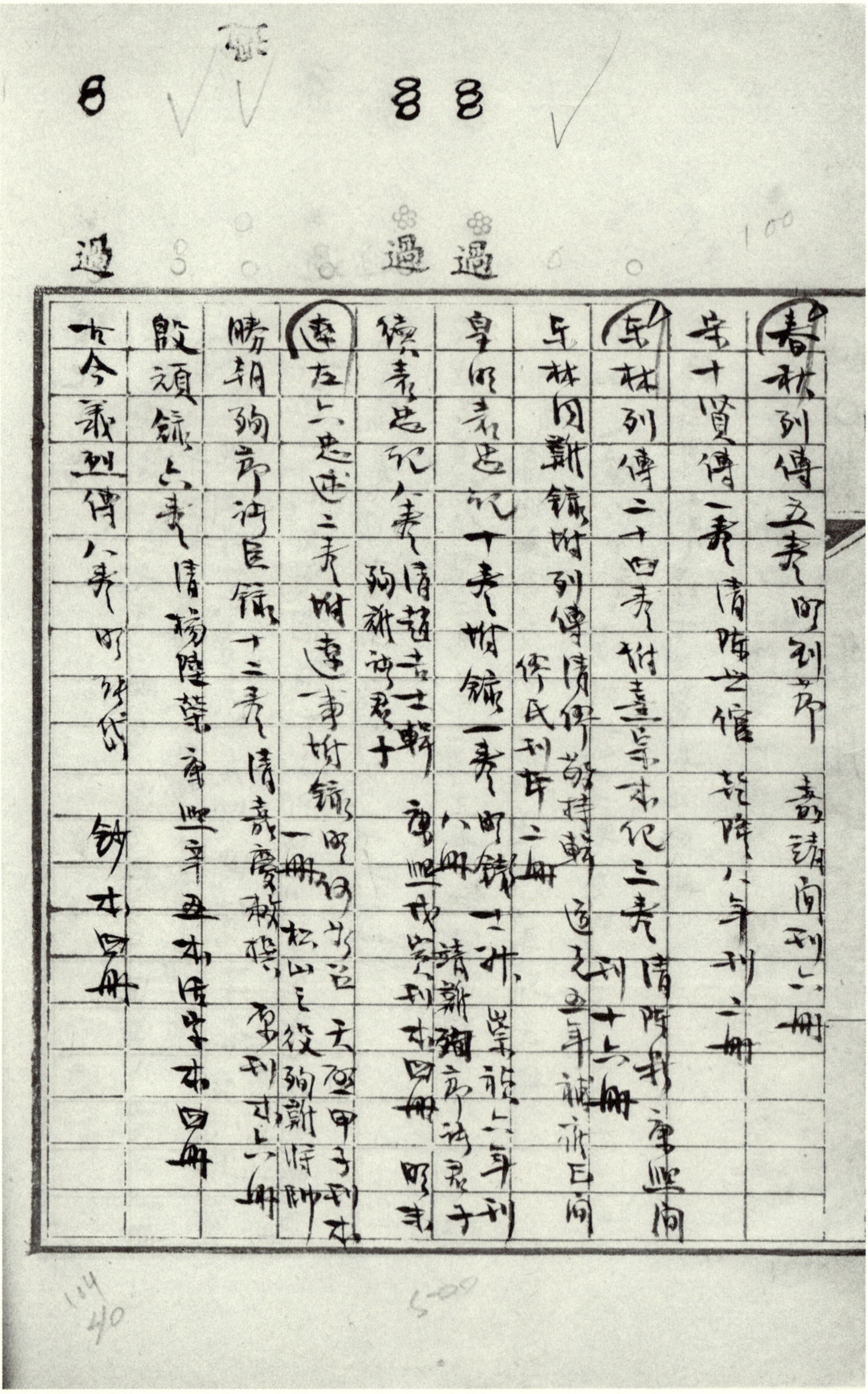
春秋列傳五卷 明劉節 嘉靖間刊 六冊
宋十賢傳一卷 清陳世倌 乾隆八年刊 二冊
東林列傳二十四卷 附熹宗本紀二卷 清陳鼎 康熙間刊 十六冊
東林同難錄附列傳 清繆敬持輯 繆氏刊本二冊 道光五年補[illegible]
皇明表忠紀十卷 附錄一卷 明錢士升 崇禎六年刊 八冊
續表忠紀八卷 清趙吉士輯 殉難諸君子十 康熙間寄園刊本四冊 附靖難殉節諸君子 明錢
遼左六忠述二卷 附遼事附錄 明[illegible] 天啟甲子刊本 一冊
勝朝殉節諸臣錄十二卷 清嘉慶敕撰 附松山之役殉難將帥 原刊本六冊
欽頌錄六卷 清楊陸榮 康熙辛丑本 [illegible]本四冊
古今義烈傳八卷 明[illegible]代 鈔本四冊

過 過 過

闡義二十二卷 明吳肅公 康熙丁亥刊四冊

越殉義傳六卷 清俞忠孫 乾隆乙未刊二冊

忠義紀聞錄三十卷 清陳繼聰 光緒壬午年刊八冊

廉吏傳十六卷 明黃汝亨 萬曆間刊本十二冊

續高士傳五卷 清高兆 康熙間寫刊本一冊

明遺民錄四十八卷 孫靜菴 民元排印本十二冊

皇明遺民傳七卷 朝鮮不知撰人 廿五年石印本二冊

漢名臣言行錄十二卷 清夏之蓉 乾隆辛未刊八冊

宋名臣言行錄七十五卷 宋朱熹原撰 李幼武補 道光間刊本十六冊

明名臣言行錄九十五卷 清徐開任 康熙二辛酉刊本十六冊

○○朝 年 月

名臣碑傳琬琰集三集一百零七卷 宋杜大珪 影宋鈔本

國朝先正事略六十卷 清李元度 八冊 同治五年刊 二十四冊

碑傳集一百六十卷 清錢儀吉纂 光緒十九年江蘇局刊 六十冊

續碑傳集八十六卷 繆荃孫 宣統間刊 二十四冊

碑傳集補六十卷附一卷 閔爾昌 燕大排印本 二十四冊

唐才子傳十卷 元辛文房 嘉慶乙丑年三間草本 刊本二冊

皇明詞林人物考十二卷 明王兆雲 萬曆間刊 十二冊

國史儒林傳二卷文苑傳二卷貳臣傳二卷循吏傳一卷

清阮元等 光緒丁亥刊 四冊

文獻徵存錄十卷 清錢林輯 王藻編 咸豐八年有嘉樹軒刊 十二冊

過

古懽錄八卷 清王士禎 康熙三十九年刊 二册

初月樓聞見錄十卷 續聞見錄十卷 清吳德旋 道光四年刊三册

列女傳八卷 漢劉向撰 梁端注 道光十七年刊二册

廣列女傳二十卷 清劉開 光緒甲申刊六册

清后妃傳稿二卷 張采田 排印本二册

歷代名賢齒譜九卷 清吳榮光 道光三年刊九册

歷代名人年譜十卷 清吳榮光 刊本十册

峽川十六衛摭拾考一卷 清陳景行 鈔本一册 附衛所考畧

鴛湖求舊錄四卷 清朱福清 己未秋刊二册

廣示獻徵錄二卷 續錄二卷 清倪鴻輯 附懷德堂 光緒己亥刊四册

○○朝 年 月

遗

东塾文集六卷 清陈鸣鹤 同治十二年刊六册

桐城耆旧传十二卷 马其昶 宣统三年刊六册

金陵忠义孝悌祠传赞二卷 清甘熙 道光庚子刊一册

安丘新学宫祀位赞小传 清张贞 康熙间刊一册

安东宽遗民录二卷 胜朝粤东遗民录四卷 附陈文忠

陈文烈陈忠懋行状一卷 九龙真逸 刊本七册

诵芬录四卷 清郑僖 嘉庆十年刊四册

戴氏先德传二卷 清戴钧衡 钞本一册

王右军年谱 清鲁一同 咸丰五年刊一册

王荆公年谱二卷 附遗事 司马温公年谱八卷 附遗

遗 遗 遗

64

過 過

事情頤椿齋 丁巳冬南林劉氏求恕齋刊六冊

王荆公年譜考略二十六卷 雜錄二卷 附錄一卷 清蔡上翔

遊辛夫子排印本六冊

朱子年譜四卷 清王懋竑 乾隆十六年刊四冊

四忠年譜 清吳世奎偶 宣統三年刊四冊

洪忠宣公皓年譜

洪文安公遵年譜

洪文惠公适年譜 錢大昕孚撰

洪文敏公邁年譜 錢大昕原輯

陸忠烈公全書八卷 續編二卷 宋陸秀夫 陶竹里

陸忠烈公年譜 謝逸雪 己巳冬宣城排印本一冊 軒刊本一冊

方正學先生年譜一卷 盧演 刊本一冊

遜志齋外紀二卷 明姚履旋 家塾刊四冊

李文正公年譜五卷 清法式善 鄭仲昊增補 嘉慶八年刊四冊

朝 年 月

何大復先生年譜一卷附錄四卷 清劉海涵 壬戌冬刊

戚少保年譜耆編十二卷 明戚祚國 王延辛酉刊四冊

朱大明年先崑事略三卷 明朱祖文 萬曆間刊 孫存 上卷一冊

王文肅公年譜一卷 明王錫爵 道光年重刊一冊 王時敏編 支純斗

顧文端公年譜四卷附遺佳錄一卷 明顧憲成 顧樞編 康熙甲戌刊二冊

朱少師公燮元事略一卷 清朱世衡 嘉慶間刊一冊

高陽太傅孫文正公年譜五卷 明孫承宗 乾隆間刊四冊 孫銓編 乾

鹿忠節公年譜二卷 清陳鋐 刊二冊 康熙丁未尊業堂

左忠毅公光斗年譜二卷 清左宰 乾隆四年刊二冊

黃忠端公年譜二卷 黎洲先生年譜三卷 清黃炳垕 光 同巳亥刊二冊

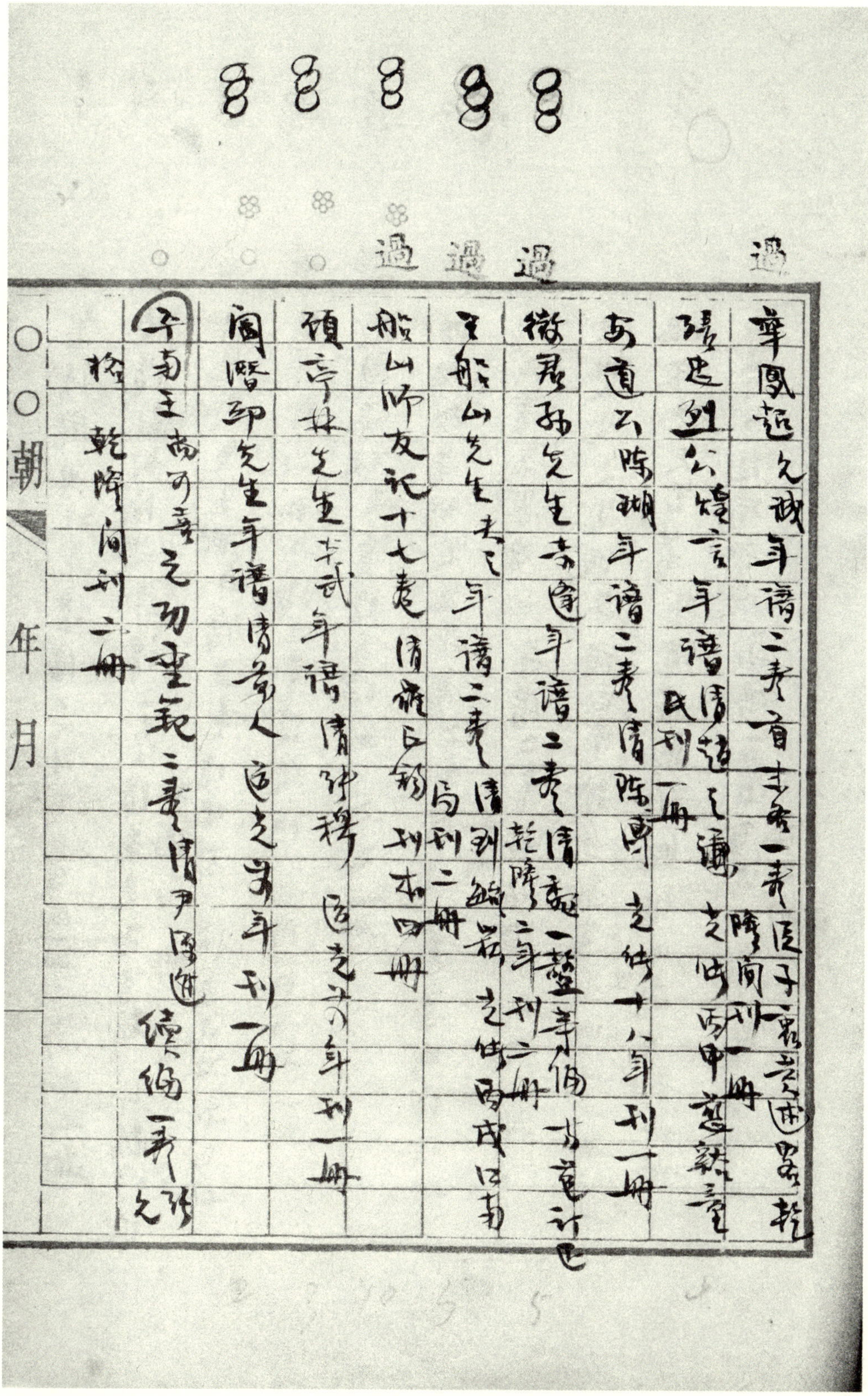

華鳳超先識年譜二卷首末各一卷 臣子[illegible]述[illegible] 乾隆間刊一冊
張忠烈公煌言年譜 清趙之謙 光緒丙申慈谿[illegible] 民刊一冊
安道公陳瑚年譜二卷 清陳[illegible] 光緒十八年刊一冊
徵君孫先生奇逢年譜二卷 清魏一鰲 等編 方苞訂正 乾隆二年刊二冊
王船山先生夫之年譜二卷 清劉毓崧 光緒丙戌江南局刊二冊
船山師友記十七卷 清羅正鈞 刊本四冊
顧亭林先生炎武年譜 清張穆 光緒[illegible]年刊一冊
閻潛邱先生年譜 清前人 光緒[illegible]年刊一冊
平南王尚可喜元功垂範二卷 清尹源進 續編一卷 [illegible]之
[illegible] 乾隆間刊二冊

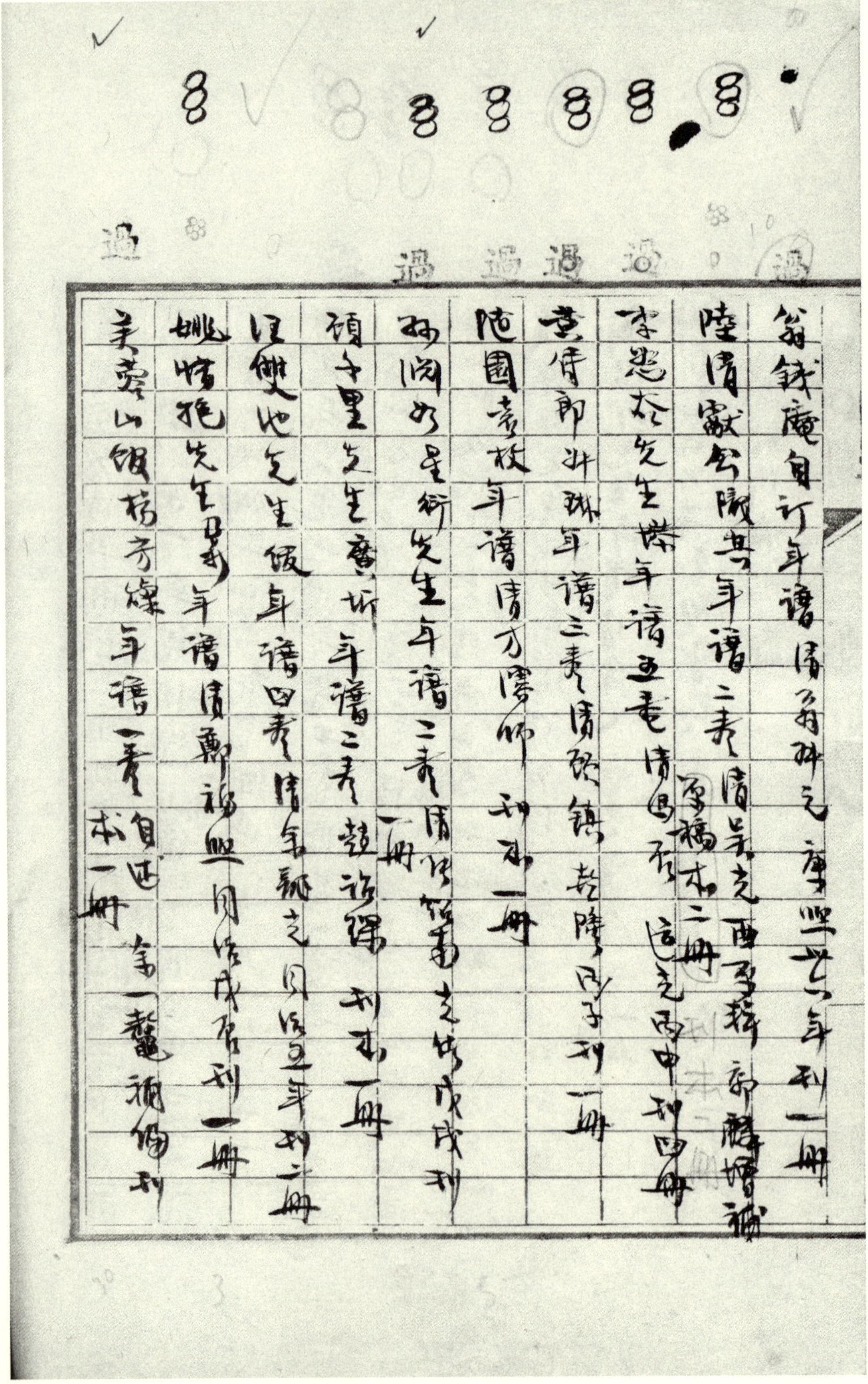

翁鐵庵自訂年譜　清翁叔元　康熙卌七年刊　一册

陸清獻公隴其年譜二卷　清吳光酉原輯　郭麟增補

原稿本二册

李恕谷先生塨年譜五卷　清馮辰　道光甲申刊　四册

黃侍郎叔琳年譜三卷　清顧鎮　乾隆丙子刊　一册

隨園袁枚年譜　清方濬師　刊本　一册

孫淵如星衍先生年譜二卷　清張紹南　光緒戊戌刊　一册

顧千里先生廣圻年譜二卷　趙詒琛　刊本　一册

汪雙池先生紱年譜四卷　清余龍光　同治五年刊　二册

姚惜抱先生鼐年譜　清鄭福照　同治戊辰刊　一册

芙蓉山館楊芳燦年譜一卷　自述　子一夔補編　刊本　一册

武進李先生申耆年譜三卷附先師小德錄一卷 清蔣彤撰 道光廿二年
木活字排印 二册
江子屏先生藩年譜 並里堂先生循年譜 王石臞先生念孫年
譜 王伯申先生引之年譜 合一卷 閔爾昌 刊本二册
葉健菴先生年譜二卷 清葉六保 嘉慶間刊 一册
吳仲明先生年譜一卷 附錄一卷 吳敬立 刊本一册
翁氏家事略記一卷 清翁方綱 英和校訂 刊本一册
羅宮保思舉年譜自述 刊本二册
當壚庵主弟子記六卷 清阮之 陳鍾編 刊本二册
錢警石先生泰吉年譜 清錢應溥 同治甲子刊 一册

○○朝 年 月

8

过 过 过 过 过

小浮山人自订年谱 清潘曾沂 刊本一册

龚定盦先生自订年谱一卷 吴昌绶撰 戊申刊一册

太常袁公行略 袁允楠撰 己巳排印本一册

潘文勤祖荫年谱 潘祖年 刊本一册

庸闲老人自叙 清陈其元 同治十二年刊一册

玉池老人自叙一卷 郭嵩焘 刊本一册

葵园自订年谱三卷 清王先谦撰 戊申刊

张文襄年谱六卷 胡钧 排印本二册 三册

陈石遗先生衍年谱七卷 陈声暨 王真续辑 刊本四册

合肥执政年谱初稿二卷 吴廷燮 排印本一册

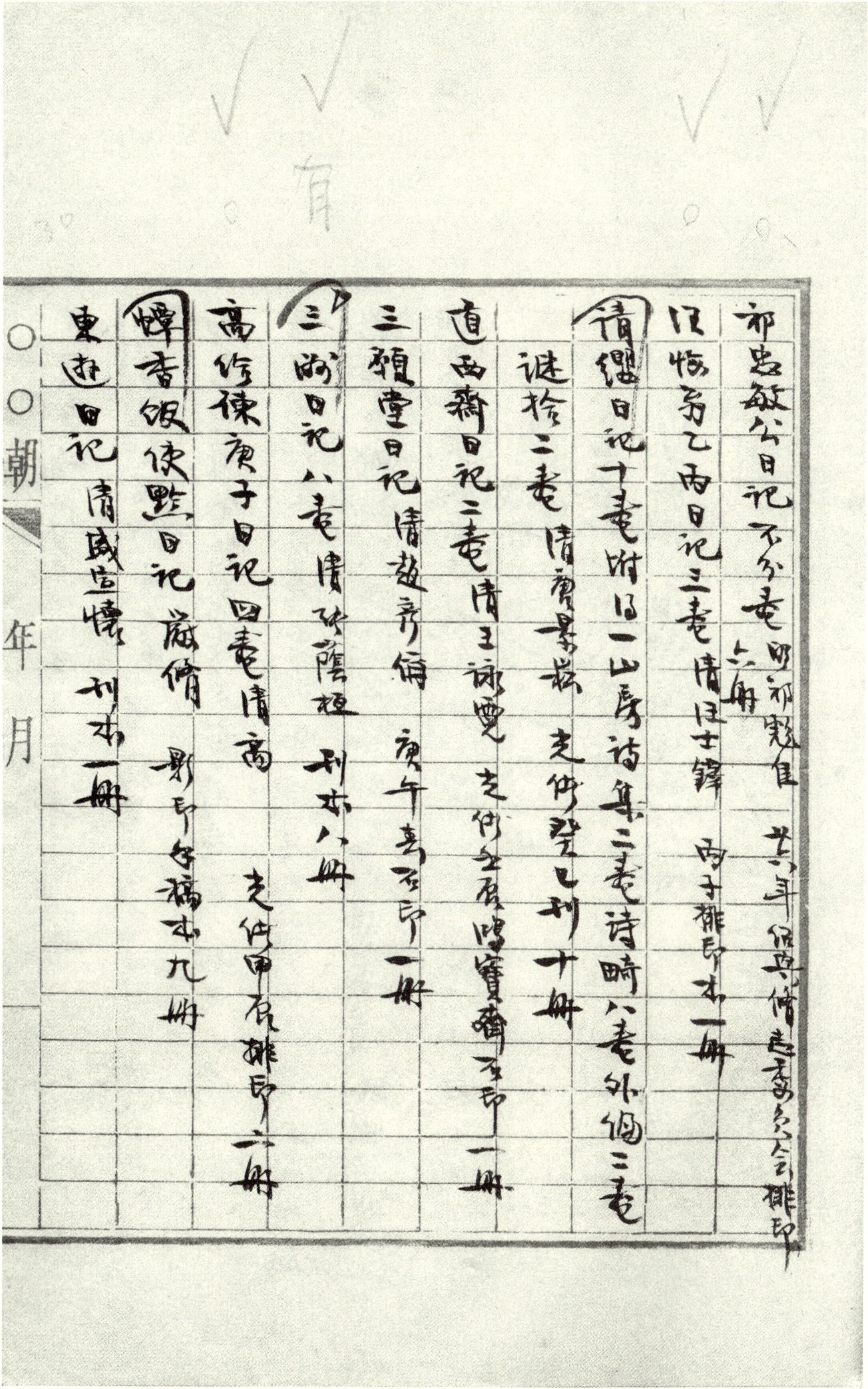

30 有
祁忠敏公日记不分卷 明祁彪佳 共六年 绍兴修志委员会排印 六册
汪悔翁乙丙日记三卷 清汪士铎 丙子排印本一册
清 缨日记十卷附闲一山房诗集二卷诗畸八卷外编二卷
谜拾二卷 清龚景瀚 光绪癸巳刊 十册
适西斋日记二卷 清王诵瑩 光绪壬辰鸿宝斋石印 一册
三愿堂日记 清赵彦偁 庚午嘉石印 一册
三 洲日记八卷 清张荫桓 刊本八册
高给谏庚子日记四卷 清高 光绪甲辰排印 一册
蝉香馆使黔日记 严修 影印手稿本九册
东游日记 清盛宣怀 刊本一册
○○朝 年 月

8 88

過

日遊彙編附叢抄 光緒元年刊一冊

緣督廬日記抄十六卷 葉熾昌 石印本十六冊

御史台精舍題名考三卷 清勞格 刊本三冊

郎官石柱題名考二十六卷 清勞格趙鉞合撰 刊本十二冊

熙朝宰輔錄附續(迄宣統三年) 清潘世恩等 刊本二冊

國朝御史題名九卷滿州蒙古二卷(順治元年迄光緒十三年) 清黃叔琳等 刊本五冊

內閣漢票簽中書舍人題名附續不分卷內閣撰擬文字二卷 清鮑康輯 咸豐辛酉刊三冊

國朝歷科題名碑錄初集無卷數(起順治丙戌科迄朝

〇〇朝　年　月

乾隆庚子科 又附洪武至崇禎各科）清李周望 乾隆丙寅刊 十二冊

國朝歷科館選錄附續（起順治迄道光）清沈廷芳 刊本一冊

國朝鼎貢考畧三卷（起順治迄道光）附明考畧二卷

清秀學齋 道光甲辰重刊 二冊

日本中興先覺志二卷 日本岡本監輔 之 明治七年刊 二冊

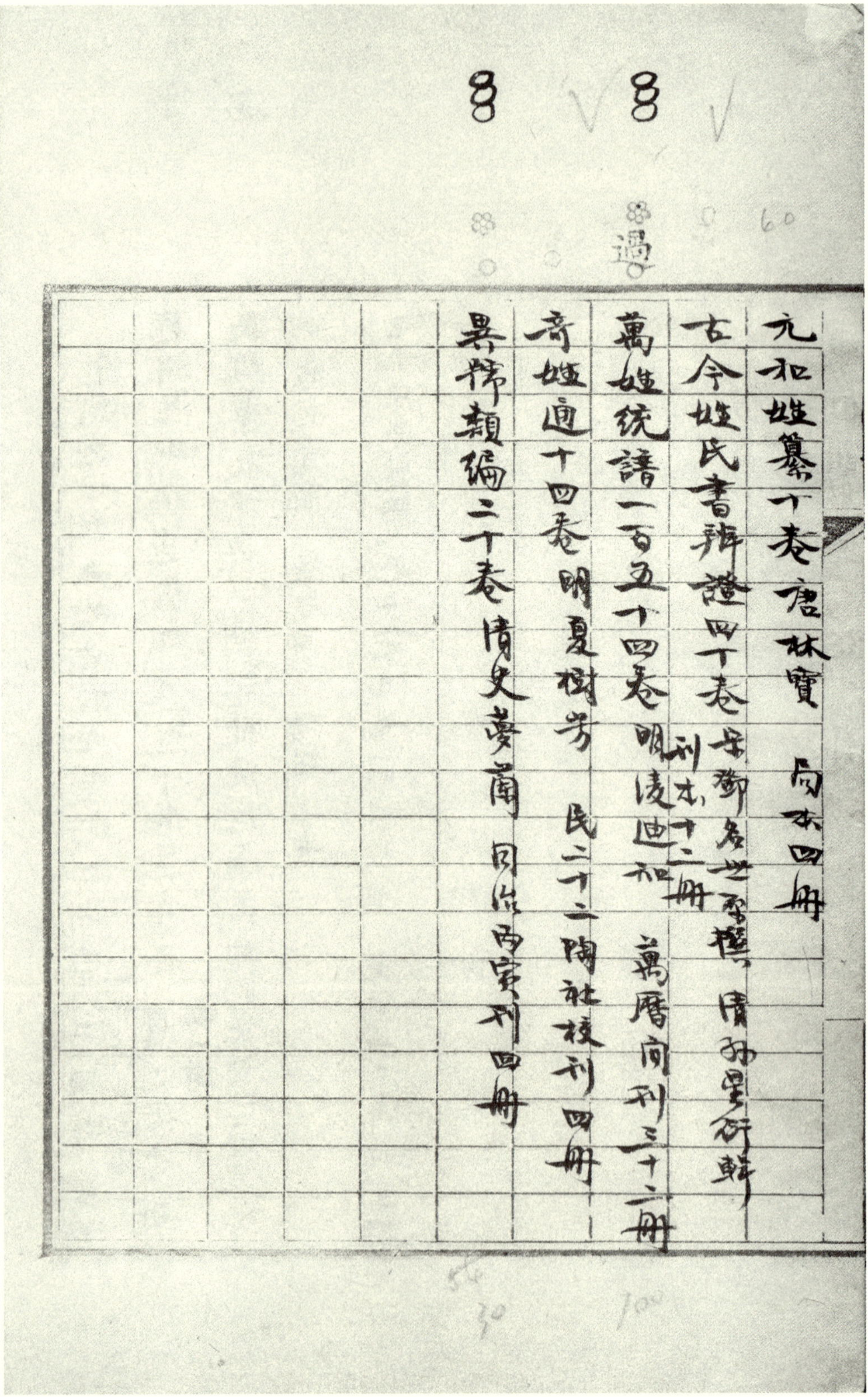
元和姓纂十卷 唐林寶 同本四冊
古今姓氏書辯證四十卷 宋鄧名世撰 清孫星衍輯 刊本十二冊
萬姓統譜一百五十四卷 明凌迪知 萬曆間刊三十二冊
奇姓通十四卷 明夏樹芳 民二十二陶社校刊四冊
異號類編二十卷 清史夢蘭 同治丙寅刊四冊

8 過

詔令奏議

唐大詔令一百三十卷 宋宋敏求 適園叢書本 十六冊

歷代名臣奏議三百五十卷 明楊士奇等 永樂間刊 一百二十八冊

明臣奏議十二卷 清[illegible] 光緒十七年刊 四冊

神廟留中奏疏彙要四十卷 明董其昌輯 民國二十六年 燕大排印本十冊

[illegible]龍存笥疏鈔八卷 先名輯 影印手稿本十冊

明代經濟言十四卷 明陳子壯輯 玄覽堂刊四冊

傅獻簡公奏議四卷 宋傅堯俞 光緒丁酉刊三冊

于肅愍公奏議十卷詩文集八卷附謙錄 明于謙 光緒間杭州丁氏刊八冊

譚襄敏公奏議十卷 明譚綸 康熙四十三年刊八冊

○○朝 年 月

過

胡端敏奏議十卷附校勘記 明胡世寧 浙江書局刊四冊

朱文懿公奏議十二卷附筆史一卷 明朱賡 萬曆間刊六冊

壽陽吳侍御奏稿一卷 明吳玉 道光十六年刊一冊

疏草錄略 明程鳳翀 刊本一冊

留垣疏草不分卷 明錢墨卿 刊二冊

明大司馬盧公奏議十卷文集二卷 明盧象昇 乙亥刊十冊 之任

凌忠介公奏疏六卷 明凌義渠 咸豐四年王有齡刊 三冊

周忠毅公奏議二卷 明周宗建 嘉慶十四年刊本二冊

金雙巖中丞封事 明金光宸 康熙間刊四冊

附盧疏草一卷 明丁自勸 明刊本一冊

過　信宿羅言一卷　明孫三傑　康熙間刊一册

過　馬太僕奏畧二卷　明馬孟貞　嘉慶間刊二册

皇清名臣奏疏六十八卷　清琴川居士輯　不印本八册

過　同治中興京外奏議約編八卷　清陳弢輯　光緒元年　刊四册

奏對筆記二卷　清岱錄時　刊本二册

李文襄奏疏十卷別錄六卷　清李之芳　刊本十册

孫文定公奏疏十卷　清孫嘉淦　乾隆間刊本十册

過　郭華陽疏稿五卷附前人某某年譜墓誌行述　清郭琇　乾隆間刊四册

撫豫宣化錄四卷　清田文鏡　刊本八册

過　慎思居存稾二卷　清湯脩　同治壬申刊一册

○○朝　年　月

選 選

隱静齋疏藁 清吳傑 刊本一册 附巡輶日記一册

吳之録奏稿不分卷 清吳杞識 刊本二册

澗于集奏議六卷 清張佩綸 刊本六册

壽宮先生奏議二卷 續拾遺 長白先生奏議二卷附年譜 寶廷 民五石印本二册

語冰閣奏議 清鄧承修 排印本三册

獻替録八卷 日本荻原裕 文久二年（同治元年）刊本二册

敬慎堂公牘六卷 清倪東璧 之侄己亥刊六册

政書 律令附

大唐六典三十卷 唐李林甫等撰 日本享保甲辰刊本十冊

通志略五十一卷 宋鄭樵 刊本三十二冊

文獻通考校錄六卷續錄四卷 清瞿曾 刊甲寅本十冊

明會要八十卷 清龍文彬 永懷堂刊本十八冊

皇明經世實用編二十八卷 明馮應京 萬曆三十一年刊三十六冊

三國會要二十二卷 楊晨 光緒二十六年刊本五冊

吾學錄初編二十四卷 清吳榮光 道光十二年刊十二冊

清謚法考二卷 雷延壽 民十三年排印本二冊

詞科掌錄十七卷餘錄七卷 清杭世駿 嘉慶間刊八冊

○○朝 年 月

清秘述聞十六卷 槐廳載筆二十卷 清法式善 嘉慶己未刊八冊

皇朝詞林典故六十四卷 清朱珪等纂 光緒十三年刊三十四冊

欽定國子監志八十六卷 清李宗昉等纂修 道光十四年刊二十冊

欽定學政全書八卷 刊本四冊

石渠餘紀六卷 清王慶雲著 刊本六冊

四夷館考二卷 明王宗載 民十三年東方學會刊一冊

全史吏鑑四卷 明徐元太 萬曆間刊四冊

實政錄七卷 明呂坤 萬曆癸巳刊四冊

治譜十卷 附續集 明佘自強 崇禎己卯刊八冊

資治新書十四卷 續十四卷 清李漁 刊本二十四冊

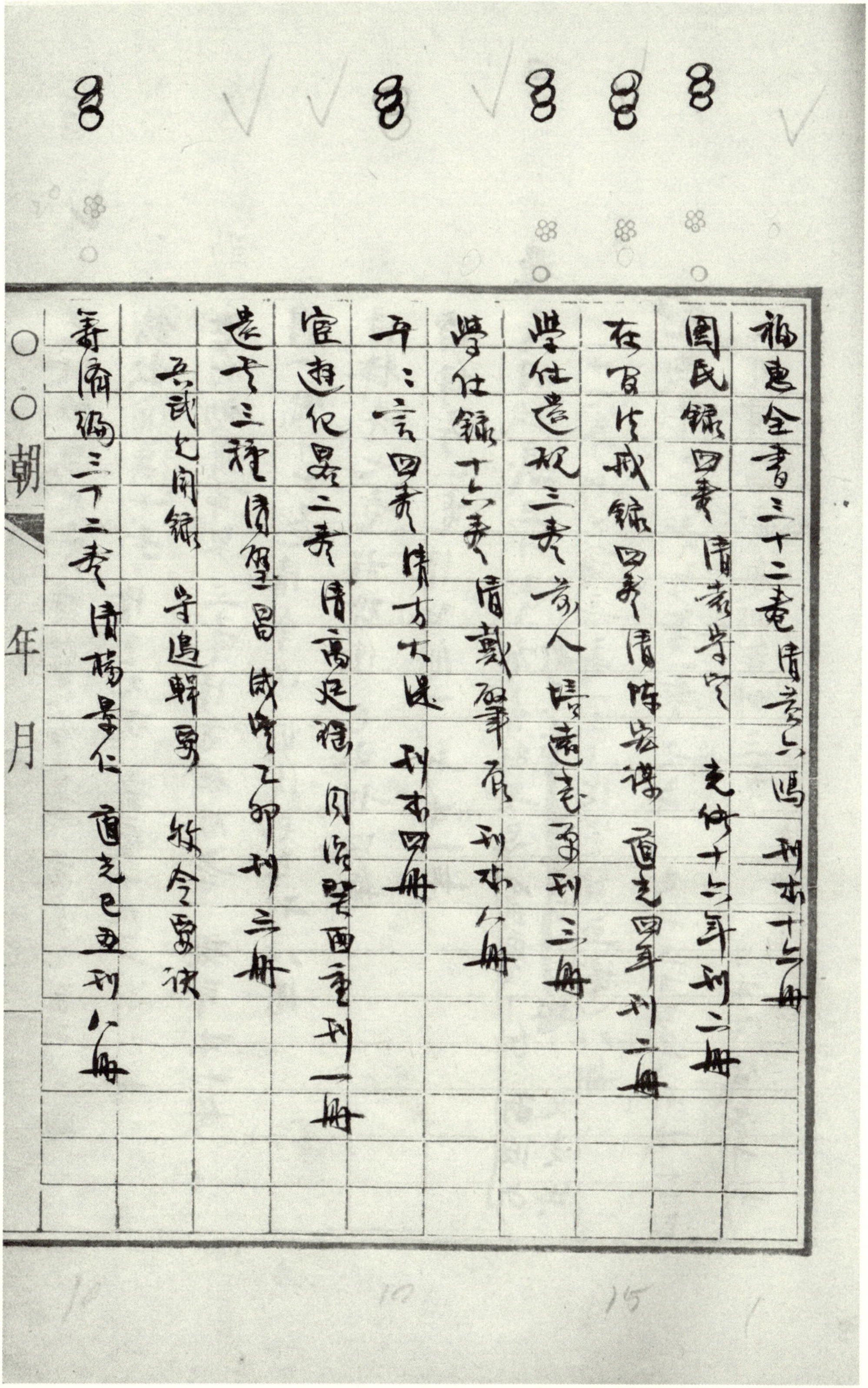

福惠全書三十二卷 清黄六鴻 刊本十六册
圖民録四卷 清袁守定 光緒十六年刊 二册
在官法戒録四卷 清陳宏謀 道光四年刊 二册
學仕遺規三卷 前人 培遠堂刊 三册
學仕録十六卷 清戴肇辰 刊本八册
平平言四卷 清方大湜 刊本四册
宦游紀畧二卷 清高廷瑶 同治癸酉重刊 一册
遠宦三種 清賀望昌 咸豐乙卯刊 二册
吾試之閑録 守邊輯要 牧令要訣
籌濟編三十二卷 清楊景仁 道光己丑刊 八册

○○朝 年 月

過　過

荒政輯要九卷　清汪志伊纂　道光乙酉刊　六冊

錢穀備要十卷　清王又槐　嘉慶十九年刊　八冊

歷代勸農事畧三卷　清高樹枚等　排印本　一冊

得一錄十六卷　清余治　同治己巳刊　八冊

讀律考七卷　程樹德　己未刊　四冊

讀律考一卷　清孫鵬一　刊本一冊

唐律疏義三十卷　唐長孫無忌　嘉慶丁卯孫閣刻　~~[illegible]八冊~~　又光緒

十七年刊本（附三音義一卷洗冤錄五卷）八冊

元典章六十卷新集一卷　失名　光緒三十四年刊本二十四冊

大明律三十卷附刊問刑條例三卷　九冊　日本享保七年刊

過

大清律輯註三十卷 清沈之奇 康熙乙未刊十册

大清律例集要新編四十卷 前人註 孫肇基增輯 刊本二十册

古今律制考十六卷 清孫學樹 （十册） 光緒九年排印本

讀律佩觿八卷 清王明德 康熙丙辰刊八册

律法須知二卷 清呂芝田 刊本二册

秋讞輯要六卷 清剛毅 刊本八册

審看擬式四卷 前人 刊本二册

經義亭疑三卷 清蔣楷 宣統三年刊一册

疑獄集十卷 續二卷 附補一卷 五代和凝 和㠓撰 之年[illegible]全氏刊二册

折獄龜鑑八卷 宋鄭克 許槤校輯 道光十五年刊二册

又光緒十六年[illegible]同刊本二册

朝 年 月

折獄龜鑑八卷補六卷 宋鄭克撰 清胡文炳補 光緒四年刊八冊

棠陰集記不分卷 清鄧錫照 光緒廿七年刊二冊

洗冤錄全纂六卷 清李觀瀾輯 刊本四冊

式敬編五卷 清楊景仁 光緒七年刊二冊

山右讞獄記一卷 清孫麟祉 刊本一冊

勞雲閣存稿一卷 清彭壽山 道光庚子刊一冊

問心齋學治雜錄二卷 雜 續錄四卷 清陳慶桂 刊本六冊

頤情館聞過錄十二卷 清宗學瀚 刊本四冊

求牧芻言八卷 清阮本森 刊本二冊

海南齋筆記六卷 清董壽師 刊本二冊

諡牢商考四卷　清趙紹祖撰　刊本一冊

○○朝　年　月

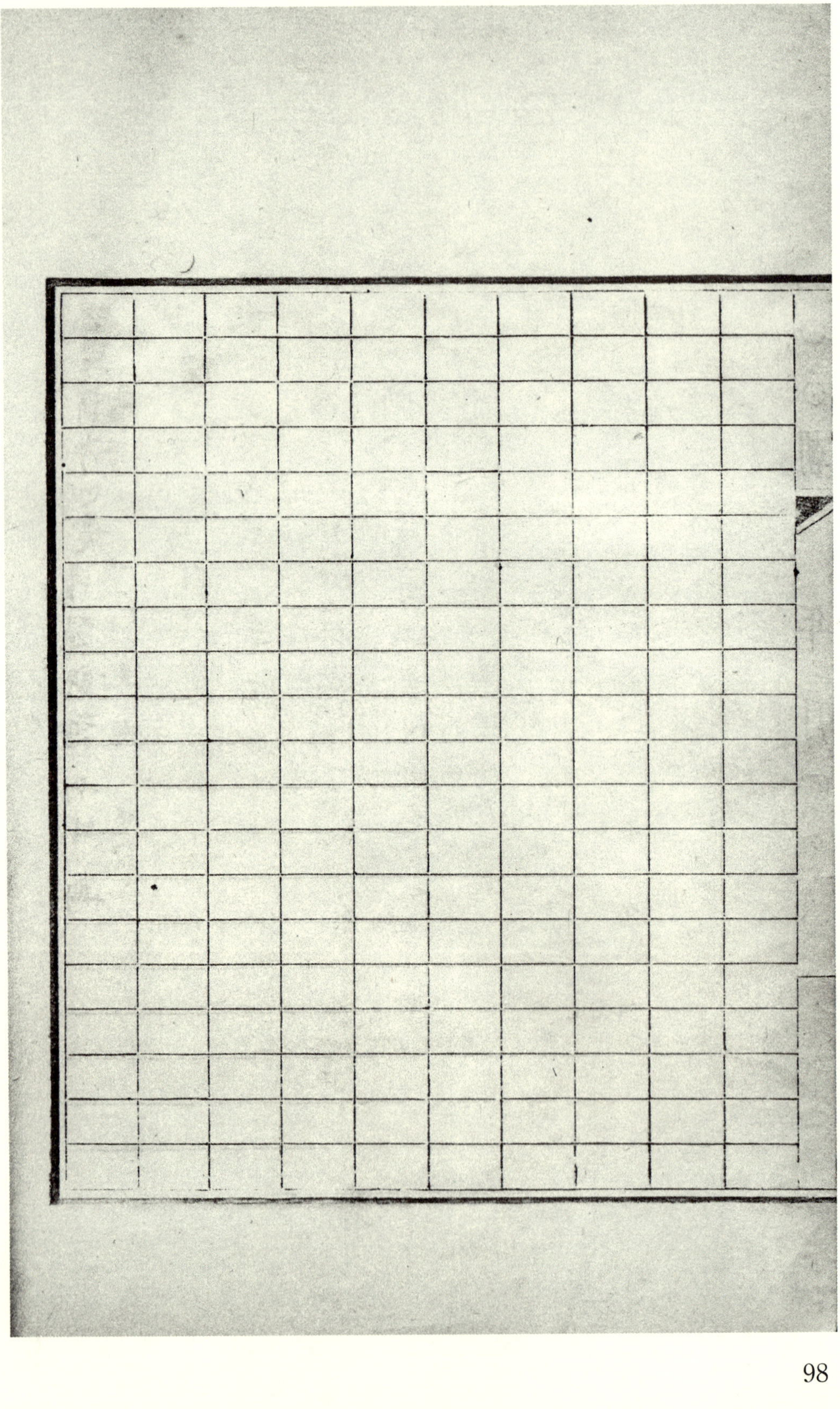

過

地理類

太平寰宇記二百卷 樂史 乾隆癸丑萬廷蘭校刊三十册

廣輿古今鈔二卷 清蔡晴川 (廣) 乾隆丁亥刊二册

天下郡國利病書一百二十卷 清顧炎武 龍氏刊本九十册

讀史方輿紀要一百三十卷圖四卷 清顧祖禹 敷文閣刊六十四册

歷代輿地沿革險要圖一卷 楊守敬 光緒丙午刊一册

皇朝輿地水道源流五卷圖史摭綱二卷 清胡宣慶 刊本二册

得一齋雜著四種 清黃楙材 光緒十二年刊二册

西輶日記四卷 印度劄記二卷 游歷芻言一卷

西徼水道一卷

蓬萊軒地學叢書六十一卷 丁謙輯 浙江局刊十六册

○○朝 年 月

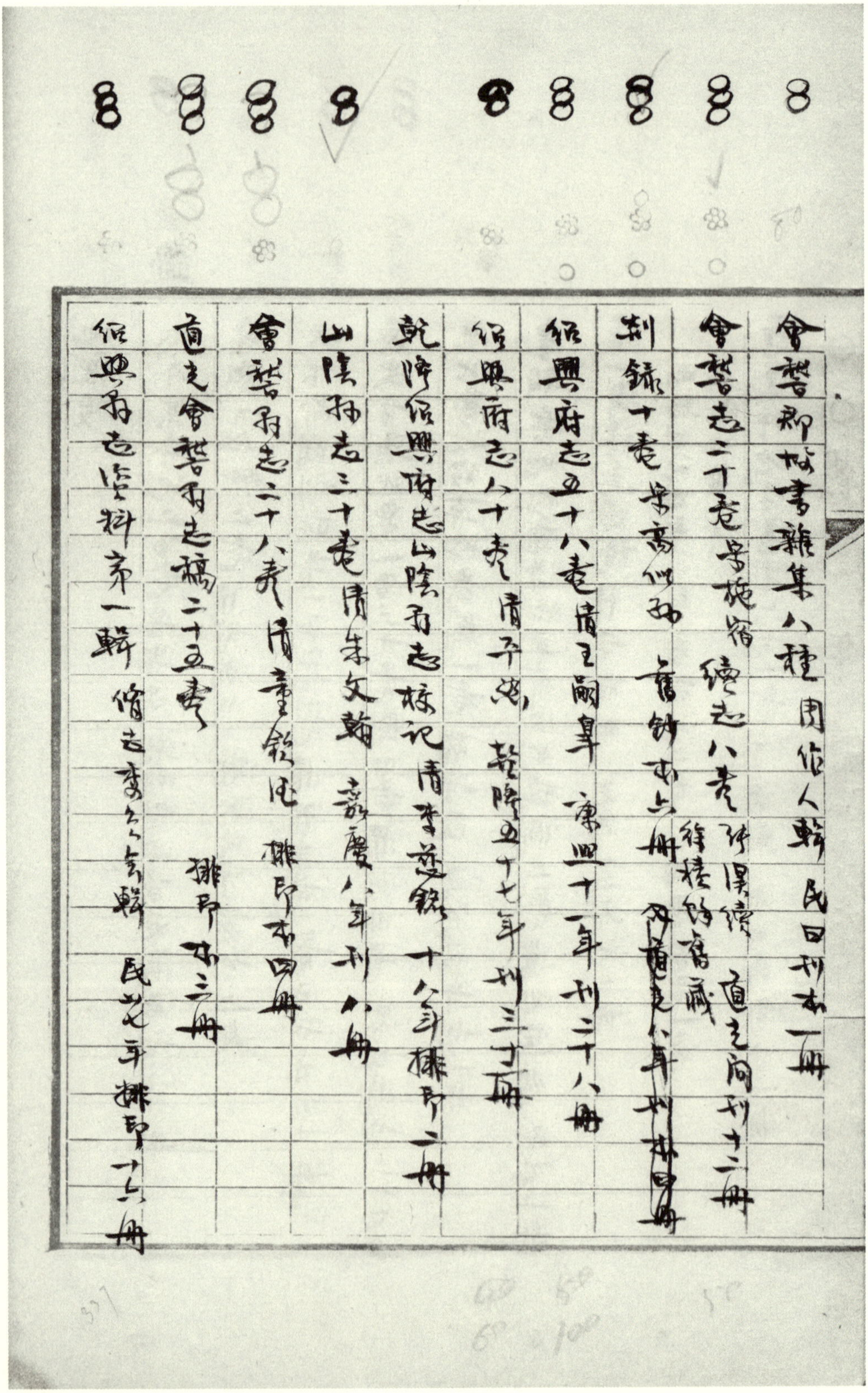

會稽郡故書雜集八種 周作人輯 民国刊本一册

會稽志二十卷 宋施宿 續志八卷 張淏續 道光间刊十二册

剡錄十卷 宋高似孙 舊鈔本六册 徐樹銘舊藏 道光八年刊本四册

紹興府志五十八卷 清王嗣皐 康熙四十一年刊二十八册

紹興府志八十卷 清平恕 乾隆五十七年刊三十册

乾隆紹興府志山陰府志校记 清李慈銘 十八年排印二册

山陰府志三十卷 清朱文翰 嘉慶八年刊八册

會稽府志二十八卷 清董欽德 排印本四册

道光會稽府志稿二十五卷 排印本二册

紹興府志資料第一輯 脩志委员会輯 民廿七年排印十六册

8 8 8 8 8 8

過 過 過 過 過 過 過 過

蕭山縣志稿三十四卷 錫鈞等纂 排印本十六冊

嵊縣志二十六卷 清蔡以瑺 同治九年刊本十二冊

新昌縣志二十卷 清陳畬 民七石印十二冊

餘姚縣志二十七卷 清孫德祖 光緒二十五年刊十六冊

上虞縣志校續五十卷 唐煦春修 朱士黻 石印本二十冊

諸暨縣志六十一卷 清蔣鴻藻 宣統三年刊十八冊

定海縣志十六卷 陳訓正 民十二石印五冊

浙志便覽七卷 清李元紀 光緒十七年刊四冊

新塍鎮志二十六卷 朱士楷纂 民九刊四冊

寶應圖經六卷 清劉寶楠 光緒九年淮南書局刊四冊

○○朝 年 月

25 15 30 20 25 30

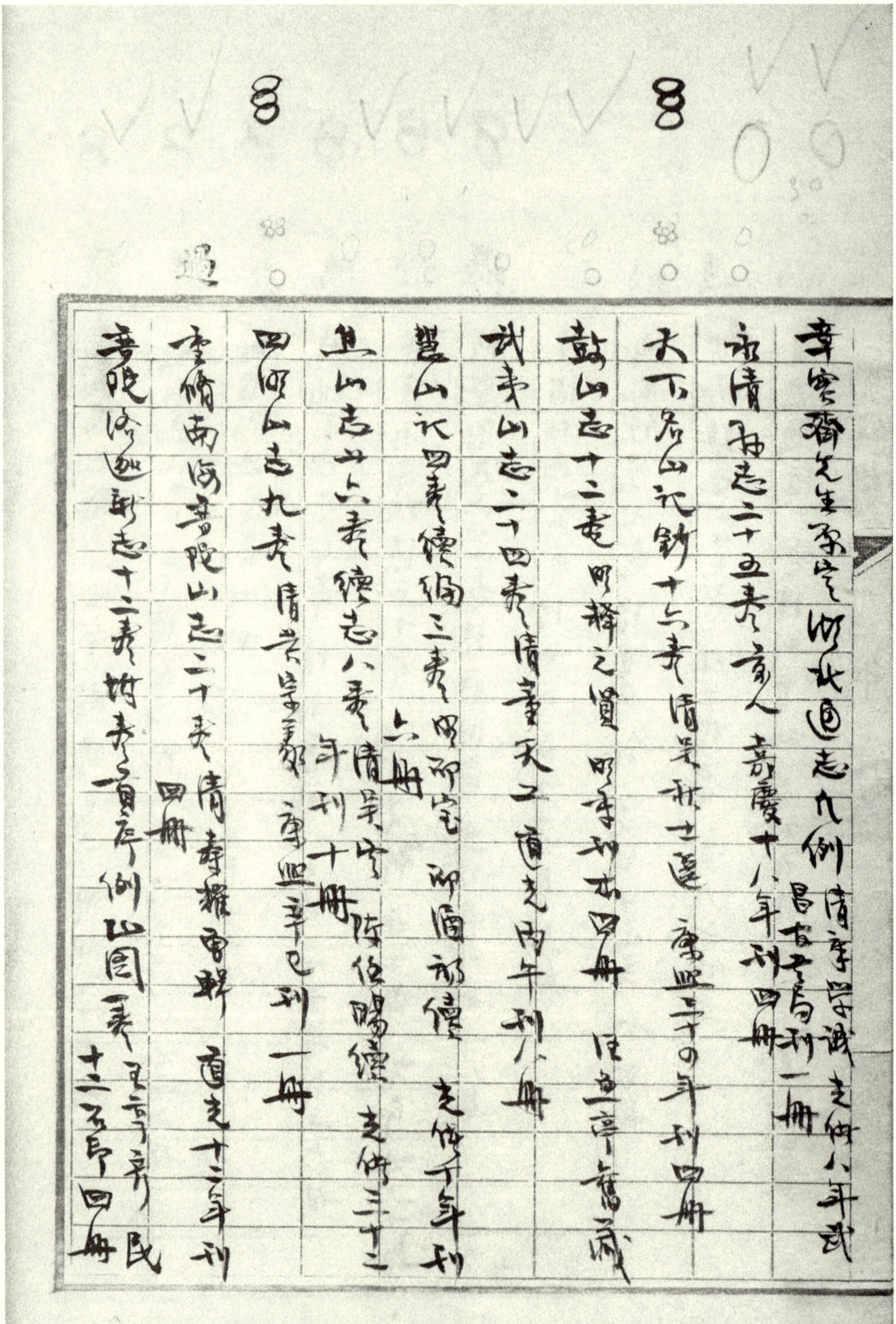

章實齋先生家寶　湖北通志凡例　清章學誠　民國八年武昌古書局刊一冊
永清縣志二十五卷　同人　嘉慶十八年刊四冊
天下名山記鈔十六卷　清吳秋士選　康熙三十四年刊四冊
鼓山志十二卷　明釋元賢　明刊本四冊　汪魚亭舊藏
武夷山志二十四卷　清董天工　道光丙午刊八冊
盤山記四卷續編三卷　明釋智朴　釋通理續　民國十年刊六冊
焦山志廿六卷續志八卷　清吳雲　陳任暘續　民國三十二年刊十冊
四明山志九卷　清黃宗羲　康熙辛巳刊一冊
重修南海普陀山志二十卷　清秦耀曾輯　道光十二年刊四冊
普陀洛迦新志十二卷首卷一卷附例山圖一卷　王亨彥　民十二石印四冊

8 8 8 8

過

天台山方外志要十二卷 清陳鍾巖述 合字 嘉慶七年刊四冊 徐積餘舊藏

廣雁蕩山志三十卷 清施元孚原稿 范鈇 曾唯合訂 乾隆五十四年刊六冊

南雁蕩山志十三卷 清周喟 民七刊四冊

西天目祖山志八卷首一卷 清釋廣賓 光緒丙子刊四冊

東天目昭明禪寺志十二卷 陳比之編輯 民三排印二冊

雲峯志四卷 周慶雲 壬子刊本二冊

爛柯山志四冊 清鄭永禧 光緒三十二年刊四冊

玉山遺響六卷 清仲昂庭 清康熙間刊三冊

廬秀錄四卷 清仲衍屏 道光十八年刊一冊

廬山小志二十四卷 清蔡瀛 道光十七年刊六冊

朝 年 月

泰山述記十卷 清宋思仁 乾隆五十五年刊 四冊
徐積餘舊藏

泰山道里記一卷 清聶鈫 乾隆戊戌刊 一冊

勞山名勝志畧 明黃宗昌 嘉慶戊辰刊 一冊

華嶽志八卷 清李榕 道光十一年刊 四冊

大嶽太和山紀畧八卷 清王概 乾隆九年刊 四冊

寶華山志十五卷 清劉名芳 刊本 四冊

恒山志五卷 清桂敬順 乾隆廿八年刊 五冊

上方山志十卷 清僧 刊本 二冊

黃山綱目續纂二十一卷 清李誠 道光庚子刊 八冊

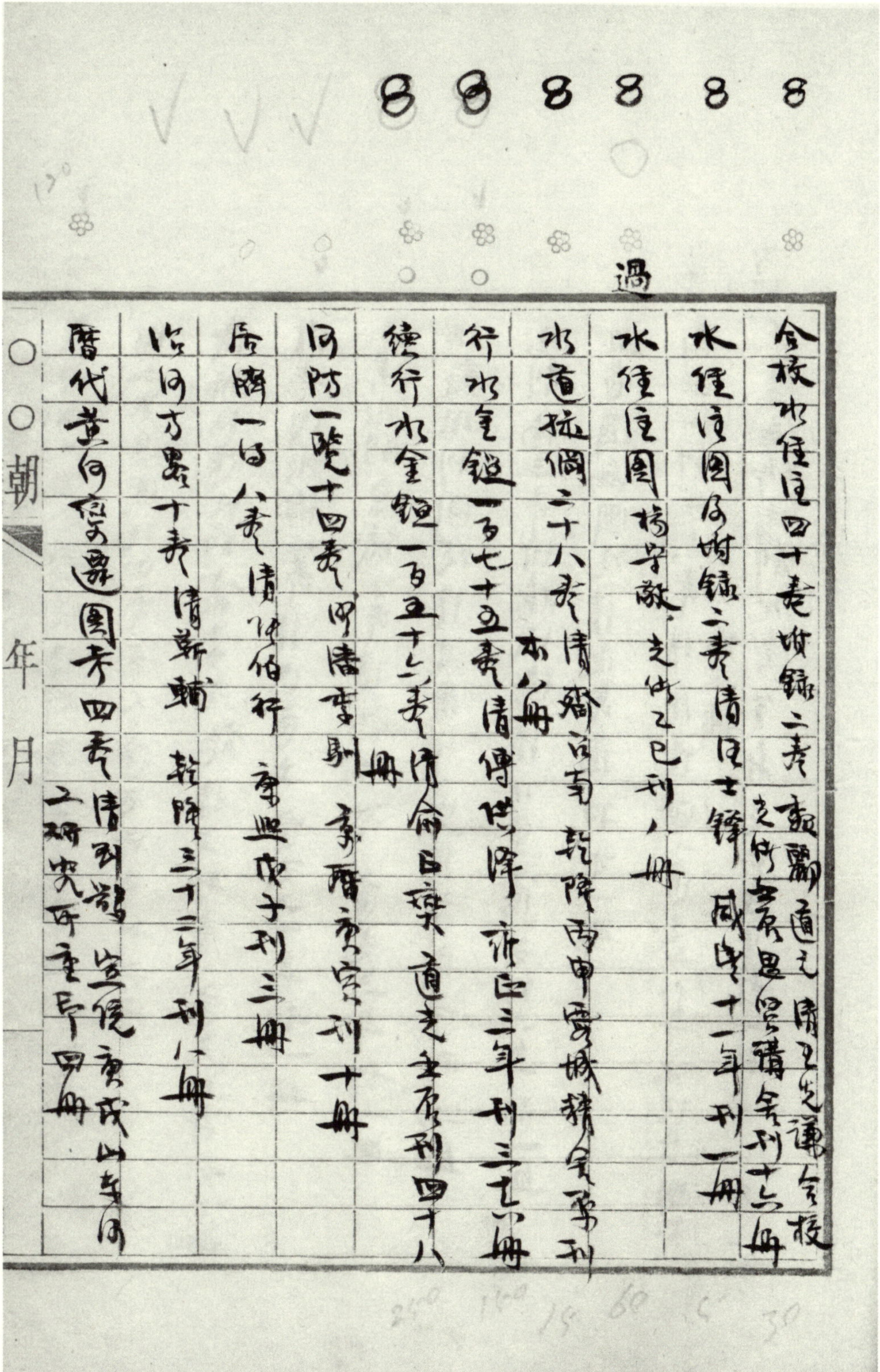

過

合校水經注四十卷附錄二卷 魏酈道元 清王先謙合校 光緒壬辰思賢講舍刊十六冊

水經注圖及附錄二卷 清汪士鐸 咸豐十一年刊一冊

水經注圖 楊守敬 光緒乙巳刊八冊

水道提綱二十八卷 清齊召南 乾隆丙申雲城精舍刊本八冊

行水金鑑一百七十五卷 清傅澤洪 雍正三年刊三十六冊

續行水金鑑一百五十六卷 清俞正燮 道光壬辰刊四十八冊

河防一覽十四卷 明潘季馴 萬曆庚寅刊十冊

居濟一得八卷 清張伯行 康熙庚子刊三冊

治河方略十卷 清靳輔 乾隆三十二年刊八冊

歷代黃河變遷圖考四卷 清劉鶚 宣統庚戌山東河工研究所重印四冊

○○朝 年 月

過 過

黄運河口古今圖說 清麟慶 道光辛丑刊 一冊
河工器具圖說四卷 前人 道光丙申刊 二冊
畿輔河道水利叢書九種 清吳邦慶 道光四年刊 十冊
淮揚治水論一卷 清馮道立 道光二十年刊 一冊
三吳水利条議一卷 清錢中諧 道光三年刊 一冊
江蘇水利圖說 清李慶雲 宣統庚戌重刊 二冊
水利論三卷 附橫流論 清沙學儀 道光六年刊 一冊
五省溝洫圖說 清沈夢蘭 刊本 一冊
甬上水利志六卷 清周道遵 道光廿八年木活字排印 本二冊
上虞五鄉水利紀實 金壽 光緒戊申刊 一冊

江西水道考五卷　清蔣湘南　石印本二册

楚北水利隄防紀要二卷　清俞昌烈　同治四年刊一册

蜀水考四卷　清陳登龍　刊本二册

洞庭湖志十四卷　清萬年淳　道光五年刊十册

南湖考　南湖事畧四卷　陳袁　光緒五年刊一册

二渠九河考　清孫彤　刊本一册

8 過　8

過

帝京景物略八卷 明劉侗于奕正 崇禎間刊 二十册

春明夢餘録七十卷 孫承澤 光緒七年南海孔氏嶽雪古香齋本 二十四册

日下舊聞四十二卷 清朱彝尊 康熙二十七年刊 十二册

天咫偶聞十卷 震鈞 光緒丁未刊 八册

唐土名勝圖会六卷 日本岡田友尚編 文化二年（嘉慶十年）刊 六册

津門雜記三卷 清張燾 光緒十年刊 三册

洛陽伽藍記五卷 魏楊衒之 緑君亭刊本 二册

洛陽伽藍記五卷 吳若準集證 [illegible]人 光緒癸卯汲綠齋刊

宋東京考二十卷 清周城 乾隆乙巳刊 十册

中州雜俎二十一卷 清汪价 民十排印 六册

93　10　25　60

過

謏聞識小錄二卷 清朱寧錦 嘉慶二十三年刊 一冊

中吳紀聞六卷 宋龔明之 嘉慶壬申本活字排印 一冊

六朝事迹編類十四卷 宋張敦頤 光緒十三年仿宋刊 二冊

金陵瑣事四卷 續集二卷 二續二卷 明周暉 清初阮成 祉鈔本 六冊

秣陵集六卷 清陳文述輯 道光壬午刊 四冊

白下瑣言十卷 清甘熙 光緒庚寅刊 四冊

金陵通傳四十五卷 補遺四卷 通紀十卷 續四卷 清陳作霖 光緒

甲辰刊 十六冊

金陵瑣志三種 前人 光緒丙子刊 四冊 運瀆橋道小志 鳳麓小志 東城志略

莫愁湖志六卷 清馬士圖 光緒壬午重刊 二冊

朝 年 月

8

過　　過　　過

玄武湖志八卷 夏仁虎 刊本二册
揚州畫舫錄十八卷 清李斗 嘉慶二年刊六册
桃溪客語五卷 清吴騫 乾隆五十三年刊一册
錫金識小錄十二卷 清黄印 光緒丙申木活字排印本 六册
瀛壖雜志六卷 王韜 光緒元年刊二册
淮壖小記四卷 附校勘記 清范以煦 咸豐五年刊二册
京口掌故叢編初集 清陶駿保輯 光緒三十四年刊二册
北墅掌錄二卷 清黄士珣 道光丁酉刊一册
西湖新志十四卷 補遺考證六卷 胡祥翰 排印本五册
當湖外志八卷 續志八卷 清馬承昭 光緒元年刊四册
古禾雜識四卷 清項映薇 王壽增 吴受福續增 民二十三刊二册

8 √ 8 √ 8 8

過 過 過

東菑禱祀一卷 清沈廷瑞 刊本一冊

句餘土音三卷附甬上族望表二卷 清全祖望 嘉慶間刊 四冊

四明談助四十六卷 清徐兆昺 道光四年木活字版本 四十八冊

鮚上耆舊集錄十卷剡錄二卷附鮚上詩傳十四卷續編一卷 清尹元煒 道光己酉刊 十二冊

明州繫年錄七卷 清董沛 光緒七年刊 三冊

越中名勝賦 清李壽朋 乾隆壬午刊 一冊

越諺三卷附賸語二卷 清范寅 光緒壬午谷應山房刊 三冊

曹孝女廟志八卷 金廷蘭 刊本二冊

浣山詩草志略四卷 鄭鷗武輯 民卅二排印 一冊

暨陽風俗賦附杜芳州賦一卷 清石昭炳 道光壬寅刊 二冊

〇〇朝 年 月

150

徽州舊聞錄要 六卷 鈔本一冊

永嘉聞見錄二卷 清孫同元 光緒戊子刊二冊

甌江小記 清郭鍾岳 光緒四年刊一冊

婺書八卷 明吳之器 光緒庚子刊四冊

江城名蹟記二卷附一卷 陳弘緒 乾隆二十三年刊四冊

廣東新語二十八卷 清屈大均 康熙庚辰刊十冊

粵遊小識七卷 清張心泰 光緒庚子刊一冊

州乘餘聞 清[illegible] 光緒戊子刊一冊

桑梓見聞八卷 清趙曦明 癸酉刊一冊

全邊紀略十二卷 明方孔炤 北平圖書館影印本六冊

過 過 過

蒙邊紀要六卷 未知 刊本四冊

西陲要略四卷 清祁韻士道光十七年刊二冊

啓東錄六卷 清林壽圖光緒五年刊二冊

瀋故四卷 清楊同桂 刊本一冊

輪臺雜記二卷 清史善長 刊本一冊

邊疆叢書 禹貢學會輯 排印本七冊

西域遺聞 哈密志 科布多政務總冊 西藏日記

燉煌雜鈔 燉煌隨筆

黔語二卷 清吳振棫 咸豐四年刊二冊

滇海虞衡志十三卷 清檀萃 嘉慶甲子刊二冊

滇緬劃界圖說 清薛福成 光緒壬辰 石印一冊

〇〇朝 年 月

過 過

西藏賦一卷 清和寧 嘉慶二年刊一冊

西藏見聞錄二卷 清蕭騰麟 乾隆三十九年刊一冊

籌海圖編十三卷 明胡宗憲 嘉靖壬戌刊八冊

海防續纂要四卷 附沿海形勢錄 沿海輿圖 清章鋕 刊本二冊

東瀛識畧八卷 清丁紹儀 同治壬申刊二冊

南越筆記十六卷 清李調元 刊本四冊

徐霞客遊記十冊 明徐宏祖 嘉慶戊辰葉廷甲本活 字本十冊 又道光丙申徐鎮校刊本廿冊

南遊記一卷 清孫嘉淦 嘉慶守意龕刊朱墨本一冊

燕遊日記五卷 清曾國樑 乾隆三十六年刊二冊

野航紀行集一卷 清蔣攸銛 道光庚戌刊一冊

64

過　過

冬青紀程一卷　清周彦業　道光庚子刊一册

桂遊日記三卷　清張維屏　道光丁亥刊一册

荷戈紀程一卷　滇軺紀程一卷　清林則徐　光緒三年刊二册

蜀輶日記四卷　清陶澍　道光四年刊二册

西行紀程二卷　坿西陲集　清孟傳鑄　咸豐六年刊一册

彭遊行紀　重遊五斗山行紀　中川行紀　清黄雲鵠　刊本一册

太華紀游畧　太白紀遊畧　清趙嘉肇　光緒甲申刊一册

辛卯侍行記六卷　清陶保廉　光緒丁酉刊六册

燕超日軌一卷　秦晉連程一卷　堅瓠叢計陸一卷　清張桂林　光緒廿二年刊二册

西行日記二卷　清趙樹棻　稿本二册

○○朝　年　月

吴郡西山访古记五卷 李根源 民十五刊四册

栈云峡雨日记二卷 附诗草一卷 日本竹添光鸿 光绪四年刊二册

环球新录四卷 清李圭 排印本四册

同治丁卯初使泰西记四卷 清志刚 刊本四册

使俄草八卷 清王之春 石印本四册

出使英日报国日记十六卷 排印本十二册

王會篇箋釋三卷 清何秋濤 光緒辛卯江蘇局刊二冊

朝鮮賦錄校注一卷 宋孟鐵 清曹之升校注 光緒辛丑刊一冊

蒙古逸史不分卷 陸鍾譯述 鈔本六冊

蒙古史二卷 日本河野元三著 歐陽瑞驊譯 宣統辛亥排印二冊

海錄 清楊炳南 道光壬寅刊一冊

海國圖志一百卷 清魏源 光緒二年重刊二十冊

安南志略二十卷 元黎崱 光緒甲申上海排印本一冊

東國史略六卷 舊鈔本二冊

談瀛錄三卷 清王之春 光緒六年刊二冊

日本國志四十卷 中東年表一卷 清黃遵憲 光緒十六年刊十冊

○○朝 年 月

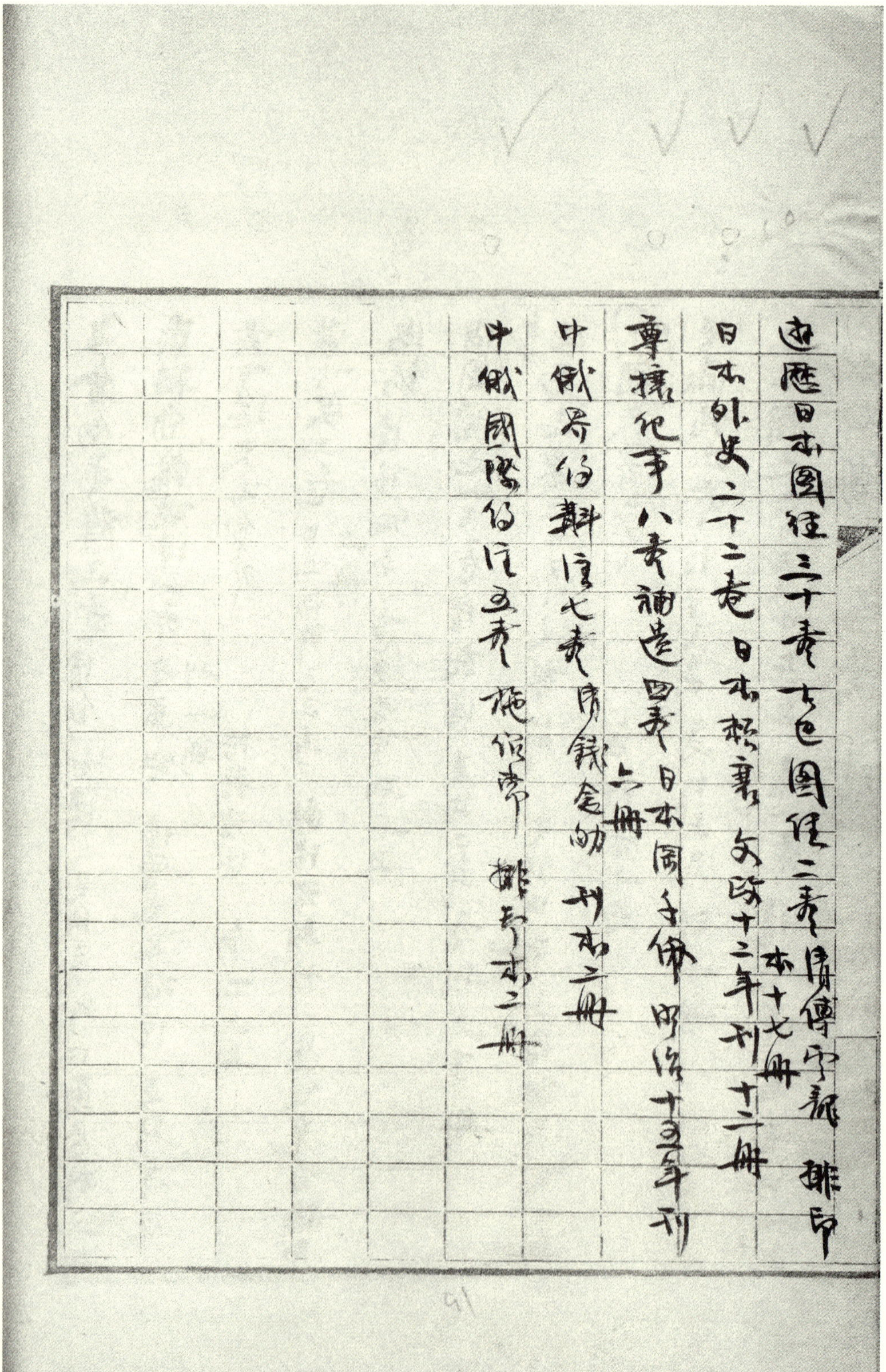

遊歷日本圖經三十卷 古巴圖經二卷 傅雲龍 排印本十七冊

日本外史二十二卷 日本賴襄 文政十二年刊 十二冊

尊攘紀事八卷補遺四卷 日本岡千仞 明治十五年刊 六冊

中俄界約斠注七卷 [illegible]錢念劬 刊本二冊

中俄國際約注五卷 施紹常 排印本二冊

過　過　過

史评

史通通释二十卷 唐刘知幾 清浦起龙释 乾隆十七年刊 四册

史通削繁四卷 唐[illegible]人撰 清纪昀删评 两广節署刊朱墨本四册

班馬字類四卷 宋婁機 音[illegible]錫毛刊二册

史竊二十五卷 明[illegible]刪輯 萬曆戊午刊十册

說心居雅言集二卷附傳 明[illegible]撰 萬曆戊申刊二册

讀史漫錄二十卷 明于慎行 道光年重刊十册

史中要言二卷 清[illegible] 康熙丙辰刊二册

讀史諍言四卷 清章[illegible] 道光丁未刊二册

朱九江先生論史口說二卷附講學記一卷 清朱次琦之[illegible] 光[illegible]年刊一册

朝　年　月

鑑古齋讀史日記四卷 清陳紹箕 刊本一册

五史年譜十二卷 李宣[illegible] 排印本四册

史徵內篇八卷 附札記一卷 沈宗田 壬子夏刊 四册

隋唐事義十二卷 後集八卷 之年補 述之二年 李銖橋度 元白金 刊本四册

過

過

書目

八史經籍志三十卷　光緒九年張壽榮重刊本十二册

隋書經籍志考證十三卷　清章宗源　湖北局刊本四册

杭州藝文志六卷　清吳慶坻　光緒三十四年長沙刊本六册

海寧藝文志六卷　清姚福均　光緒二十三年刊本四册

金華經籍志二十七卷　清胡宗楙　民十五刊本八册

績谿胡氏所藏書目二卷　清胡培系　光緒十年刊一册

直齋書錄解題二十二卷　宋陳振孫　金陵局刊本六册

昭德先生郡齋讀書志四卷後志二卷附志一卷　宋晁公武　康熙六十一年海寧陳氏刊巾箱本六册

〇〇朝　年　月

郡齋讀書志二十卷附志二卷 宋晁公武 附志趙希弁 清王先謙合校思賢講舍刊十冊

讀書敏求記四卷 清錢曾 道光五年阮氏小琅嬛仙館刊本四冊

士禮居藏書題跋記六卷續跋不分卷 清黃丕烈 光緒間滂喜齋刊十二冊

愛日精廬藏書志四十卷 清張金吾 光緒十三年活字版印本十二冊

開有益齋讀書志六卷續一卷金石文字記一卷 清朱緒曾 光緒六年刊四冊

楹書隅錄初編五卷續編四卷 清楊紹和 光緒二十一年海源閣刊八冊

儀顧堂題跋十六卷續跋十六卷 清陸心源 光緒十六年刊八冊

皕宋樓藏書志一百二十卷 清陸心源 光緒八年刊三十二冊

善本書室藏書志四十卷 清丁丙 光緒二十七年刊十六冊

滂喜齋藏書記三卷 清潘祖蔭 刊本二冊

華延年室題跋三卷 清傅以礼 排印本三册
鬱勤堂讀書記十卷 清錢家騏 排印本一册
藝風藏書記八卷續記八卷 繆荃孫 光緒廿七年六册
郋園讀書志十六卷附書林清話餘話二卷 葉德輝 民十七 排印本十六册
雙鑑樓藏書續記二卷 傅增湘 刊本二册
藏園羣書題記五卷續記六卷 同人 排印本五册
宋元本行格表二卷 清江標 光緒二十三年刊一册
目錄學九卷 清[illegible]文之 刊本六册
蘇[illegible]海隱讀書譜四卷 同人 刊本三册
藏書紀事詩七卷 葉昌熾 民十八重刊本六册 又江標刊[illegible]册

○○朝 年 月

書林清話十卷 葉德輝 民九刊 四冊
四庫總目索引附未收書目 陳乃乾編 民十五大東書局印 三冊
索引式禁書總錄二卷附錄一卷 前人編 民二十排印本 一冊
四庫書目略 楊立誠 民十八排印本 四冊
郘亭知見傳本書目十六卷 清莫友芝 排印本 六冊
天一閣書目十卷附碑目一卷 清阮元編 嘉慶十三年刊 六冊
千頃堂書目三十二卷 清黃虞稷 適園叢書單行本 十六冊
浙江採集遺書總錄十二卷 清王亶望 乾隆三十九年刊 十冊
鐵琴銅劍樓藏書目錄二十四卷 清瞿鏞 光緒廿四年刊 十二冊
振綺堂書目四卷 羅振玉輯 石印本 二冊

過　過　過

8

過

群碧樓善本書錄六卷　寒瘦山房鬻存書目七卷　鄧邦述
民十九年刊五冊
吟香仙館書目　抄本二冊　烏二張十目
觀古堂藏書目四卷　葉德輝　民國排印本四冊
吳氏說詠室藏書目　王雲氏編　排印本四冊
章氏四當齋書目三卷　排印本五冊
崇雅堂書錄十五卷　碑錄五卷　補四卷　甘鵬雲　民廿排
印本十冊
晉石盦叢書十種　清姚覲元輯　光緒七年刊六冊
七錄序目一卷（梁阮孝緒）　九經誤字一卷（清顧炎武）　鄭學
書目一卷（清鄭珍）　古今偽書考一卷　清姚際恒　南江文鈔
一卷　清邵晉涵　經籍跋文一卷　清陳鱣　吳興藏書錄一卷
清鄭元慶　讀書叢錄節鈔一卷　洪頤煊　竹汀先生日記

○○朝　年　月

50

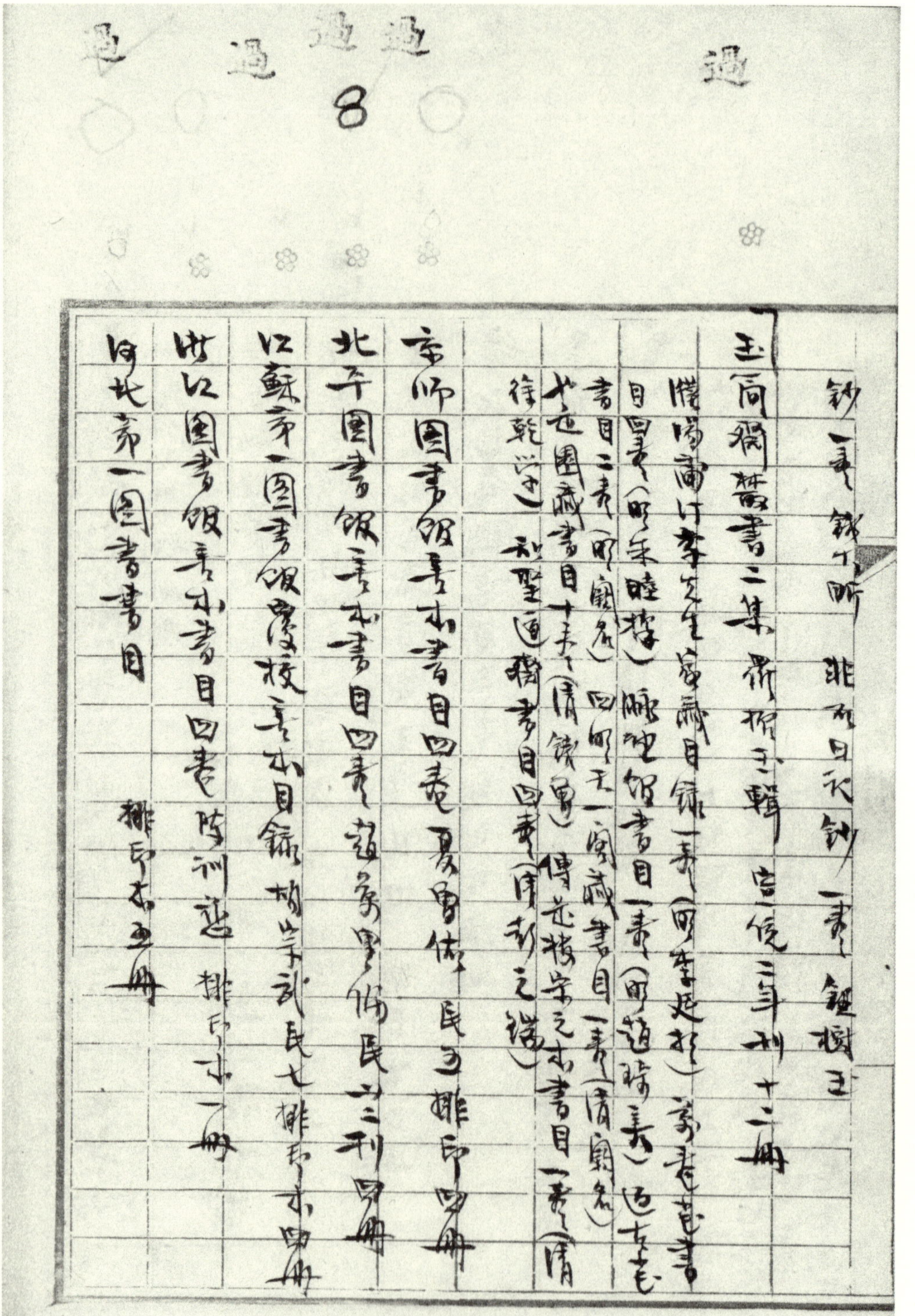

鈔一卷 錢大昕 非石日記鈔 一卷 鍾樹王

玉簡齋叢書二集 羅振玉輯 宣統二年刊 十二冊

濮陽蒲汀李先生家藏目錄一卷（明李廷相） 菉竹堂書目四卷（明葉盛） 脈望館書目一卷（明趙琦美） 述古堂書目二卷（明闕名） 四明天一閣藏書目一卷（清闕名） 也是園藏書目十卷（清錢曾） 傳是樓宋元本書目一卷（清徐乾學） 知聖道齋書目四卷（清彭元瑞）

京師圖書館善本書目四卷 夏曾佑 民五排印四冊

北平圖書館善本書目四卷 趙萬里編 民二二刊四冊

江蘇第一圖書館覆校善本目錄 柳詒徵 民七排印本四冊

浙江圖書館善本書目四卷 陳訓慈 排印本一冊

河北第一圖書館書目 排印本五冊

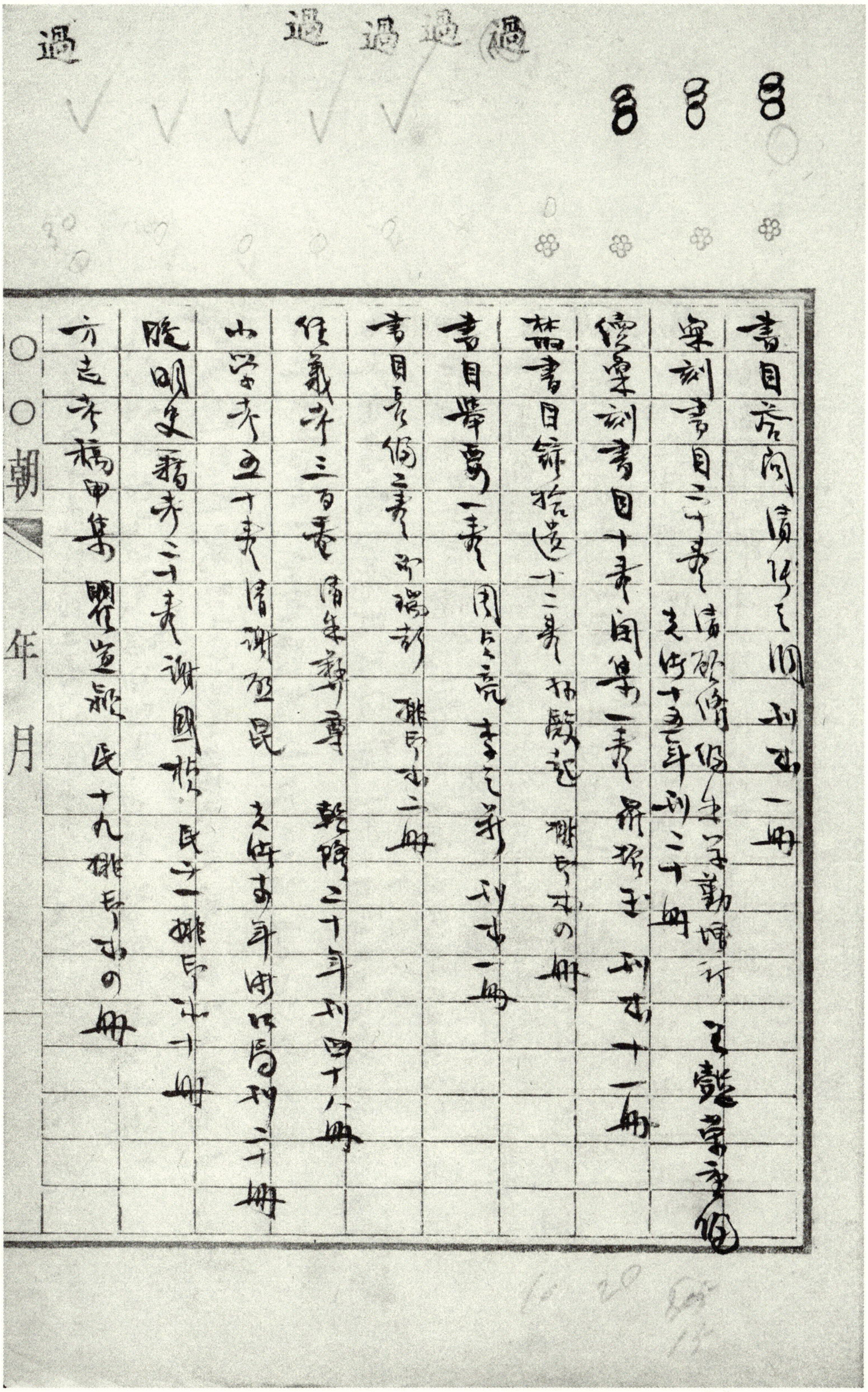

過 過過過

書目荅問補正 刊本一冊
彙刻書目二十卷 清顧修編朱學勤增訂 光緒十五年刊二十冊 王懿榮重編
續彙刻書目十卷 閏集一卷 羅振玉 刊本十一冊
禁書目錄補遺十二卷 校勘記 排印本四冊
書目舉要一卷 周貞亮 李之鼎 刊本一冊
書目長編二卷 邵瑞彭 排印本二冊
經義考三百卷 清朱彝尊 乾隆二十年刊四十八冊
小學考五十卷 清謝啟昆 光緒十四年浙江局刊二十冊
晚明史籍考二十卷 謝國楨 民二十一排印本十冊
方志考稿甲集 瞿宣穎 民十九排印本六冊

〇〇朝 年 月

金石書目十卷附錄二卷補遺一卷 黃立猷 排印本二冊

閩藏知津四十四卷總目四卷 明釋智旭 刊本十冊

曲海總目提要四十六卷 清黃文暘 民十七排印本十六冊

日本訪書志十七卷 清楊守敬 光緒廿七年刊八冊

古文舊書考四卷附訪餘錄一卷 日本島田翰 民十六排印本五冊

經籍訪古志六卷補錄一卷 日本澁江全善森立之同撰 排印本八冊

日本宮內省圖書寮漢籍善本書目三卷附錄一卷 日本昭和五年刊一冊

靜嘉堂秘笈志五十卷 日本河田羆 日本大正六年排印二十五冊

靜嘉堂文庫國書漢籍分類目錄 日本岩崎彌之助 日本昭和四年印二冊

書舶庸譚九卷 董康 民廿八年刊五冊

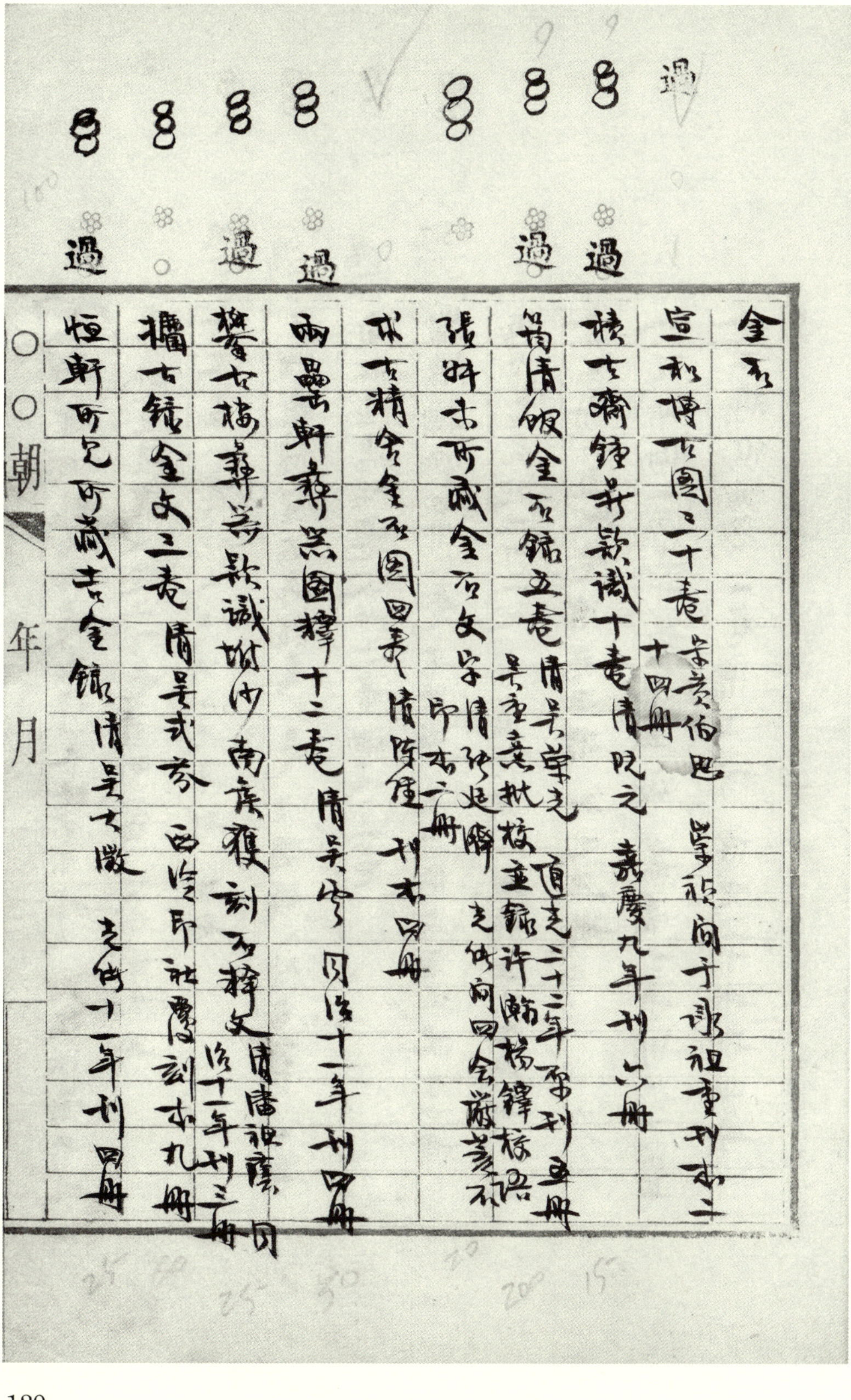

金石

宣和博古圖三十卷 宋黃伯思 萬曆間于承祖重刊本二十四冊

積古齋鐘鼎款識十卷 清阮元 嘉慶九年刊六冊

筠清館金石錄五卷 清吳榮光 道光二十二年原刊五冊
吳重熹批校並錄許瀚楊鐸校語

張叔未所藏金石文字 清張廷濟 光緒間四金葊石印本二冊

求古精舍金石圖四卷 清陳經 刊本四冊

兩罍軒彝器圖釋十二卷 清吳雲 同治十一年刊四冊

攀古樓彝器款識 附沙南侯獲刻石釋文 清潘祖蔭 同治十一年刊三冊

攈古錄金文三卷 清吳式芬 西泠印社聚珍刻本九冊

恆軒所見所藏吉金錄 清吳大澂 光緒十一年刊四冊

愙齋集古録不分卷附釋文賸稿 前人 涵芬樓影印本

奇觚室吉金文述二十卷 清劉心源 石印本十冊 二十八冊

古文審八卷 前人 光緒十七年刊 四冊

三代秦漢金文著録表八卷 王國維 癸酉石印 四冊

貞松堂集古遺文十六卷補遺三卷

隸釋隸續四十八卷 宋洪适 光緒間洪氏刊本十二冊

兩漢金石記二十二卷 清翁方綱 乾隆五十四年刊八冊

金石存十五卷 清吳玉搢 刊本五冊

金石萃編一百六十卷 清王昶 嘉慶十年刊六十四冊

金石萃編補略二卷 清王言 道光三十年刊四冊

過 過 過 過

金石續編二十一卷 清陸耀遹 同治甲戌刊 十六册

金石萃編補正四卷 清方履籛 石印本四册

八瓊室金石補正一百三十卷 金石札記四卷 金石祛偽一卷 元金石偶存一卷 清陸增祥 民十二吳興劉氏希古樓刊 六十四册

續語堂碑錄不分卷附題跋詩文存目一卷 清魏錫曾 光緒癸未刊 八册

陶齋藏石記四十四卷附磚記二卷 清端方 石印本十二册

誌石文錄一卷續一卷 吳鼎昌 排印本一册

重定金石契 清張燕昌 乾隆四十二年刊 四册

小蓬萊閣金石文字 清黃易 嘉慶五年刊 五册

金石索十二卷 清馮雲鵬 道光元年刊 十二册

胡 年 月

過　過　過　過

隋軒金石文字　清徐渭仁　同治戊辰重刊　四册

金石苑六卷　清劉喜海　景印道光間刊本六册

古均閣寶刻録(裹詩碑)　清許槤　咸豐八年刊　一册

二百蘭亭齋收藏金石記四册　清吳雲　咸豐六年刊　四册

金石摘不分卷　清陸長娟　同治十三年刊　十册

奇觚室樂石文述二卷　清劉心源　光緒己亥刊　二册

激素飛青閣摹刻古碑(望堂金石初集二集　楊守敬集)　光緒宣統

同刊　十二册

楷法溯源十四卷目録一卷　存人　光緒三年刊　十五册

天下金石志十六卷　明于奕正　崇禎壬申刊　六册

186

補寰宇訪碑錄五卷 清趙之謙 同治三年刊二冊
攟古錄二十卷 清吳式芬 刊本二十冊 伊藤有鄰舊藏
藝風堂金石文字目十八卷 繆荃孫 光緒丙午刊八冊
蒿里遺文目錄六卷附補遺 羅振玉 石印本二冊
石刻名彙十四卷補遺一卷 黃立猷 排印本四冊
金石書目十卷 前人 民十五排印本一冊
中州金石考八卷 清黃叔璥 乾隆辛酉刊二冊
粵東金石略九卷附九曜石考二卷 清翁方綱 乾隆三十六年刊二冊 黃小松舊藏
偃師金石遺文記二卷 清武億 乾隆五十三年刊二冊 汪孟慈舊藏 小石山房
山左金石志二十四卷 清畢沅 阮元合纂 嘉慶二年刊二十四冊 翟文泉舊藏

過　8　8

過

兩浙金石志十八卷　清阮元　道光四年重刊本十六册

徐積餘舊藏

越中金石記十卷　徵訪目二卷　清杜春生　道光九年　詹波館刊八册

江寧金石記八卷　待訪目二卷　清嚴觀　嘉慶九年刊　三册

括蒼金石志十二卷　續志四卷　清李遇孫　同治甲戌刊　六册

常山貞石志二十四卷　清沈濤　道光二十二年刊八册

金石一隅錄一卷　清邢嘉謨　道光二年刊一册

高要金石略四卷　清彭泰來　刊本一册

趙州石刻全錄三卷　清陳鍾祥　同治元年刊三册

關中金石文字存逸考十二卷　清毛鳳枝　光緒二十三年顧氏刊八册

關中石刻文字新編四卷　前人　民二十三石印本二册

8 過 過 過

景教碑文紀事考正一卷 [illegible] 刊本一冊

東甌金石志十二卷 清戴咸弼纂 孫詒讓補 光緒己亥石印本四冊

山右石刻叢編四十卷 清胡聘之 光緒二十七年刊廿冊

山西金石紀十卷 清張煦 山西通志抽印本廿冊

畿輔碑目二卷 清樊彬 民廿排印本一冊

畿輔金石搜遺錄不分卷 失名 稿本一冊

淮陰金石僅存錄附補遺 羅振玉 光緒十八年王錫祺排印本二冊

北平金石目一卷 北平研究院 民廿五排印本一冊

行素草堂金石叢書十八種一百五十五卷 清朱記榮輯 光緒十年刊三十二冊

○○朝 年 月

120

過　8

過

學古齋金石叢書四集十二種七十二卷　清[illegible]南金輯　光緒間刊十六冊

石鼓文考一卷　李中馥　刊本一冊

天發神讖碑攷　清吳玉搢　影印手稿本一冊

石墨鐫華八卷　明趙崡　萬曆戊午刊四冊

張亟齋遺集　清張弨　同治四年望三益齋刊一冊

[illegible]州學碑釋文　瘞鶴銘辨　唐昭陵六駿贊辨

棧行圖詩　漢隸字原校本

觀妙齋藏金石文考略十六卷　清李光映　雍正七年刊十二冊

授堂金石文字續跋十四卷　清武億　嘉慶元年刊三冊

清儀閣金石題識四卷　清張廷濟　光緒甲午觀自得齋校刊四冊

石墨考異二卷　清嚴蔚　鈔本一冊

119

過

香南精舍金石契不分卷 清崇恩 石印本二册

懷岷精舍金石文跋尾一卷 李宗蓮 排印本一册

九鐘精舍金石跋尾甲乙編 吳士鑑 宣統二年刊二册

循園古冢遺文跋尾六卷 附之氏讀碑録一卷 龍游余紹宋 民十六石印本二册

讀碑小箋 羅振玉 光緒甲申刊一册

韡華閣集古録跋尾十篇 柯昌泗 民卅排印本四册

金石學録四卷 清李遇孫 民三西泠印社聚珍本 二册

金石學録補四卷 清陸心源 刊本一册

金石學録續補二卷 褚德彝 民八刊本二册

語石十卷 葉昌熾 刊本四册

朝 年 月

8

夢碧簃石言六卷 顧燮光 民國刊三冊

金石三例十五卷 清盧見曾輯 光緒戊寅讀有用書齋刊朱墨本四冊 雅雨堂刊十冊 又

漢石例六卷 清劉寶楠 同治八年刊二冊

金石訂例四卷 清鮑振方 光緒甲申後知不足齋刊二冊

漢魏六朝志墓金石例三卷附唐人志墓諸例 清吳鎬 光緒十年後知不足齋刊二冊

淳化閣帖考正十二卷 清王澍 乾隆辛亥重刻本 四冊

淳化閣帖考正附釋文 前人 道光戊申刊十冊

御刻三希堂石渠寶笈法帖釋文 清陳焯 乾隆六十年刊四冊

鳴野山房彙刻帖目不分卷 清沈復燦 秘是知不足齋鈔本八冊

古匋文孴錄 顧廷龍 民廿五年印 一冊

浙江磚錄四卷 清馮登府 道光十年刊 一冊

秦漢瓦圖記四卷 清朱楓 乾隆間刊 一冊

秦漢瓦當文字 清程敦 石印本二冊

甲骨學商史編十卷 朱芳圃 石印本二冊

校碑隨筆不分卷 方若 中東石印局印本二冊

雪堂所藏金石文字簿錄一卷 羅振玉 民十五石印 一冊

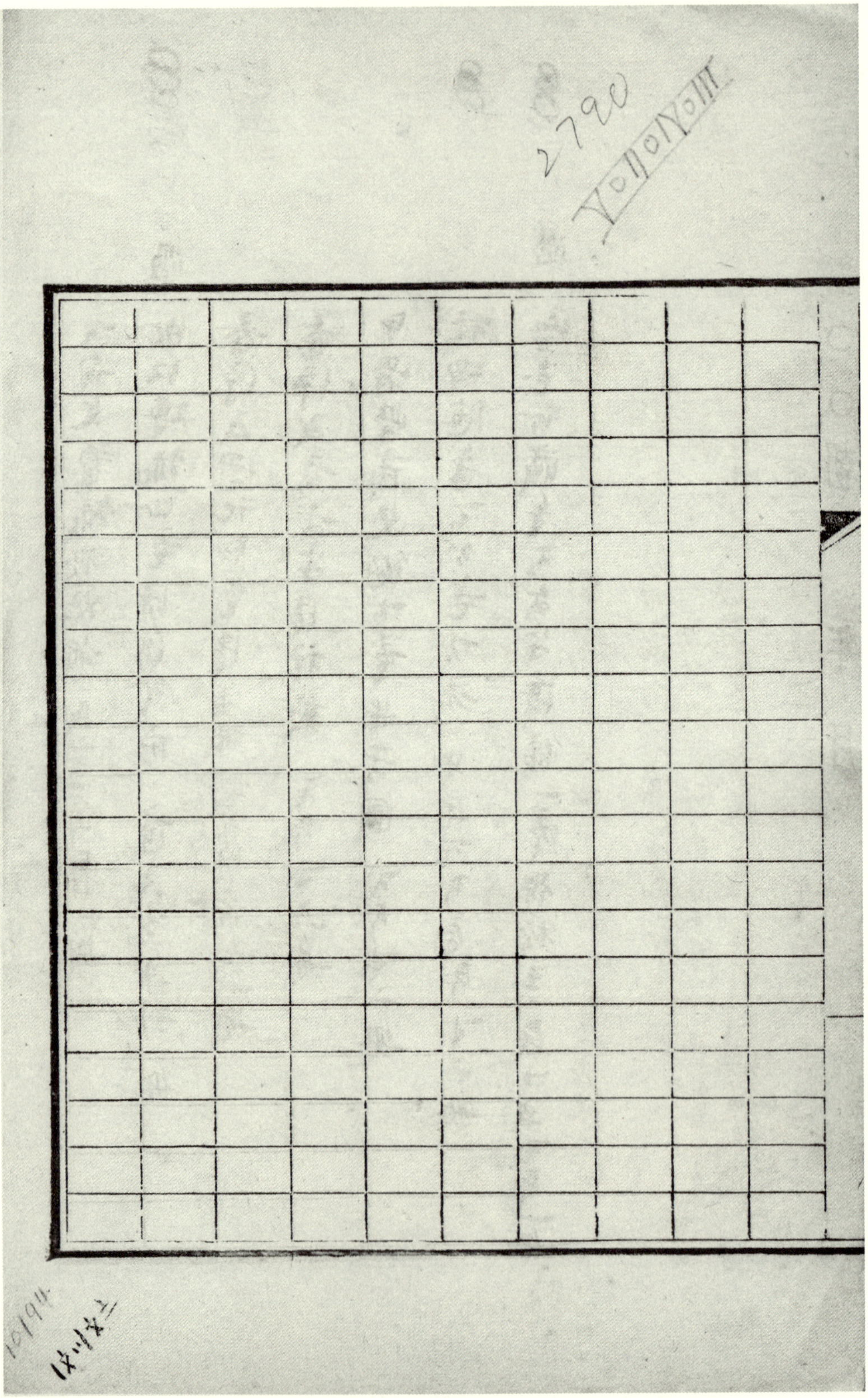
2790
10194

8 88 8 8 8

過

過 過

儒家

孔子家語十卷附薛據集語二卷 明刊本六册

逸語十卷 清曹庭棟輯并注 乾隆十三年刊二册

曾子十篇注釋四卷 清阮元注釋 嘉慶三年刊四册

聖門十六子書十六卷 清馮雲鵷輯 道光壬辰刊六册

言子文學錄三卷附一卷 清言如泗 之仮向重刊一册

孔叢子三卷（三十三篇） 漢孔鮒 嘉祐癸酉刊一册

荀子二十卷 清謝墉刊本四册

新書十卷 漢賈誼 抱經堂校定刊本一册

賈子次詁十六卷 漢賈人 清王耕心 光緒二十八年刊四册

法言十卷 漢揚雄 嘉慶向春氏石研齋覆宋刊本二册

〇〇朝 年 月

12 15 10 5 15

鹽鐵論十卷附考證一卷 漢桓寬 嘉慶丁卯張敦仁讀刻 明弘治涂禎刻本三冊

文中子中說十卷 隋王通 宋阮逸注 光緒十年貴陽陳矩全錄宋本一冊

周元公集十卷附周氏遺芳集五卷 宋周敦頤 雍正戊申刊六冊

邵子全書皇極經世十七卷擊壤集六卷附錄一卷 宋邵雍 萬曆

丙午徐必達刊二十二冊

二程全書六十八卷 宋程顥程頤 萬曆丙午徐必達刊 十冊

張子六卷 宋張載 康熙間張能鱗輯刊儒宗理要本二冊

張子全書十五卷 宋張載 光緒二十三年刊六冊

朱子全書六十六卷 宋朱熹 康熙間內府刊本二十四冊

朱子語類大全一百四十卷 宋黎靖德輯 康熙間刊 四十八冊

朱子遺書十五種百零二卷 呂氏寶誥堂刊 十六冊

朱子晚年全論八卷 清李紱 排印本四冊

朱子晚年定論附互考徵 清[illegible]評述 道光十九年刊一冊

近思錄十四卷附札記 宋朱熹 呂祖謙同撰 咸豐七年刊二冊

五子近思錄發明十四卷 清施璜 康熙乙酉刊 十二冊

近思錄補注十四卷 陳沆補注 刊本四冊

近思續錄十四卷 清劉源淥 刊本十六冊

黃氏日鈔九十七卷附古今紀要十九卷 宋黃震 乾隆三十二年刊 六十四冊

薛文清行實一卷讀書錄十一卷讀書續錄十二卷 明薛瑄

萬曆八年王君圻校刊本八冊

○○朝 年 月

8

過

過　過

居業錄八卷 明胡居仁 康熙戊子正誼堂刊二册

困知記續二卷三續一卷附錄一卷 明羅欽順 嘉靖間刊二册

呻吟語六卷 明呂坤 萬曆癸巳刊六册

虛齋蔡先生集十卷語錄二十卷 明蔡靉 文德成宗主編 寶刊四册

道一編六卷 明程敏政 弘治庚戌刊 殘存卷三至卷六三册

陽明先生證學錄鈔二卷 明周汝登 天啟間刊四册

景行館論一卷 明 嘉靖戊午刊一册

學蔀通辨十二卷 明陳建 康熙十七年刊四册

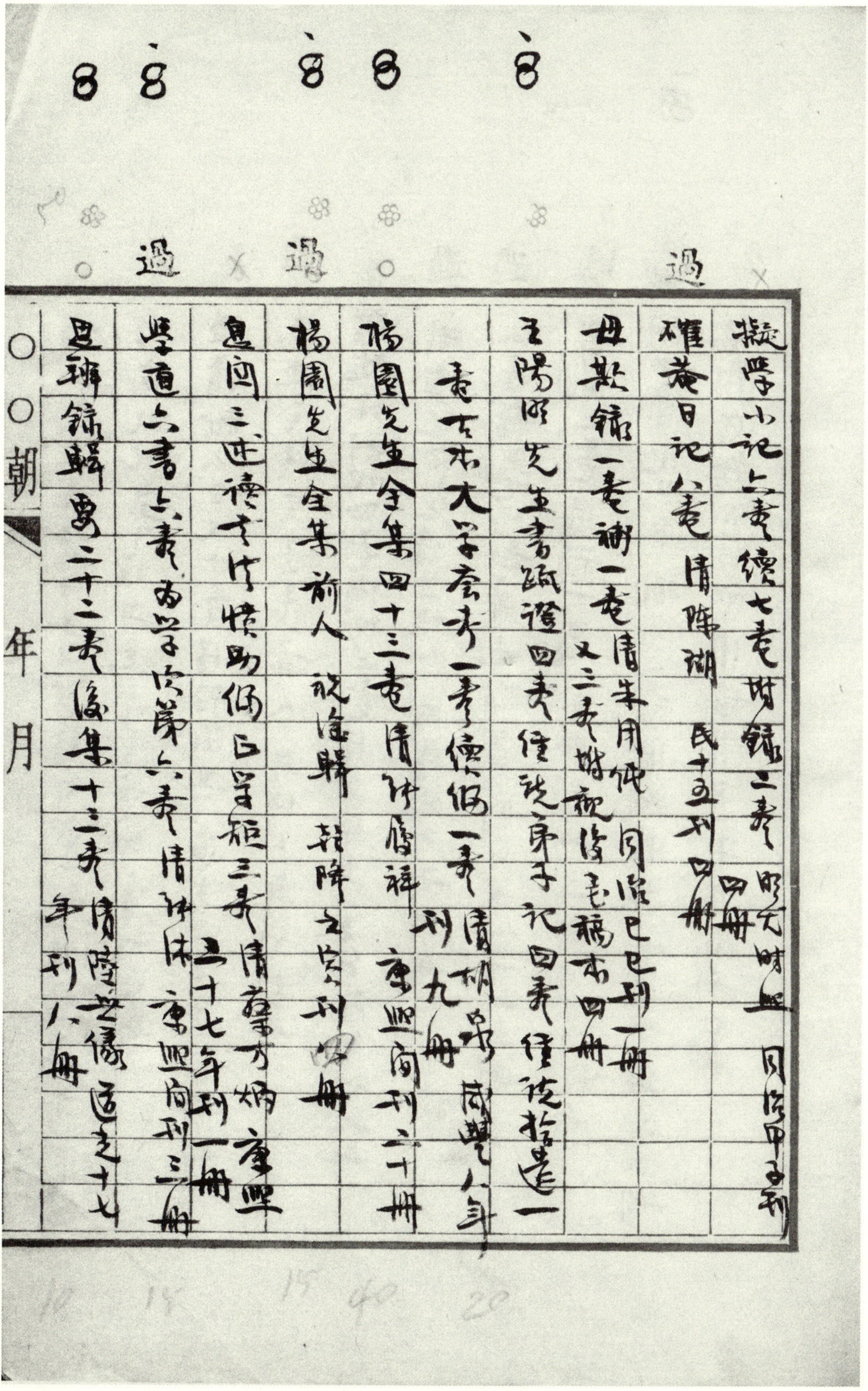
擬學小記六卷續七卷附錄二卷 明尤時熙 同治甲子刊四冊
確菴日記八卷 清陳瑚 民十五刊四冊
毋欺錄一卷補一卷 清朱用純 同治己巳刊一冊
王陽明先生書疏證四卷 經說弟子記四卷 經說拾遺一 又三卷 胡泉撰 稿本四冊
考古本大學參考一卷續編一卷 清胡泉 咸豐八年刊九冊
楊園先生全集四十三卷 清張履祥 康熙間刊二十冊
楊園先生全集 前人 祝洤輯 乾隆六年刊四冊
思問三述讀書讀助何正學短三卷 清蔣方炳 康熙二十七年刊一冊
學道六書六卷西學宗第六卷 清孫休 康熙間刊三冊
思辨錄輯要二十二卷後集十三卷 清陸世儀 道光十七年刊八冊

餘山先生遺書十卷附錄行述一卷 清勞史 乾隆乙酉

隮宅札記二卷 清司色 道光癸卯重刊四冊

陸清獻公日記十卷 清陸隴其 道光二十二年刊四冊

三魚堂賸言十二卷 前人 乾隆六年刊四冊

體脆錄剳記四卷摘抄二卷 清朱占文 光緒癸卯刊二冊

周儐紀四卷 清王棪心 咸豐丙辰刊四冊

訟過齋日記六卷 清毛輝鳳 同治十一年刊二冊

筆記二卷 清程大昌 乾隆間刊二冊

讀書日記六卷補編二卷 清劉源淥 雍正十一年刊四冊

儒門法語不分卷 清彭定求 乾隆間刊四冊

8 8 8

過

過

大儒学言钞一卷 清陶重禮 刊本一册
述敏錄四卷 清戴悖之 同治六年刊一册
岩齋学記十卷 清朱性恒 刊本二册
沈余遊考 清楂舒翹輯 光緒丙申江蘇局刊四册
勵志錄二卷 沈近思 附沈端恪公年譜二卷(沈日富)
庸言四卷 金之瀚
東塾讀書記十五卷 清陳澧 刊本四册
徽要園日記二卷 清武揖齋 民九刊本一册
治譜隨筆二卷 清但明倫 同治丁卯刊二册
讀李遊書九十二卷 清戴敦之 李楳 戴輔藏于筆存 本二十四册
讀民学記十卷 清戴望 同治十年刊四册

〇〇朝　年　月

歙李師郎氏九卷 賀齋評要二卷 惠棟評要二卷 待也

昌 刊本五冊

聖学宗傳十八卷 明周汝登 萬曆丙午刊 八冊

宗儒要語一卷 清王廷昌 子鉄德編 康熙庚寅刊 一冊

維閩源流録十七卷 張夏 康熙壬戌刊 翁覃溪舊藏

理学備要考三十四卷 國朝理学備考不分卷 清范鄗鼎

康熙戊午刊二十六冊

兩漢三國学案十一卷 唐晏 刊本八冊

宋元學案一百卷 清黄宗羲 全祖望 道光五年重刊本三十二冊

明儒學案六十二卷 清黄宗羲 道光向会稽莫氏刊六十四冊

清儒學案二百零八卷 徐世昌輯 民廿七刊 一百册

關學編六卷 明馮從吾編 王心敬纂輯 乾隆十年刊二册

皖學編十三卷 首二卷 清徐定文 宣統三年刊八册

國朝漢學師承記八卷 附經師經義目錄 清江藩 道光丁亥刊四册

道學淵源錄一百卷 清黃嗣東 民十九排印本十册

闕里文獻考一百卷 清孔繼汾 乾隆廿七年刊八册

白鹿書院志十六卷 清廖文英 刊本六册

東林書院志二十二卷 清許獻 光緒七年刊八册

書林揚觶無卷數 清方東樹 刊本二册

7 過　8　8

過　過　過　過

讀書分年日程三卷 元程端禮 同治八年江蘇局刊

學範二卷 明趙撝謙 乾隆間刊二册

俗師篇一卷 清賀時泰 刊本一册

先正遺規四卷 清汪巨 刊本二册

教士遺言三卷 清胡培系 刊本一册

下學指南一卷 清周思誠 咸豐庚申刊一册

輶軒語七篇 清張之洞 刊本二册

學究散篇 劉咸炘 排印本一册

人譜類記二卷 明劉宗周 雍正間洪氏敦忠堂刊本二册

蒙學編上卷續二卷 明高道淳 道光間刊一册

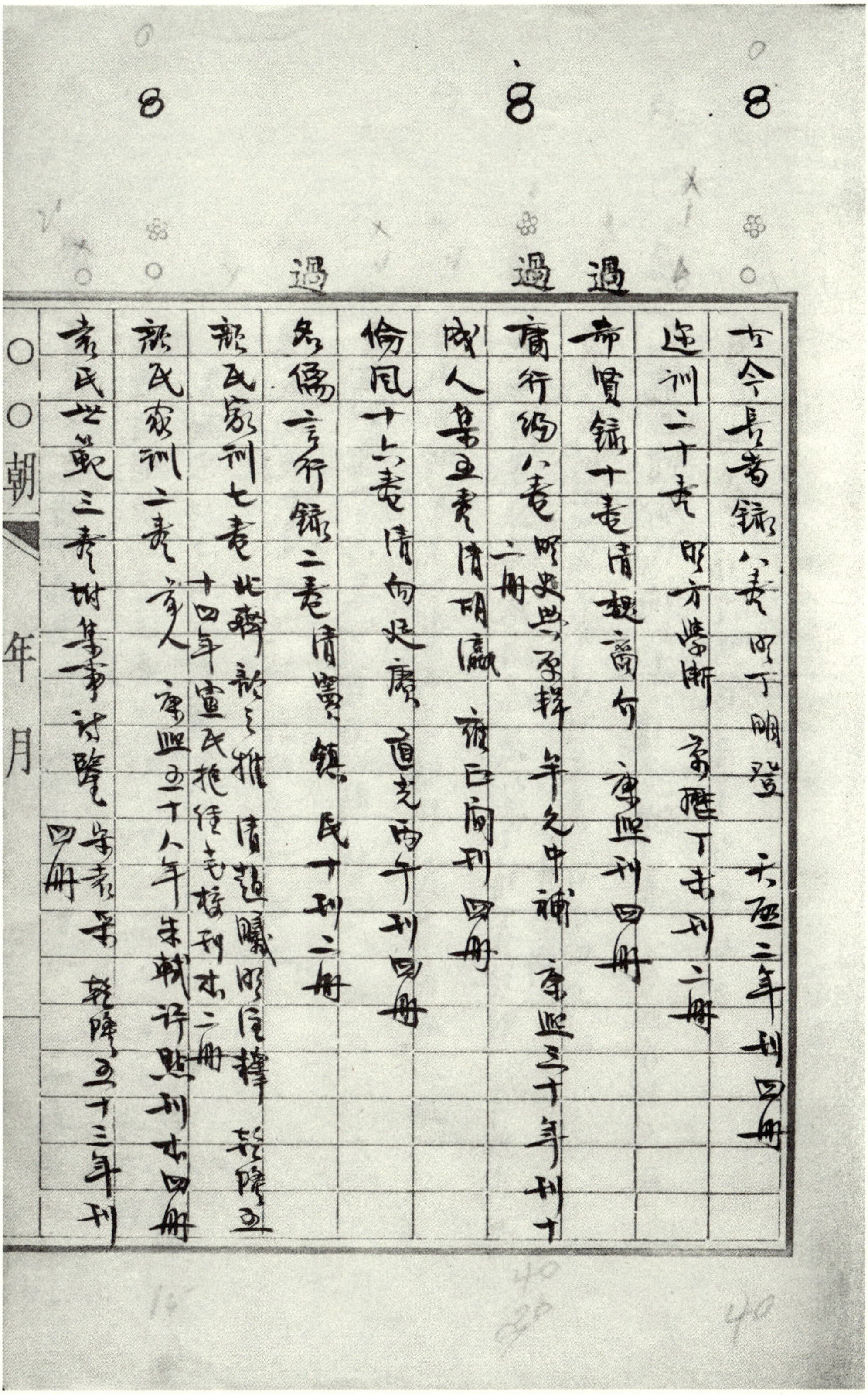
8 8 8

過 過 過

古今長者錄八卷 明丁明登 天啟二年刊四册

迪訓二十卷 明方學漸 崇禎丁丑刊二册

帝鑑錄十卷 清魏裔介 康熙刊四册

廣行始八卷 明史典原輯 年之中補 康熙三十年刊十二册

成人集五卷 清胡瀛 雍正間刊四册

倫風十六卷 清向廷賡 道光丙午刊四册

名儒言行錄二卷 清竇鎮 民十刊二册

顏氏家訓七卷 北齊顏之推 清趙曦明注釋 乾隆五十四年盧氏抱經堂校刊本二册

顏氏家訓二卷 [illegible] 康熙五十八年朱軾評點刊本四册

袁氏世範三卷 附集事詩 宋袁采 乾隆五十三年刊四册

〇〇朝 年 月

書儀十卷 宋司馬光 雍正元年汪氏仿宋刊本四冊

儀禮經傳通解二十三卷 集傳十四卷 續二十七卷 宋朱熹 黃榦撰 康熙

呂氏宗譜[illegible]刊 十六冊

閨範圖說四卷 明呂坤 乾隆間刊四冊

聖主訓纂 育德集 明周石山輯 鈔本一冊

宋氏家傳纂言四卷 明宋鳴梧 嘉慶間刊二冊

範家集略五卷 範身集略六卷 清秦坊輯 康熙間刊 十三冊

重定齊家寶要二卷 清張文嘉 刊本四冊

先儒正修齊治錄六卷 清于準纂 康熙間刊六冊

閑家編八卷 清王士俊 道光癸卯刊五冊

8 8 8 8

過 過 過

小學集解六卷 宋朱子 光緒[illegible]中刊本二冊
六藝綱目二卷 元舒天民 光緒八年日[illegible] [illegible]刻氏
本刊二冊
小四書五卷 直光戊申刊四冊
蒙養家求（方逢辰） 性理字訓（程若庸） 歷代蒙求
（陳櫟） 史學提要 [illegible]繼善
小兒七歲 女兒七歲 姚孔孟志要三卷 俱光訓要十
八卷 清[illegible]永樂軒 光緒二十六年刊 十二冊
廣仁堂叢書 光緒間刊 十二冊
庭訓格言 御製正[illegible] 性理字訓 先哲格言
聖[illegible]子則 弟子規 蒙童須知 小兒語 夜行燭
教諭語 弟子箴言 小學韻語
童蒙記誦編二卷 清周保璋 光緒丁酉刊二冊

○ ○ 朝 年 月

童蒙觀鑑六卷 清丁有美 乾隆三十六年刊二册

劉氏家範一卷附貴臣遺規 清劉奉璋 刊本一册

明賢蒙正錄二卷 清彭定求 刊本二册

人範六卷 蔣元 廣雅局本二册

大學衍義四十三卷 宋真德秀 金陵局刊八册

大學衍義續七十卷 清陳詢 光緒十二年 刊二[illegible]册

農家

農政全書六十卷 明徐光啓 道光十八年重刊 十六册

馬首農言一卷 清祁寯藻 咸豐五年刊 一册

山居瑣言 清王晉之 同治七年刊 一册

野菜譜一卷 明王磐 嘉靖辛亥刊 一册

花鏡六卷 清陳淏子 康熙戊辰刊 六册

植物名實圖考三十八卷 長編二十二卷 清吳其濬 道光廿八年刊 六十册

東籬中正一卷 清許兆熊 辛巳刊 一册

○○朝 年 月

8

過

養餘月令三十卷 清戴羲 順治九年刊 十二冊

泰西水法六卷 明熊三拔 徐光啟 嘉慶庚申刊 二冊

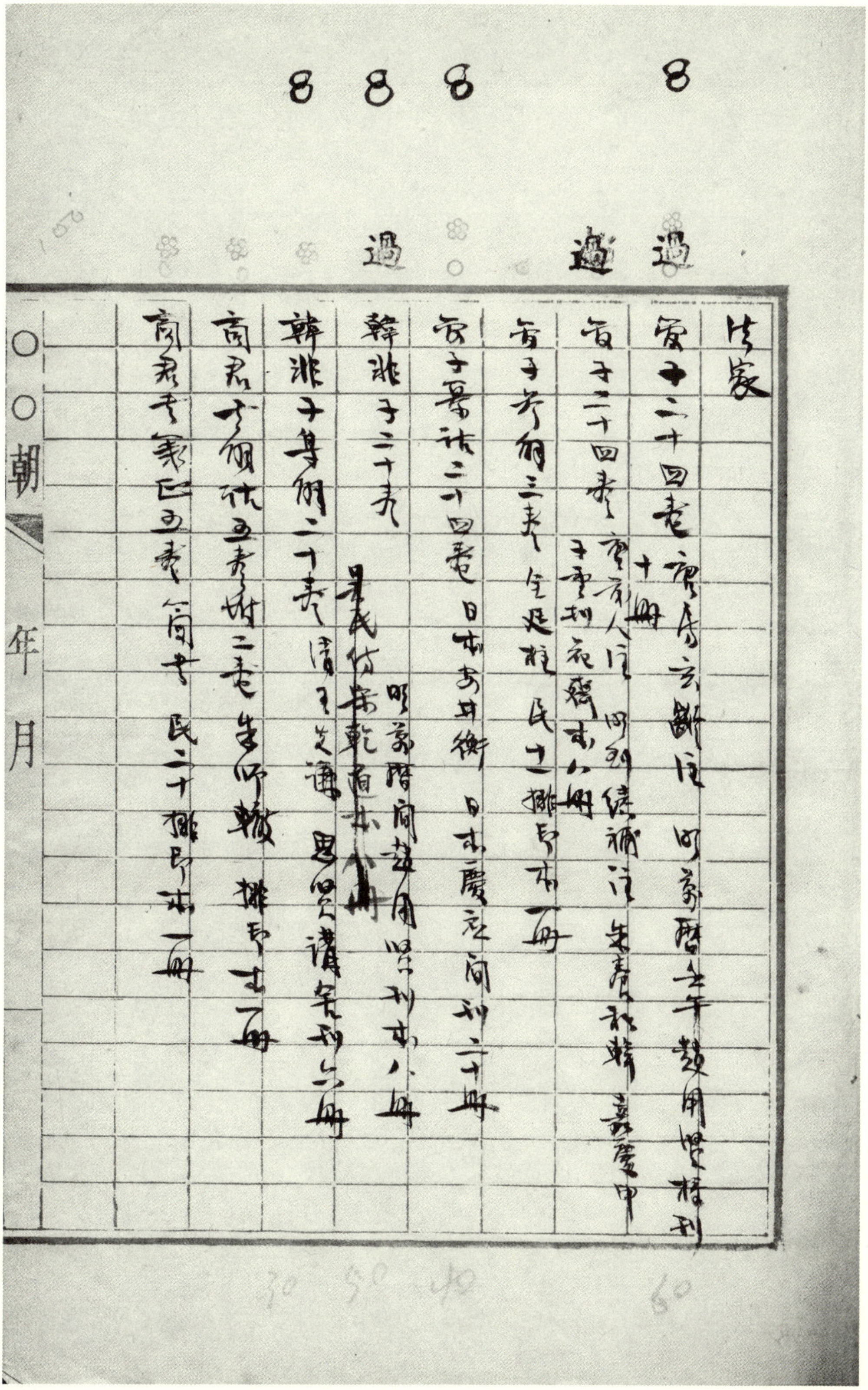
過 過 過

法家

管子二十四卷 唐房玄齡注 明萬曆壬午趙用賢校刊 十冊

管子二十四卷 唐房玄齡注 明劉績補注 朱長春評 嘉慶甲子書刊花齋本八冊

管子參補三卷 金廷桂 民七排印本一冊

管子纂詁二十四卷 日本安井衡 日本慶應丙寅刊二十冊

韓非子二十卷 明萬曆間趙用賢刊本八冊

韓非子集解二十卷 清王先謙 思賢講舍刊六冊 吳氏仿宋乾道本八冊

商君書解詁五卷附二卷 朱師轍 排印本一冊

商君書箋正五卷 簡書 民二十排印本一冊

〇〇朝 年 月

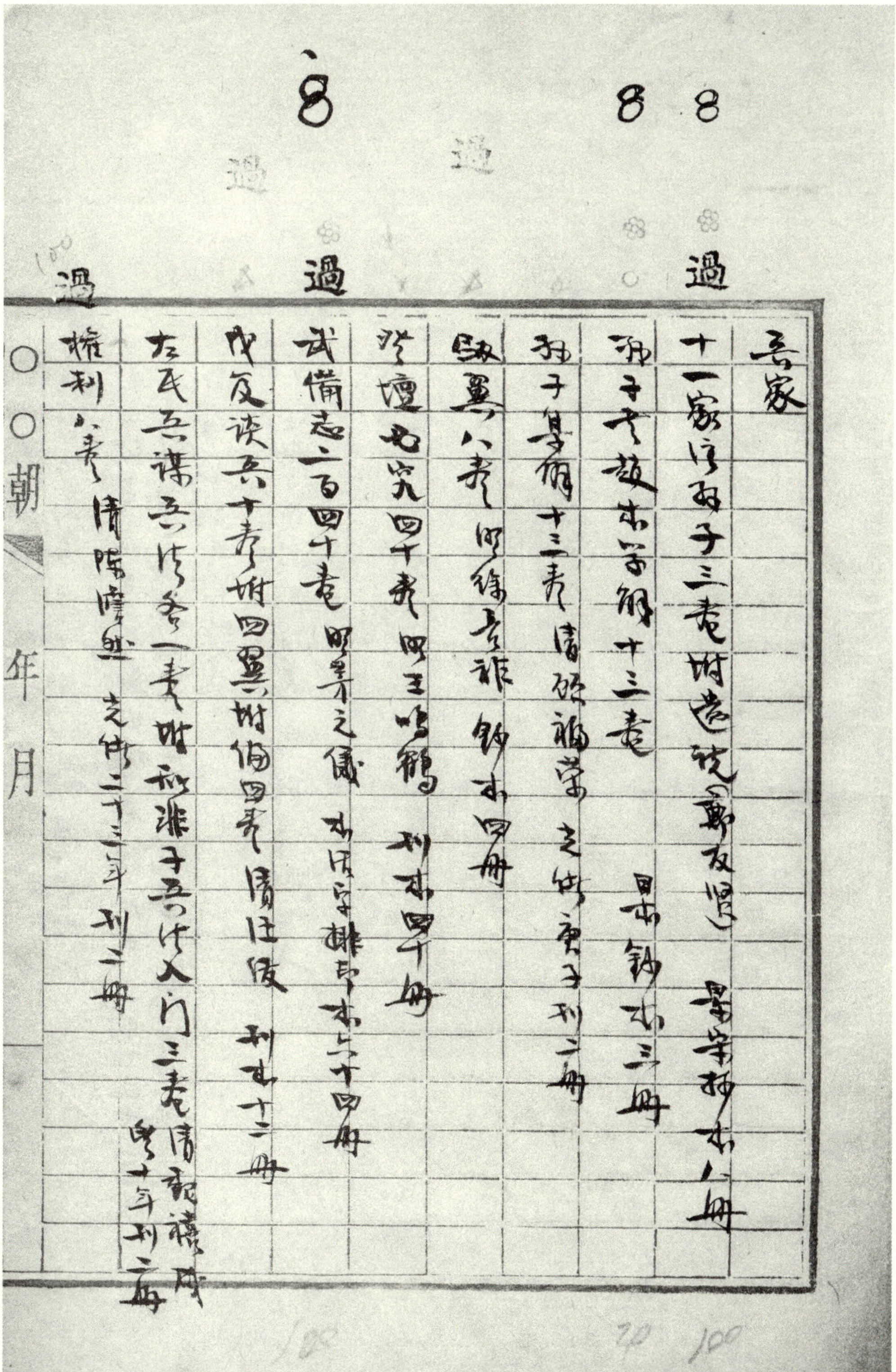

兵家

十一家注孫子三卷附遺說（鄭友賢） 影宋抄本六冊

孫子古本集解十三卷 日本鈔本三冊

孫子集注十三卷 清顧福棠 光緒庚子刊二冊

陣翼八卷 明徐言楨 鈔本四冊

登壇必究四十卷 明王鳴鶴 刊本四十冊

武備志二百四十卷 明茅元儀 木活字排印本六十四冊

戊笈談兵十卷附四翼附續四卷 清汪紱 刊本十二冊

左氏兵謀兵法各一卷附孫子兵法入門三卷 清魏禧 光緒十年刊二冊

權制八卷 清陳澹然 光緒二十三年刊二冊

過

青隱山房叢書 六種 刊本十二冊

天文秘略（劉基） 乾坤密笈異錄（宋?） 太乙秘書（王佐）

奇門遁甲元機（岳珂） 六壬大占（諸葛） 歷代兵武纂略四卷（于謙）

兵鈔軼輯（年羹堯）

射干四卷 明[illegible]堤 之術 某年重刊四冊

醫家

重廣補注黃帝內經素問二十四卷 唐王冰 明吳勉學[illegible]
慶安刊本[illegible]冊 宋刊本十冊 [illegible]

黃帝內經素問註證發微九卷 明馬蒔 嘉慶十年重刊十冊

素問直解九卷 清高世栻 光緒丁亥時局刊八冊

素問集注九卷靈樞集注九卷 清張志聰 光緒時局刊十四冊

素問識八卷 日本丹波元簡 天保八年刊十冊

傷寒論十卷 漢張仲景 民元武昌刊本二冊

傷寒補亡論二十卷 宋郭雍 宣統三年武昌刊本四冊

傷寒總病論六卷 宋龐安時 民元武昌刊本二冊

○○朝 年 月

傷寒論条辨八卷附録 明方有执 萬曆癸巳刊六冊

傷寒大白四卷 清秦之楨 康熙甲午刊四冊

傷寒論貫珠集八卷 金匱心典三卷 清尤怡 嘉慶庚午木活字排印本七冊

傷寒論注四卷 傷寒附翼二卷 論翼二卷 清柯琴編注 乾隆乙亥刊四冊

傷寒瘟疫條辨四卷 清楊璿 乾隆乙巳刊四冊

傷寒卒病論讀不分卷 清沈又彭鈔撰 乾隆己酉刊四冊

傷寒辨術一卷 一冊 日本淺田惟常 弘化二年（道光二十五年）刊

傷寒法眼二卷 清麥乃求 光緒己亥刊二冊

溫熱經緯五卷 清王士雄 同治甲戌萃文堂重刊四冊

金匱今釋八卷 陸彭年 甲戌排印本八冊

外臺秘要四十卷 唐王燾 廣東翰墨林刊 四十本
儒門事親十五卷 金張子和 明吳勉學校刊 十冊
河間醫學六書 金劉完素 金元刊本七冊
東垣十書二十二卷 金李杲 明刊本十冊
赤水玄珠三十卷 醫旨緒餘二卷 醫案五卷 明孫一奎 萬曆刊 廿六冊
醫門法律六卷 尚論篇四卷 寓意草一卷 附溫疫語錄傷寒
叅同 明喻昌 刊本十冊
理虛元鑑二卷 明綺石先生 乾隆卅六年刊一冊
原病集六卷 明唐椿 康熙甲子重刊六冊
辨證錄十二卷 附脈訣闡微 清陳士鐸 原刊本十二冊

○○朝 年 月

8 過

過

過　過　過

醫家心法一卷　清高旦中　雍正三年刊一册
孝慈備覽四卷　清周氏輯　雍正甲寅刊一册
醫經讀　清沈又彭　鈔本二册
醫經餘論一卷　清羅浩　嘉慶壬申刊一册
醫宗承啟六卷　清吳人駒　道光壬午刊二册
不居上集三十卷下集二十卷　清吳澄　道光癸巳刊十六册
醫經允中二十四卷　清李熙和　道光辛卯刊六册
何氏濟生論八卷　清何鎮　嘉慶丙子刊八册
醫宗備要三卷　清曾鼎　嘉慶十九年刊二册
澹軒醫畧一卷　清陸儋辭　道光丙午刊一册

20 15

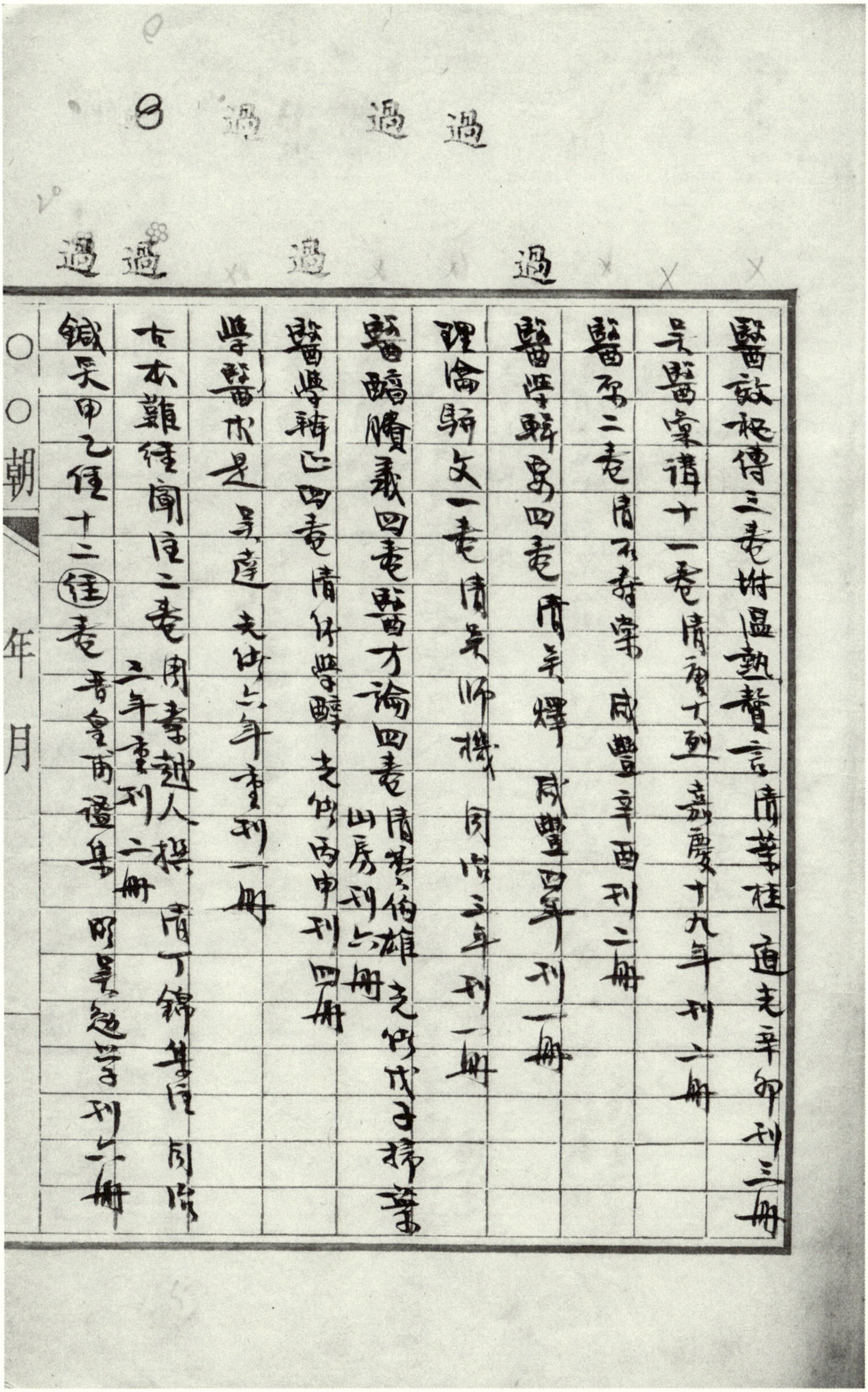

過　過　過

過　過　過　過

醫效秘傳三卷附溫熱贅言　清葉桂　道光辛卯刊三册

吳醫彙講十一卷　清唐大烈　嘉慶十九年刊六册

醫家二卷　清不著撰人　咸豐辛酉刊二册

醫學辨要四卷　清吳燡　咸豐四年刊一册

理瀹駢文一卷　清吳師機　同治三年刊一册

醫醇賸義四卷醫方論四卷　清費伯雄　光緒戊子掃葉山房刊六册

醫學辨正四卷　清徐學醇　光緒丙申刊四册

學醫求是　吳達　光緒六年重刊一册

古本難經闡注二卷　周秦越人撰　清丁錦集注　同治二年重刊二册

鍼灸甲乙經十二經卷　晉皇甫謐集　明吳勉學刊六册

○○朝　年　月

新刊補注銅人腧穴鍼灸圖經五卷 宋王惟一先生下未 書也劉氏刊二册

備急灸方一卷 宋聞人耆年 鍼灸擇日編集一卷 明金循義 金義孫撰 光緒辛卯江寧

藩庫重刊二册

本草備要四卷 清汪昂 康熙甲戌刊四册

本草經解要四卷 清葉桂 雍正二年刊四册

神農本草經贊三卷附月令七十二候贊 清葉志詵著述 道光

三十年刊四册

本經疏證十二卷續疏六卷本經序疏要八卷 清鄒澍 道光己酉

刊八册

本草述三十二卷 清劉若金 刊本廿册

過　過 8　8 8

過

本艸述鉤元三十二卷　清楊時泰　同治壬申　木活字排印十冊

隨息居飲食譜一卷　清王士雄　刊本二冊

本草思辨錄四卷　清周巖　光緒三十年刊四冊

溫疫論補注二卷　明吳有性著　清鄭重光補注　光緒乙未刊二冊

痧脹玉衡三卷增後卷　清郭志邃　康熙十四年刊二冊

痢證匯參十卷　清吳道源　乾隆癸巳刊二冊

溫熱暑疫全書四卷　清周揚俊　乾隆間刊一冊

松峯說疫六卷　清劉奎　乾隆乙酉刊四冊

鄭氏遺書四卷　清鄭重光　嘉慶壬申刊二冊

〇〇朝　年　月

感証集腋二卷 清 茅鍾盈 嘉慶二十一年刊 一册

痧證彙要四卷 附天台山僧普淨痧症指微 清 孫玘 光緒五年重刊 一册

疫喉淺論二卷 清 夏春農 光緒己卯刊 一册

時病論四卷 清 雷豐 光緒甲申刊 一册

鄭氏女科 失名 鈔本 一册

女科輯要二卷 清 沈又彭 光緒辛巳重刊 二册

活幼心書三卷 元 曾世榮 宣統二年武昌刊本 二册

保幼全書三卷 明 龔[illegible] 明刊本 四册

幼科鐵鏡六卷 清 夏鼎 劉氏[illegible]齋刊 二册

保嬰易知錄二卷 附宜麟策 清 吳寧瀾 嘉慶十七年刊 四册

過　過　過　過　過　過　過

幼科醫學指南四卷　清周震　乾隆乙酉刊四冊

釐正按摩要術四卷　清張振鋆　光緒己丑刊四冊

外科正宗十二卷　明陳實功撰　徐大椿評　咸豐十年許楗刊六冊

備急千金要方三十卷　附考異　唐孫思邈　日本江戶醫學仿宋刊本十七冊

備急千金要方三十卷　翼方三十卷　唐孫思邈　江蘇局刊本二十冊

增補內經拾遺方論四卷　宋駱龍吉撰　康熙庚辰刊三冊

五種經驗方　失名　道光三十年漢陽葉氏刊二冊

古方選注三卷　清王子接　乾隆二年刊四冊

成方切用十二卷附末卷　清吳儀洛　乾隆辛巳刊八冊

衛生鴻寶六卷　清祝補齋輯　咸豐七年刊八冊

○○朝　年　月

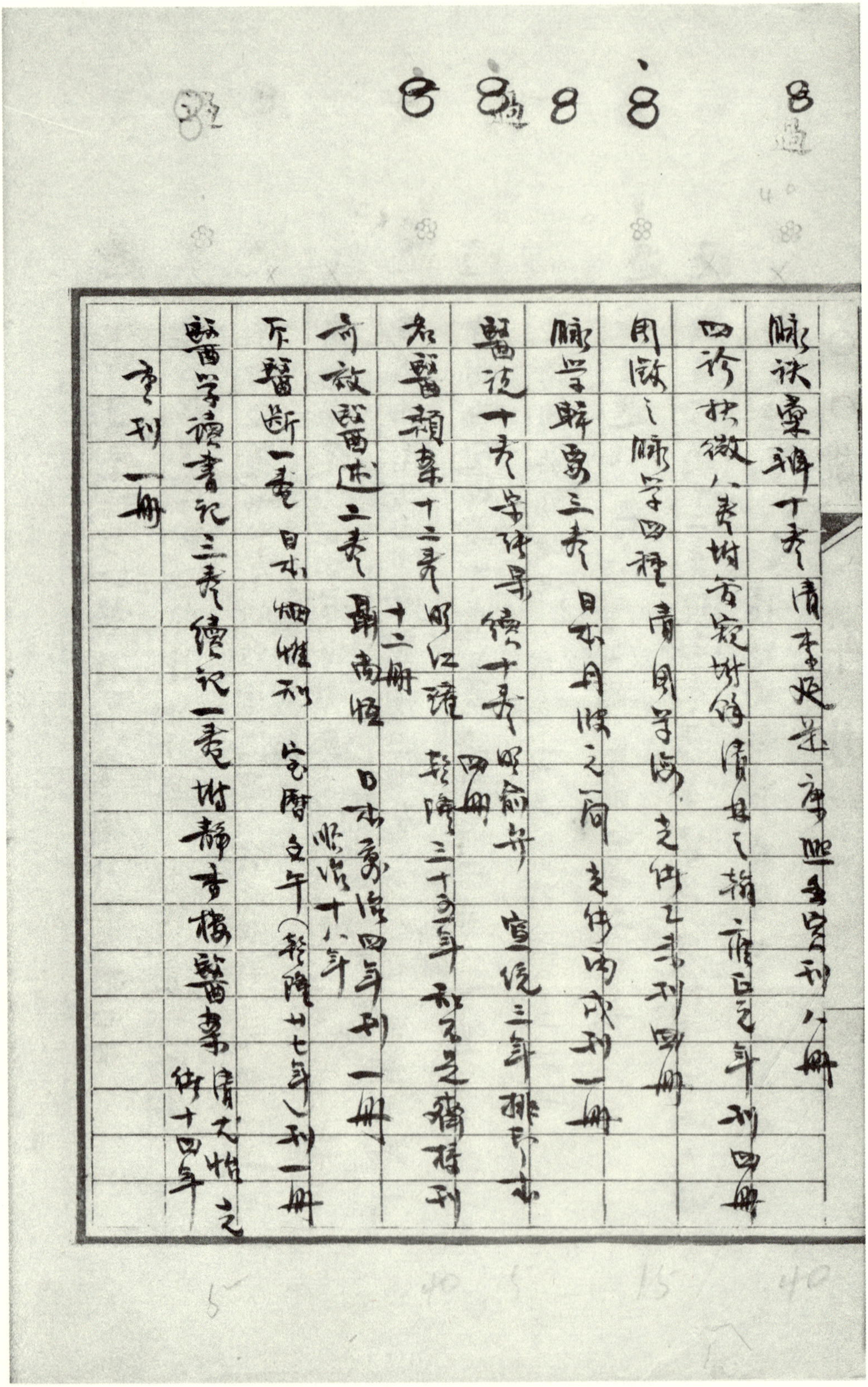

脈訣彙辨十卷 清李延昰 康熙壬寅刊八冊
四診抉微八卷附管窺附餘 清林之翰 雍正元年刊四冊
周澂之脈學四種 清周學海 光緒乙未刊四冊
脈學輯要三卷 日本丹波元簡 光緒丙戌刊一冊
醫説十卷 宋張杲 續十卷 明俞弁 四冊 宣統三年排印本
名醫類案十二卷 明江瓘 十二冊 乾隆三十五年知不足齋校刊
奇效醫述二卷 聶尚恒 日本寬保四年刊一冊
順治十八年
又醫斷一卷 日本畑惟和刊 寶曆壬午（乾隆廿七年）刊一冊
醫學讀書記三卷 續記一卷 附靜香樓醫案 清尤怡之 [illegible]十四年
重刊一冊

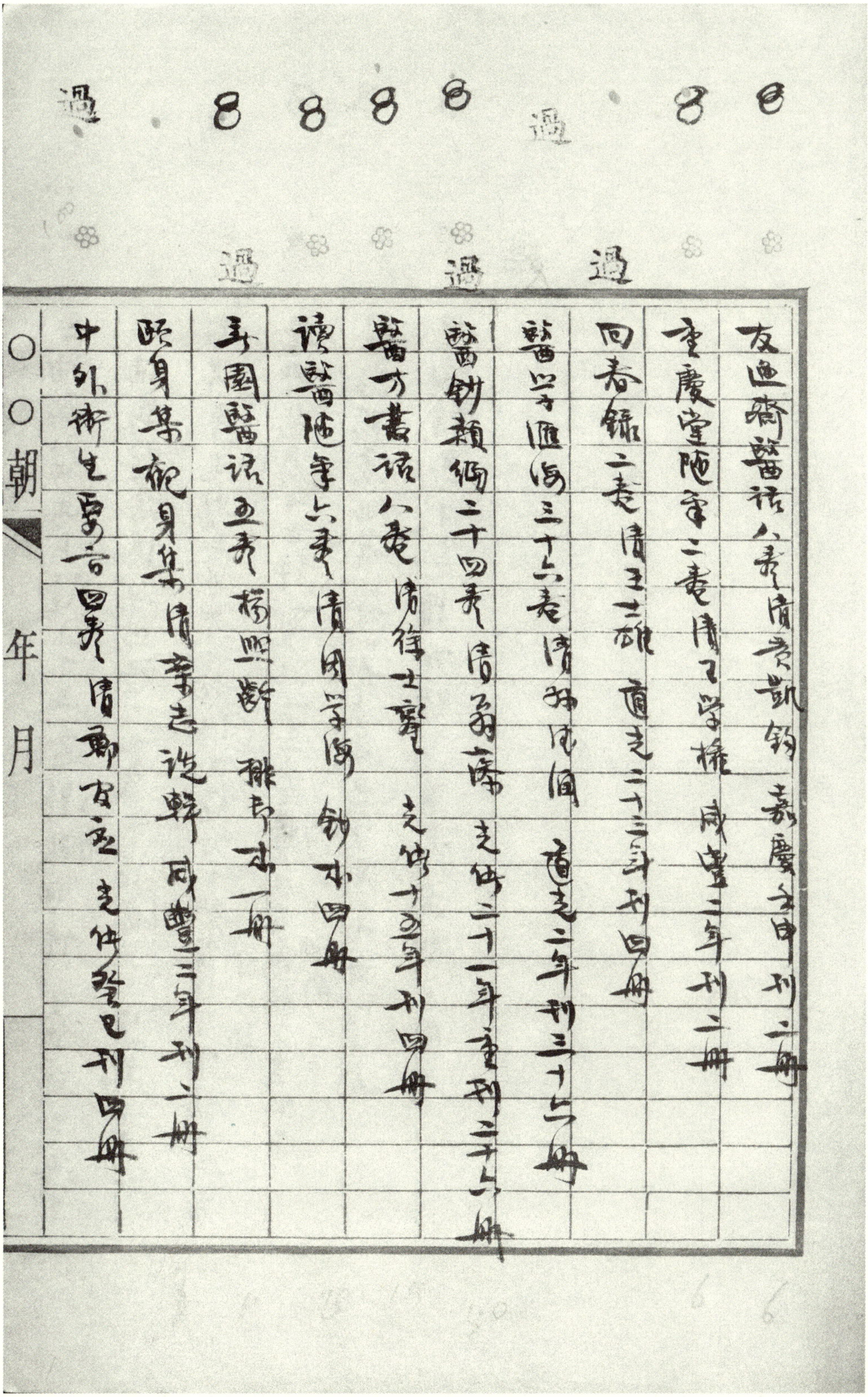

友漁齋醫話八卷 清黄凱鈞 嘉慶壬申刊 二冊
重慶堂隨筆二卷 清王学權 咸豐二年刊 二冊
回春録二卷 清王士雄 道光二十三年刊 四冊
醫学通海三十六卷 清孫德潤 道光二年刊 三十六冊
醫鈔類編二十四卷 清翁藻 道光二十一年重刊 二十六冊
醫方叢話八卷 清徐士鑾 光緒十五年刊 四冊
讀醫隨筆六卷 清周学海 鈔本 四冊
吾園醫話五卷 楊照藜 排印本 一冊
隨身集 觀身集 清李志詮解 咸豐二年刊 二冊
中外衛生要旨四卷 清鄭官應 光緒癸巳刊 四冊

〇〇朝 年 月

世補齋醫書六種三十三卷 清陸懋修 光緒丙戌重刊 八冊

世補齋醫書後集四種二十五卷 清吾人 宣統元年刊 十冊

當歸草堂醫學叢書初編十種四十卷 清丁丙輯 刊本 十二冊

醫學叢書十二種一百六十三卷 清周學海輯 光緒辛卯刊三十四冊

醫籍叢書四集二十一卷 裘吉生輯 刊本 十五冊

素問釋義十卷 清張琦 道光十年刊 二冊

飲食辨[illegible] 章穆 一[illegible]

金匱心典 尤怡注 二本

8 8

過

藝術

鐵網珊瑚二十卷 明都穆 乾隆戊寅商邱陳重刊四冊

鐵網珊瑚十六卷 明朱存理 佚名 明刊本十六冊

書畫題跋三卷續三卷 明孫鑛 乾隆庚申刊六冊

庚子銷夏記八卷 清孫承澤 乾隆辛巳令集寫刊本二冊

佩文齋書畫譜百卷 清孫岳頒等敕撰 清內府刊本

清河書畫舫十二卷 清張丑 四十八冊 光緒間重刊十冊

快雨堂題跋八卷 清王文治 道光辛卯原刊本二冊

吳越所見書畫錄六卷 清陸時化 刊本六冊 光緒五年聚珍版

谿山臥遊錄四卷 清盛大士 道光二年刊一冊

朝 年 月

15 15.0

8 8 8 ? 8 8 8

過

墨鏡小錄一卷 清 潘曾瑩 咸豐丁巳刊 一冊

瞻麓齋書畫記四卷 清 謝誠鈞 咸豐癸丑刊 一冊

墨池編六卷 宋 朱長文 明萬曆庚辰維揚瓊花觀梓 仁和刊十二冊

書史會要九卷 元 陶宗儀 明朱謀垔刊 二冊

玄抄類摘六卷 明 徐渭 鈔本 二冊

書法正傳十卷 清 馮武 康熙間家刊本 六冊

無聲詩史七卷 清 姜紹書 康熙五十九年刊 二冊

竹雲題跋四卷 清 王澍 乾隆丁亥錢人龍刊 四冊

鐵函齋書跋六卷 清 楊賓 鈔本 一冊

大瓢偶筆八卷 清 前人 道光廿七年[illegible]石山房刊 四冊

○○朝 年 月

蔣氏游藝秘錄二卷 清蔣衡 乾隆甲寅刊四冊

分隸偶存二卷 清萬經 乾隆辛卯刊一冊

書學捷要二卷 清朱履貞 抄本二冊

金壺水碧錄三卷 清[illegible] 鈔本三冊

書法摘要四卷 清何[illegible] 嘉慶十二年刊四冊

書法南針六卷 清錢湘 道光元年刊二冊

藝舟雙楫三卷 清包世臣 刊本一冊

寶繪錄二十卷 明張泰階 永不足齋刊本八冊

國朝畫徵錄三卷 續二卷 附書畫精意識一卷 清張庚 乾隆四年刊三冊

畫學心法二卷 清布顏圖 乾隆十一年精刊二冊

芥舟學畫編四卷 清沈宗騫 乾隆四十六年刊四冊

國朝畫識十七卷 墨香居畫識十卷 清馮金伯 嘉慶二年刊六冊

繪事瑣言八卷 清迮朗 嘉慶四年刊四冊

宋元以來畫人姓氏錄三十六卷 清魯駿 道光十年刊十二冊

畫史彙傳七十二卷 附二卷 清彭蘊璨 道光元年刊廿冊

篛盦畫麈二卷 清程庭鷺 排印本一冊

四銅鼓齋論畫集刻 清陸禕日輯 道光己亥年刊四冊

小鷗波館畫識三卷 畫寄一卷 清潘曾瑩 道光十八年刊一冊

藝林悼友錄初二集二卷 □容之 道光十六年刊二冊

海上墨林四卷 楊逸 己未刊二冊

8

過　過　過

古今文藝叢書六集六十四種　排印本三十六冊

藝術叢書四十六種一百十八卷　刊本四十冊

甌鉢羅室書畫過目考四卷附一卷　李玉棻　刊本四冊

畫竹要錄六卷　余紹宋　鉛印本四冊

○○朝　年　月

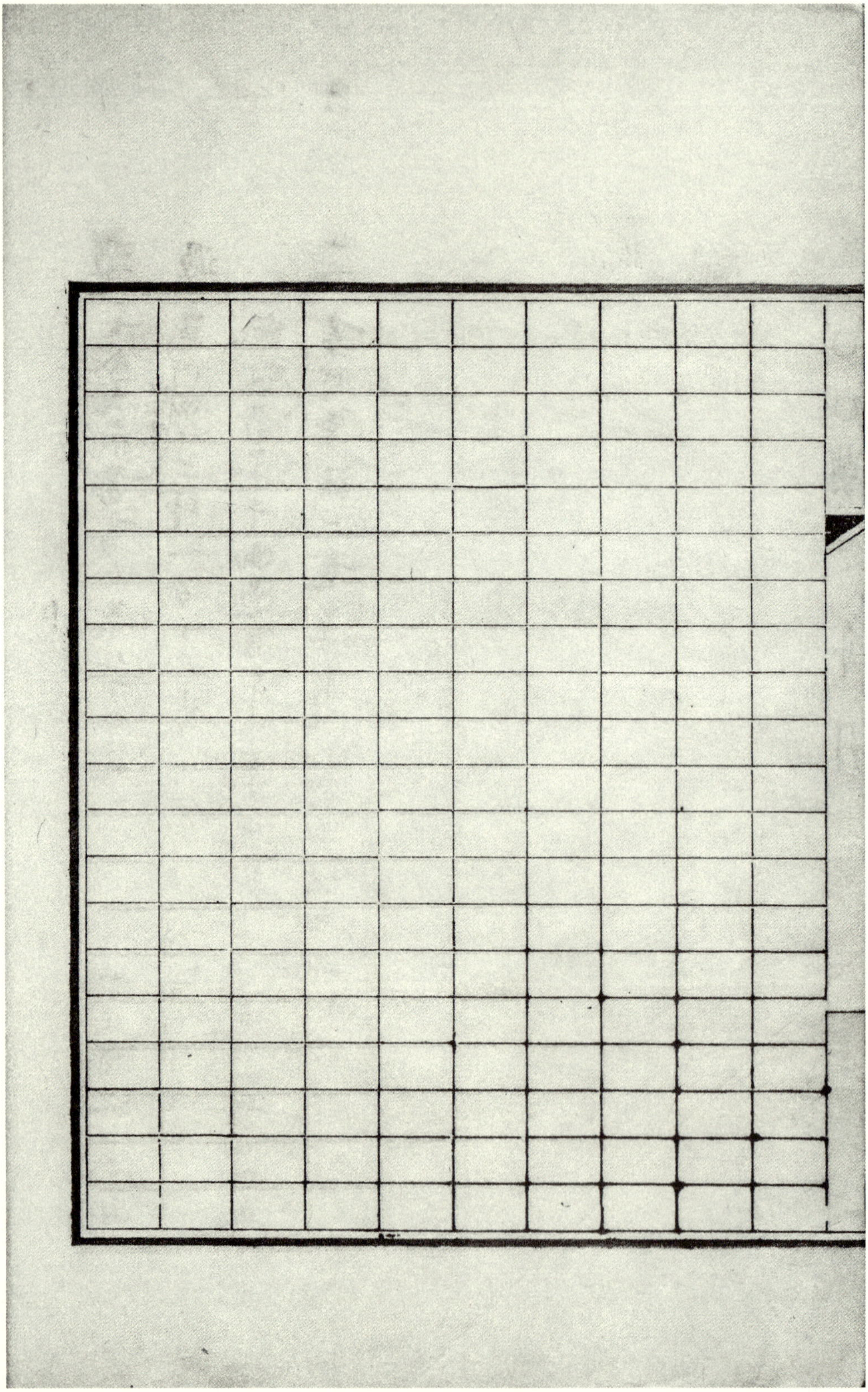

8

過 過 過

天算

天文大象賦二卷 隋李播 苗為注 附宋翁輿地略一卷 輿地詩 附輿地圖 直之間六嚴校刊 四冊

璇璣遺述六卷 附卷末一卷 清揭暄 乾隆乙酉刊 四冊

新制恒星圖表一卷 清徐作楠 刊本一冊

李氏遺書 清李銳 道光癸未刊 十冊

召誥日名考 三統術注 四分術注 乾象術注

奉元術注 占天術注 日法朔餘強弱考

方程新術草 句股算術細草 弧矢算術細草

開方說

周髀算經圖注一卷 清吳烺 乾隆戊子刊 一冊

游藝錄十二卷 清李佃 道光二十年刊 九冊

籌算律呂三卷 天文管窺三卷

六壬摘要六卷 附校正萬年書

〇〇朝 年 月

史記天官書恒星圖考一卷 朱文鑫 排印本一册

心香閣考定二十四氣中星圖一卷 清江蕙 光緒庚辰刊一册

觀象玩占五十卷 唐李淳風 舊鈔本十册

大唐開元占經一百二十卷 唐瞿曇悉達 刊本十六册

8 8 8 8 8 8 過

過 過 過 過 過 過 過

術數

佛求示寶書不分卷 董德彰 道光甲午刊一冊

選擇探原二卷 袁年 十二年刊二冊

卜筮全書十二卷 明姚際隆 刊本五冊

易隱八卷 明曹九錫 刊本四冊

周易筮述八卷 清王宏撰 乾隆五十八年刊四冊

易冒十卷 清程良玉 康熙甲辰刊八冊

廣象徵徵二卷 清馬惠 道光八年刊一冊

邵子易數六卷 明喻有功 道光庚寅刊二冊

易象之機三卷附占驗一卷 清鄧掇成 道光二十年刊四冊

○○朝 年 月

周易古筮考十卷 尚秉和 刊本二冊

焦氏易詁十一卷附補遺 前人 甲戌刊本六冊

六壬銀河棹一卷 明孫松溪 道光庚戌刊一冊

大六壬大全十三卷 清郭載騋 康熙刊本十三冊

大六壬蠡測編二卷 清孫應宿 鈔本二冊

六壬經緯六卷 清毛志道 雍正三年刊四冊

六壬類聚四卷 清紀大奎 咸豐壬子刊四冊

六壬辨疑四卷附畢法案錄二卷 張友德 同治己巳刊六冊

六壬鬼撮腳二卷 失名 道光己巳刊二冊

壬學瑣記一卷 清程樹勳 光緒七年刊一冊

大六壬金口訣三卷 楊守一 光緒六年刊 三冊

遁甲陰符經一卷 失名 鈔本一冊

遁甲吾學編八卷 清 史易 嘉慶庚申刊 二冊

奇門秘竅一卷 清 凌飛光 鈔本一冊

太乙淘金一卷 失名 光緒二年 靖園葛氏刊 一冊

相宅心易四卷 宋 謝石 鈔本四冊

命理正宗四卷 明 張楠（明字） 萬曆己丑刊 八冊

星平集腋統宗四卷 清 廣瀛海 刊本四冊

紫微斗數四卷 宋 陳摶 刊本四冊

增補麻衣相法六卷 明 五亭孔 明刊本二冊

○○朝　年　月

8

神相全編十二卷 明袁忠徹 排印本六册

宅譜二卷 清鍾之模 康熙間刊二册

詒謀一覽五卷 清宣元仁 康熙間刊四册

相宅新編二卷 失名 嘉慶四年刊一册

陽宅提徑一卷 清程材 鈔本一册

平陽全針一卷附青囊經二卷 失名 鈔本一册

玉尺經補注一卷 清汪昌熙 光緒辛丑刊一册

夢占類考十二卷 明張鳳翼 萬曆乙丑刊六册

游藝錄三卷 清蔣湘南 光緒戊子刊二册

太玄經十卷附說玄釋文述玄 漢揚雄 明萬玉堂刊本六册

8 8 8 8

過 過 過 過 過 過

太玄經十卷 晉范望解贊 明萬曆間刊二冊

太玄經十卷 宋司馬光 嘉慶戊午五柳居刊 二冊

皇極經世十八卷首一卷 宋邵雍 清王植輯錄 乾隆丙子刊八冊

皇極經世易知八卷 清何夢瑤 道光十三年刊八冊

潛虛集 宋司馬光 潛虛發微論 宋張敦實 明嘉靖辛亥刊二冊

鄭氏易譜十二卷 明鄭旒 乾隆癸酉刊四冊

○○朝 年 月

10 10 8

8　8

過　過

杂家 杂学

墨子十六卷 墨翟 乾隆甲寅灵岩山馆刊六册

墨子经说解二卷 清张惠言 影印手稿本一册

墨子间诂十五卷目录一卷附录一卷后语二卷 清孙诒让撰 光绪十九年刊八册

墨经诂义上篇 叶瀚 民九印本一册

墨子哲学经说二卷 邓高镜 排印本一册

墨经通解四卷 张其锽 排印本二册

公孙龙子达辞一卷 明[illegible] 学说阁刊本一册 读有用书斋钱氏及戈小莲旧藏

公孙龙子注一卷附辛从益年谱 清辛从益 刊本一册

公孙龙子注一卷 清陈澧 乙丑刊一册

〇〇朝　年　月

鬼谷子三卷 梁陶弘景注 嘉慶十年江都秦氏石研齋刊本一册

鶡冠子注三卷 吳世拱 民十八年本二册

呂氏春秋二十六卷 漢高誘注 明嘉靖間許宗魯刊本六册

淮南子二十八卷 漢劉安 明嘉靖間王瑩刊本六册

淮南天文訓補注二卷 清錢塘 道光六年刊二册

淮南校記一卷 清譚獻 鈔本一册

淮南許注異同詁四卷補遺一卷續一卷 清陶方琦 光緒七年刊三册

論衡三十卷 漢王充 孫伯淵藏 明嘉靖乙未通津草堂刊本十册

論衡三十卷 漢王充 明黃嘉惠評點刊本六册

經鉏堂雜志八卷 宋倪思 手校鈔本四册

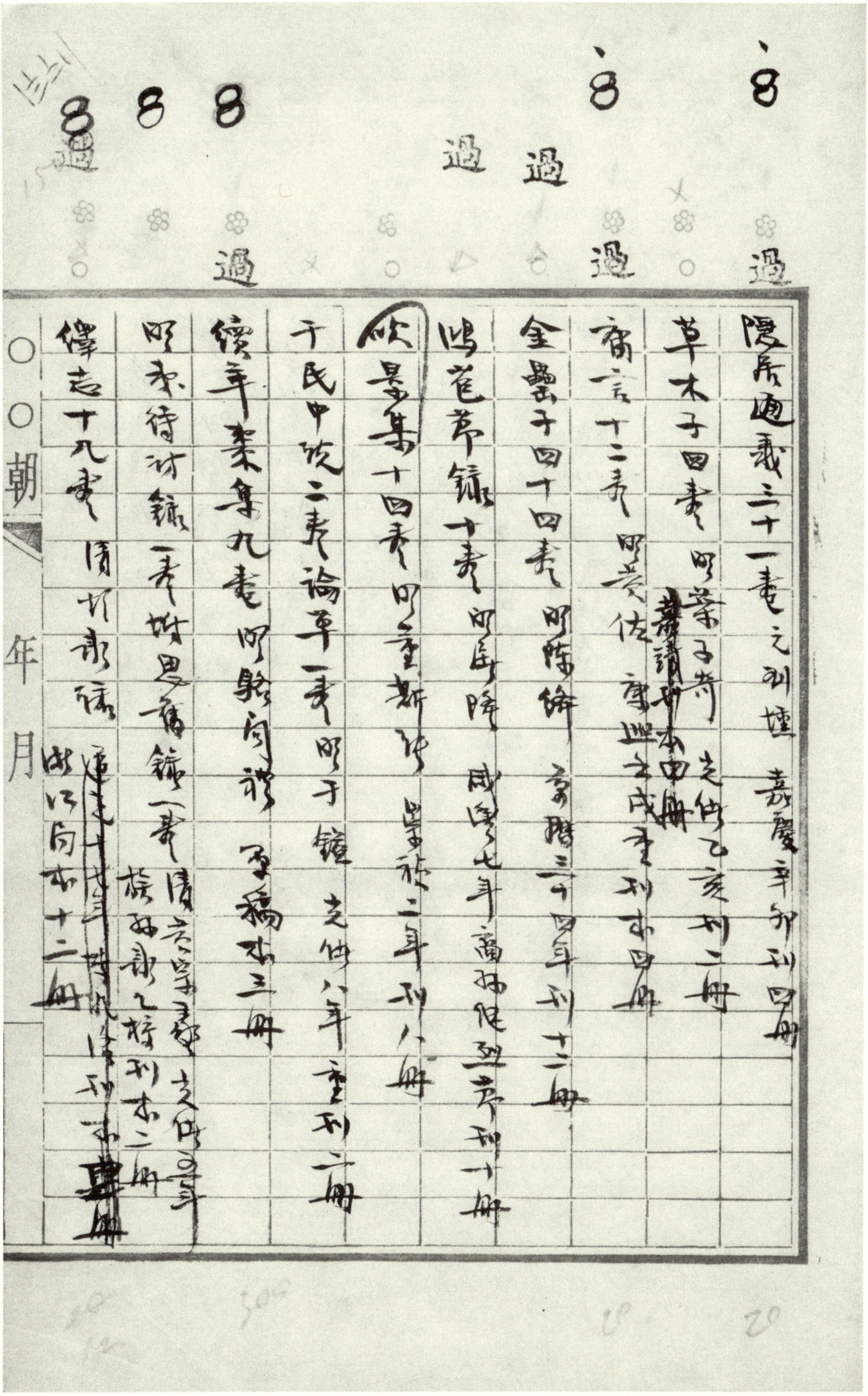
隱居通議三十一卷 元劉壎 嘉慶辛卯刊四冊

草木子四卷 明葉子奇 乾隆乙亥刊二冊

爾言十二卷 明黃佐 康熙五年成重刊本四冊

金罍子四十四卷 明陳絳 萬曆三十四年刊十二冊

鴻苞節錄十卷 明屠隆 咸豐七年[illegible]刊十冊

欣賞集十四卷 明董斯張 崇禎二年刊八冊

于氏中說二卷論草一卷 明于鎮 乾隆八年重刊二冊

續年叢集九卷 明[illegible] 手稿本三冊

明夷待訪錄一卷附思舊錄一卷 清黃宗羲 [illegible]刊本二冊

偉志十九卷 清[illegible] [illegible]

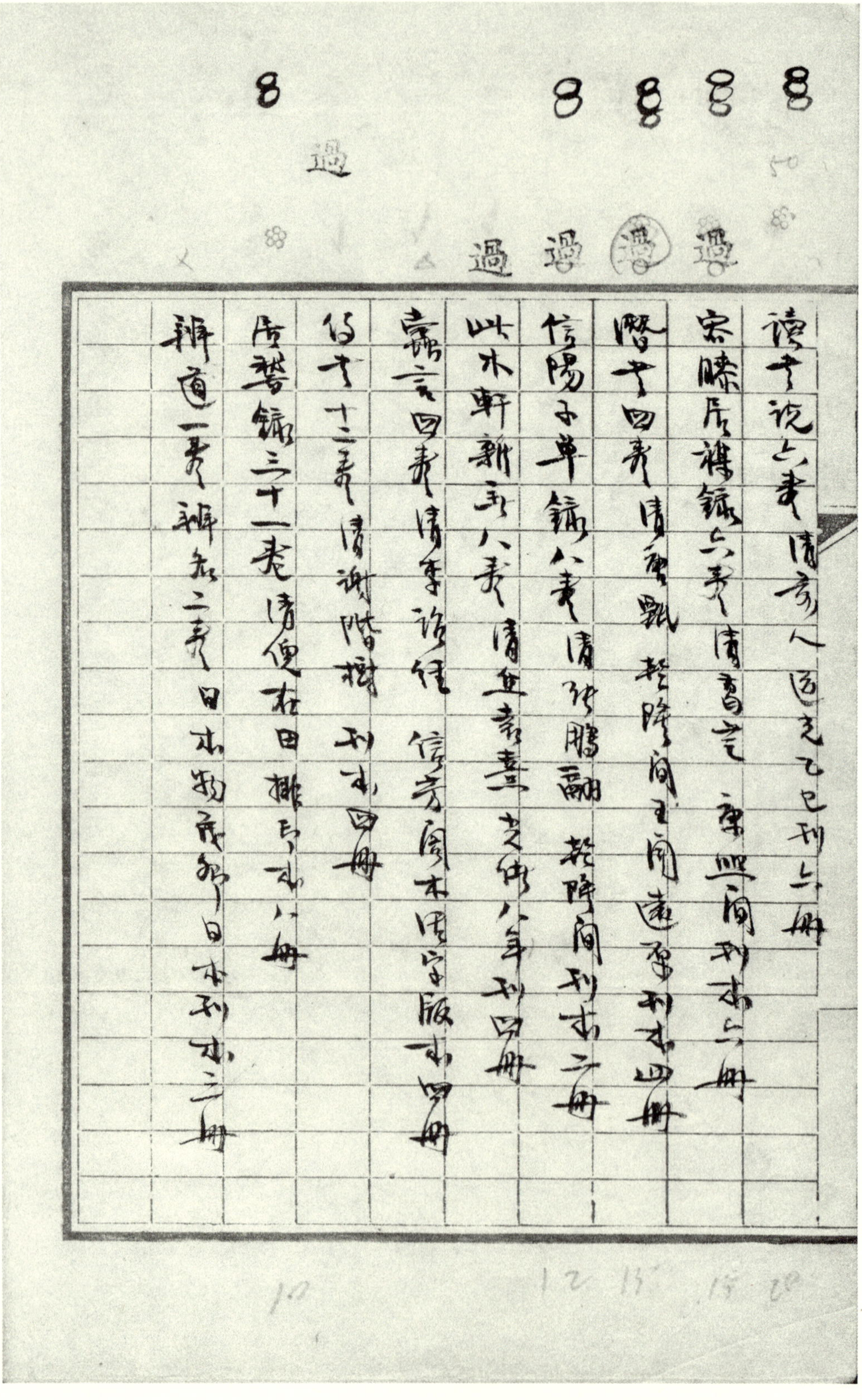

讀書說六卷 清[illegible]人 道光乙巳刊六冊
容膝居雜錄六卷 清葛芝 康熙間刊本六冊
曆書四卷 清魯瓛 乾隆間王聞遠孚刊本四冊
信陽子卓錄八卷 清張鵬翮 乾隆間刊本二冊
此木軒雜著八卷 清焦袁熹 道光八年刊四冊
蠡言四卷 清李詒經 信芳閣木活字版本四冊
約書十二卷 清謝階樹 刊本四冊
原警錄三十一卷 清傅在田 排印本八冊
辨道一卷 辨名二卷 日本物茂卿 日本刊本二冊

雜家雜考

獨斷二卷 漢蔡邕 乾隆五十五年盧氏抱經堂校定本一冊

風俗通義十卷 漢應劭 元大德間刊本四冊

夢溪筆談二十六卷續筆談三卷補筆談一卷 宋沈括 乾隆三十二年刊四冊

容齋隨筆十六卷續筆十六卷三筆十六卷四筆十六卷五筆十卷 宋洪邁 明萬曆三年馬元調刊本十四冊

習學記言五十卷 宋葉適 乾隆十一年江陰刊本十六冊

能改齋漫錄十八卷 宋吳曾 乾隆乙未刊十冊

困學紀聞注二十卷 宋王應麟 翁元圻注 道光間刊 十二冊

困學紀聞集證二十卷 宋前人 萬希槐集證 嘉慶十二年刊十六冊

○○朝 年 月

國學蒙證六卷 清朱自挹 道光十年刊六册

少室山房筆叢正集三十二卷續集十六卷 明胡應麟 萬曆三十四年刊十六册

五雜俎十六卷 明謝肇淛 日本刊本十六册

文海披沙八卷 明前人 日本寶曆己卯刊本二册

徐氏筆精八卷 明徐𤊹 崇禎壬申刊七册

七修類藁五十一卷續藁七卷 明郎瑛 乾隆庚辰刊十六册

卮林十卷附補遺 明周嬰 明刊本四册

日知錄三十二卷 清顧炎武 康熙乙亥潘氏遂初堂刊本八册

日知錄集釋三十二卷 清前人 黃汝成集釋 道光十四年刊本十六册

通雅五十五卷 清方以智 康熙五年刊十册

古今釋疑十八卷 清方中履 康熙戊午楊霖刊本十二册

後甲集二卷 清章大來 刊本一册

義門讀書記五十八卷 清何焯 石香齋刊十二册

潛邱札記六卷 清閻若璩 乾隆九年春西堂刊六册

樵香小記二卷 清何琇 鈔本一册 又刊本一册

湛園札記四卷 清姜宸英 董之焯校鶴藏山房刊二册

羣書拾補初編 清盧文弨 乾隆五十二年刊八册

黄谷譚叢四卷 清李家 民國己巳刊二册

知新錄三十二卷 清王棠 康熙五十六年刊十六册

○○朝 年 月

援鶉堂筆記五十卷 清姚範 道光十五年刊 十六冊

訂譌襍錄十卷 清胡鳴玉 乾隆二十三年刊 二冊

訂譌類編續補四卷 清杭世駿 鈔本四冊

脩潔齋閒筆四卷 清劉堅 乾隆辛酉刊 二冊

讀書記疑十六卷 清王樹枏 同治十一年福建刊本八冊

十駕齋養新錄二十卷餘錄三卷 清錢大昕 嘉慶十一年刊本六冊

蛾術編八十二卷 清王鳴盛 道光二十一年世楷堂刊 十六冊

南窗叢記八卷 清伊朝棟 嘉慶五年刊 二冊

過庭錄十六卷 清宋翔鳳 四冊 道光七年會稽章氏重刊

札樸十卷 清桂馥 嘉慶十八年山陰小李山房刊本二冊

讀書脞錄七卷 清孫志祖 嘉慶己未刊四冊

庭立紀聞四卷 清畢玉繩 嘉慶壬申刊四冊

信摭一卷 清章學誠 道光戊子沈霞西手鈔本一冊

卍齋瑣錄十卷 清李調元 刊本二冊

三餘偶筆十六卷 清左暄 嘉慶十六年刊四冊

濼源問答十二卷 清沈可培 嘉慶乙亥刊四冊

讀書叢錄二十四卷 清洪頤煊 道光二年廣州富文齋刊本六冊

癸巳類稿十五卷 清俞正燮 道光十三年刊八冊

攷辨隨筆二卷 清黃定宜 道光丁未刊一冊

二初齋讀書記十卷 清倪思寬 刊本二冊

○ ○ 朝 年 月

懷亭讀記四卷 清馬啟 道光十八年刊本一冊

佩集隨筆十六卷 清張調之 道光二十一年稿本五冊

四寸學六卷 清何秋濤 道光辛卯刊二冊

雙硯齋筆記六卷 清鄧廷楨 民十二刊六冊

三冬識餘二卷 清劉希向 咸豐八年刊二冊

懷小編二十卷 清陀廛 咸豐四年刊六冊

識小編二卷 清董豐垣 刊本一冊

讀書襍釋十四卷 清徐鼒 咸豐十一年刊六冊

爻山筆話十四卷 清蘇時學 同治元年刊六冊

蘿摩亭札記八卷 清喬松年 同治癸酉刊四冊

説緯二卷 清王崧 刊本二册

常氏遺著二種 刊本二册

隱見隨筆二卷 常茂徠

石田野語二卷 常茂徠

讀書偶筆二十卷 清李桂新 同治丙寅刊本四册

硯視緒錄十六卷 清林昌彝 同治五年廣州刊本八册

吹網錄六卷鷗陂漁話六卷 清葉廷琯 同治八年刊 六册

交翠軒筆記四卷 清沈濤 道光戊申刊一册

實存四卷 清胡式鈺 道光二十一年刊二册

松心十錄十卷 清張維屏 道光庚子刊一册

通言一卷補一卷 清馮秉芸 道光二十八年刊四册

朝 年 月

南漘楛語八卷 清蔣超伯 光緒辛未刊四冊
麓澞薈錄十四卷 清前人 同治五年刊七冊
榕堂續錄四卷 清前人 光緒丁卯刊三冊
窺豹集二卷 爽鳩要錄二卷 清前人 刊本一冊
求闕齋讀書錄十卷 清曾國藩 刊本四冊
讀書雜識十二卷 清勞格 光緒三年刊四冊
群書札記十六卷 清朱亦棟 光緒四年刊六冊
榕陰日譚十卷 清楊希閔 光緒丙子福州刊本二冊
錢蘇齋述學一卷 錢文霈 民十三刊一冊
有不為齋隨筆十卷 清光聰諧 光緒十四年刊一冊

8

過　過　過　過　過　過

蠡測偶記二卷　清胡贊采　宣統元年刊本一冊

芸簏偶存二卷　清王曲墅　刊本一冊

小學盦遺書四卷　清錢馥　光緒乙丑刊一冊

煙嶼樓筆記八卷讀書志十六卷　清徐時棟　排印本八冊

世守拙齋識小編十卷　清范鏖　光緒丙申刊五冊

讀經拾瀋一卷讀史拾瀋二卷　平步青　排印本二冊

群書斠識九卷　俞人　光緒丙子刊六冊

樸陽札記十卷　吳詠志　民十一刊四冊

澄壁集四卷　倪用頤　光緒戊午刊二冊

師伏堂筆記三卷　皮錫瑞　十九年刊一冊

○○朝　年　月

媿生叢錄二卷 李詳 宣統元年刊一册
雄白日記一卷 張宗祥 民二十刊一册
卯東草堂筆記二十卷 沈鏡賢 宣統庚戌排印本四册
眼學偶得一卷 羅振玉 光緒辛卯刊一册
三餘札記二卷 劉文典 民十七排印本二册
讀書小記二卷續記五卷 馬叙倫 排印本三册
松崖筆記三卷 清惠棟 道光二年刊二册
通俗編三十八卷 清翟灝 乾隆十六年刊二十册
邇言六卷 清錢大昕 葛氏嘯園刊巾箱本二册
頑曲錄四卷 清謝嘉玉 嘉慶庚午刊本二册

888

過 過 過

清嘉録十二卷 清顧禄 道光十年刊 二冊

談徵四卷 清外方山人 道光二十年刊 八冊

邃雅堂学古録七卷 清姚文田 道光七年刊本四冊

學古堂日記 清雷浚選 光緒十七年二十年刊本二十冊

魯班經三卷 一本

○○朝 年 月

12 75 5

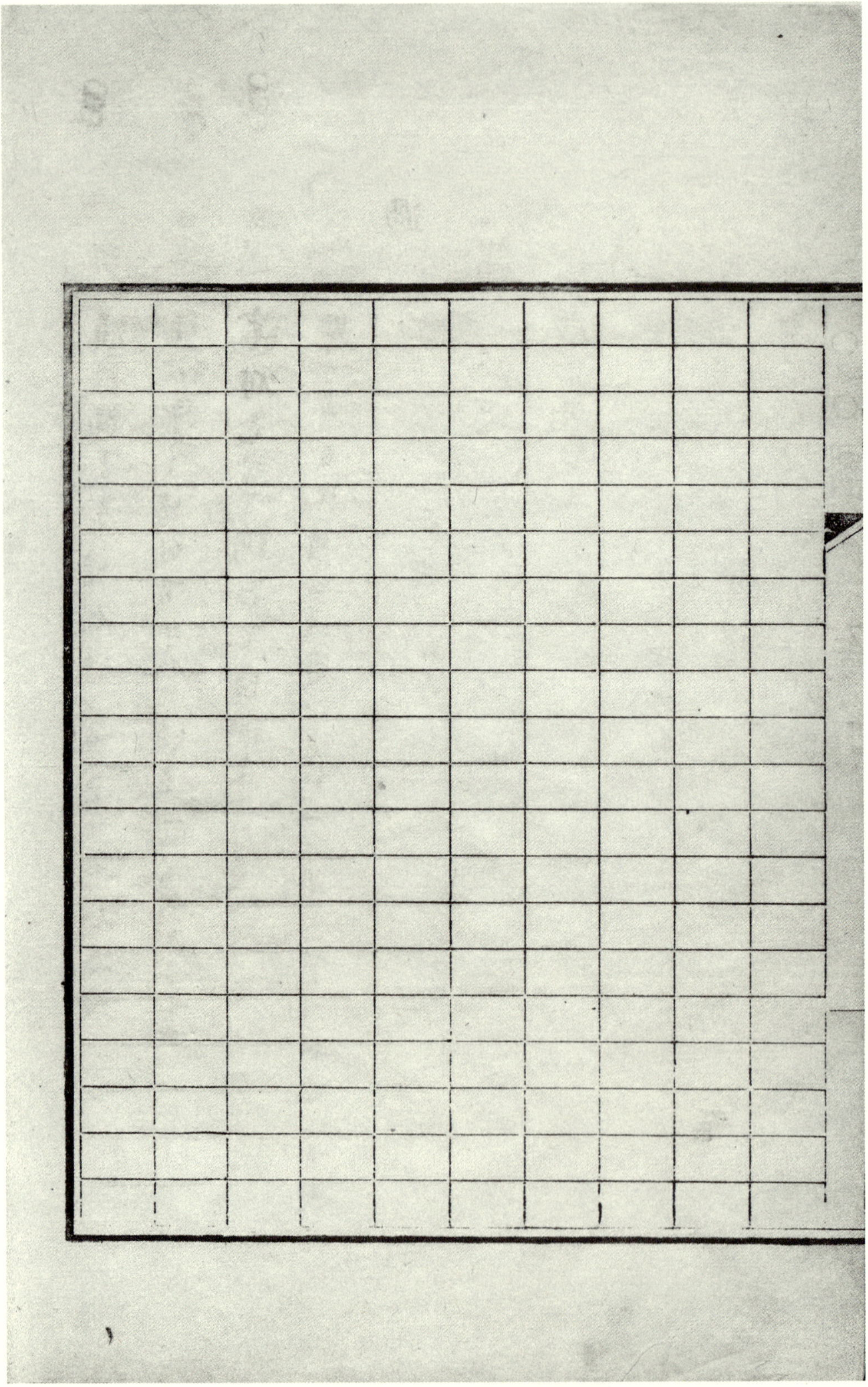

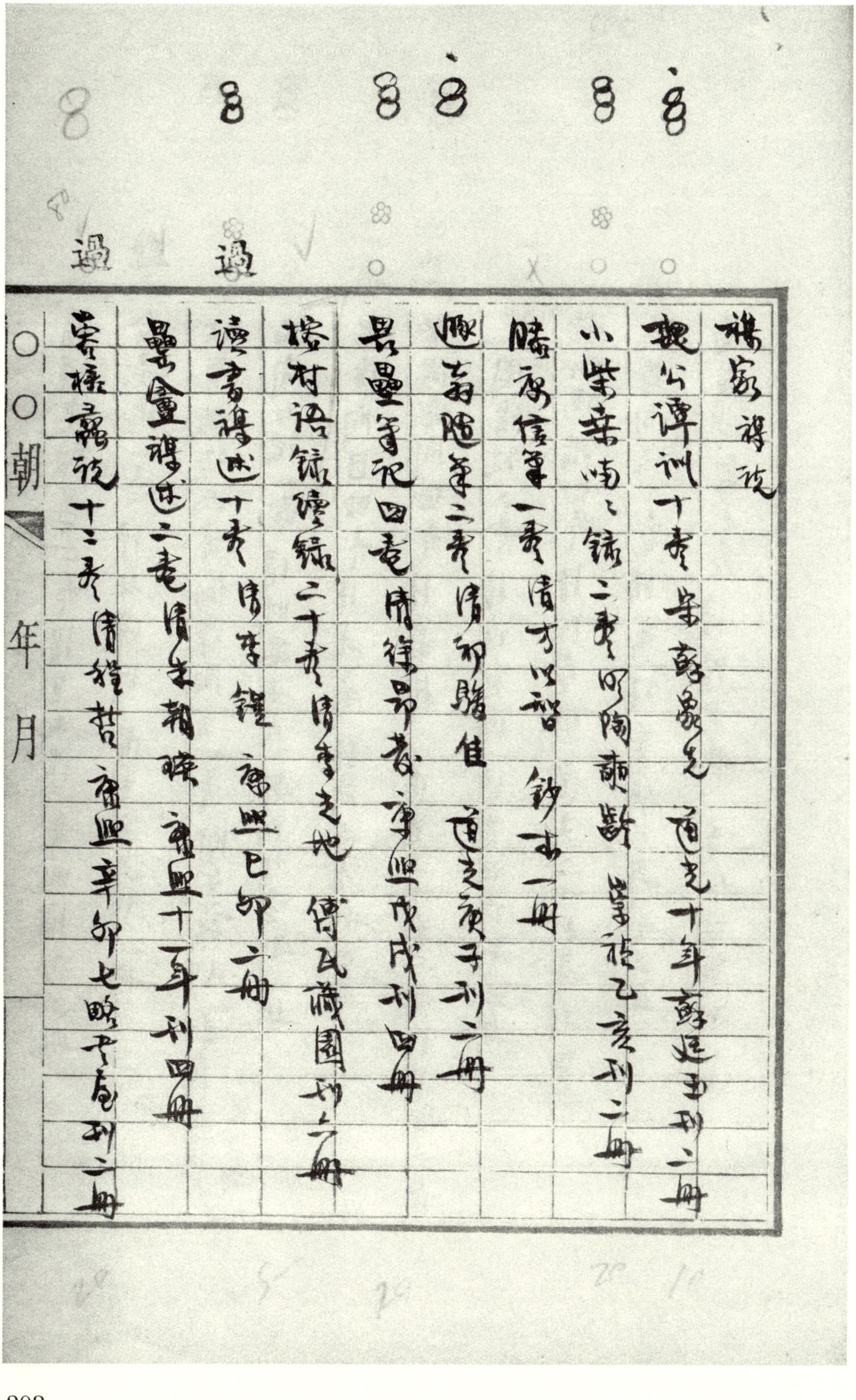

雜家雜說
魏公譚訓 十卷 宋蘇象先 道光十年蘇廷玉刊 二冊
小柴桑喃喃錄 二卷 明陶奭齡 崇禎乙亥刊 二冊
膝寓信筆 一卷 清方以智 鈔本 一冊
遯翁隨筆 二卷 清邵勝佳 道光庚子刊 二冊
畏壘筆記 四卷 清徐昂發 康熙戊戌刊 四冊
榕村語錄續編 二十卷 清李光地 傅氏藏園刊 六冊
讀書雜述 十卷 清李鍾 康熙己卯 六冊
疊金雜述 二卷 清朱翰暾 康熙十一年刊 四冊
蓉槎蠡說 十二卷 清程哲 康熙辛卯七略書堂刊 二冊

○○朝 年 月

詩禮堂雜纂二卷 清王文樸 康熙間刊二冊

合志編一卷 清朱澤澐 道光元年刊一冊

佐畢叢談六卷 勸學卮言一卷 附文藝淺則一卷 清青芝守 刊本四冊

既閑日記一卷 清晚聞老人 乾隆丁亥刊一冊

易堂問目四卷 清吳翀 乾隆壬辰刊四冊

豎陽答問四卷 清薛彤 道光二十二年木活字本二冊

克國補說二卷 清沈起潛 道光丙戌刊二冊

讀古偶錄四卷 清陳星瑞 道光二十六年刊四冊

擁窗閒話二卷 清鄭紀 光緒八年刊二冊

畜庵隨筆六卷 清陸文衡 光緒丙申刊二冊

過

乾園筆録二卷 清 楊夔生 光緒五年味園刊 一册

是非盦筆記八卷 清 殷堅 光緒八年味園刊 二册

印園隨筆一卷 清 印讀桐 光緒甲午刊 一册

畹齋偶筆二卷 清 傅昆 光緒二十一年刊本 四册

楷則讀言五卷擷園防葛張 清 閔花 方梅 光緒丁酉刊 四册

止庵筆語一卷 清 譚宗浚 民十一刊 一册

蒿盦隨筆五卷 馮煦 民四刊 六册

○○朝　年　月

雜家雜錄

東軒筆錄十五卷 宋魏泰 嘉靖三十四年義興沈敕楚山書屋刊四冊

麈史三卷 宋王得臣 道光二十四年刊大章校天一閣鈔本刊三冊

冷齋夜話十卷 宋釋惠洪 日本刊本二冊

賓退錄十卷 宋趙與時 乾隆年中刊十冊

曲洧舊聞十卷 宋朱弁 乾隆四十九年[illegible]刊二冊

鶴林玉露二十四卷 宋羅大經 明謝天瑞補 萬曆辛丑刊十二冊

南村輟耕錄三十卷 明陶宗儀 民十二武進陶氏景元刊十冊

水東日記四十卷 明葉盛 康熙庚申刊本十六冊

穀山筆麈十八卷 明于慎行 天啟乙丑刊八冊

朝 年 月

館 歷代賦編 四十卷 明陳山毓 萬曆二十五年刊 二十冊

無韻錄 十卷 明稽毛晉 崇禎間刊 十冊

因樹書屋書影 十卷 清周亮工 康熙丁未刊 四冊

雕丘雜錄 十八卷 清梁清遠 康熙癸亥刊 二冊

容安齋蘇譚 十卷 清白胤昌 康熙元年刊 四冊

在園雜志 四卷 清劉廷璣 康熙乙未刊 八冊

山志 十卷 清王宏撰 乾隆五十三年重刊 五冊

寄園寄所寄 十二卷 清趙吉士 康熙丙子刊 八冊

汪氏說鈴 清汪琬 乾隆戊子陳順刊 一冊

居易錄 三十八卷 清王士禎 乾隆間刊 八冊

香祖筆記十二卷 前人 康熙乙酉刊四冊

分甘餘話四卷 前人 康熙己丑刊二冊

柳南隨筆六卷 清王應奎 乾隆庚申原刊本六冊

焠掌錄二卷 清汪啓淑 乾隆間刊二冊

水曹清暇錄十六卷 前人 乾隆辛丑木活字印本八冊

午風堂叢談八卷 清鄒炳泰 嘉慶庚申寫刻本八冊

瀛山筆記二卷 清黃士塤 乾隆乙酉刊一冊

香墅漫鈔四卷續鈔四卷又續鈔四卷 清曹斯棟校輯 乾隆丁未刊八冊

一亭考古雜記一卷 清毛慶臻 影印本一冊

聞見瓣香錄十卷 清查武域 乾隆癸丑刊十二冊

藤陰雜記十二卷 清戴璐 光緒三年重刊四冊

陶廬雜錄六卷 清法式善 嘉慶间刊四冊

芝龕雜記四卷 清陸西錦 嘉慶八年刊二冊

定香亭筆談四卷 清阮元 光緒己亥附后重刊四冊

小滄浪筆談四卷 前人 嘉慶四年刊二冊

瀛舟筆談十二卷 清阮亨 嘉慶庚辰刊六冊

花笑廎雜筆六卷 清范鍇 道光甲辰刊二冊

春府讕語一卷 清[illegible]嘉[illegible] 刊本一冊

恩福堂筆記二卷 清英和 道光丁酉刊二冊

熙朝新語十六卷 清余金 道光五年刊六冊

重論文齋筆錄十二卷 清王端履 道光丙午受宜堂刊六冊

騈枝贅憶一卷 清佟森 稿本一冊

茶餘客話二十二卷 清阮葵生 乾隆戊子秋王鍇識 排印本六冊

兩般秋雨盦隨筆八卷 清梁紹壬 道光十七年刊 巾箱本八冊

於寡過齋雜筆八卷 清孫道超 道光間刊八冊

晚翠軒筆記 清孫丙暐 咸豐三年刊一冊

恐自逸軒瑣錄八卷 清彭昌祚 咸豐三年刊四冊

冷廬雜識八卷 清陸以湉 咸豐六年刊八冊

淮南雜識四卷 清閔萃 同治十一年重刊四冊

存齋偶編一卷 清胡學醇 同治辛未刊一冊

○○朝 年 月

過 過 過 過

桐陰清話八卷 清倪鴻 同治甲戌刊二册

竹葉亭雜記八卷 清姚元之 光緒癸巳刊二册

薑露盦雜記六卷 清施山 刊本二册

亦園脞牘八卷 清鄭野鶴 光緒四年木活字本四册

遺珠貫索八卷 清陳純熙 刊本八册

向乞偶談四卷 清吳世言 光緒十二年刊四册

荷廊筆記四卷 清俞向慶 光緒乙酉刊四册

媧媧里談二卷 陸以寀 宣統辛亥刊一册

懺盦隨筆八卷 城西詞話一卷 清沈學霖 宣統二年刊 三册

蕉廊脞錄八卷 清吳慶坻 民十七劉氏求恕齋刊四册

過

西齋偶得三卷 清博明 光緒庚子楊鍾羲重刊一冊

宦海浮沉錄二卷 清何人麟 光緒丙午刊二冊

丹泉海島錄四卷 清徐景福 光緒四年刊二冊

吾廬筆談八卷 清李佐賢 光緒乙亥刊二冊

夢蕉亭雜記二卷 陳夔龍 民國刊二冊

行素齋雜記二卷 清繼昌 光緒己亥刊二冊

右庵續語一卷 清繼昌 光緒辛丑刊一冊

五石而回天揮麈十二卷 邵燁蒙 光緒二十五年刊

吴門鎖夏錄三卷 清江瀚六冊 光緒甲午刊一冊

學服齋筆記六卷 清恭俭恒 民十九刊二冊

○○朝 年 月

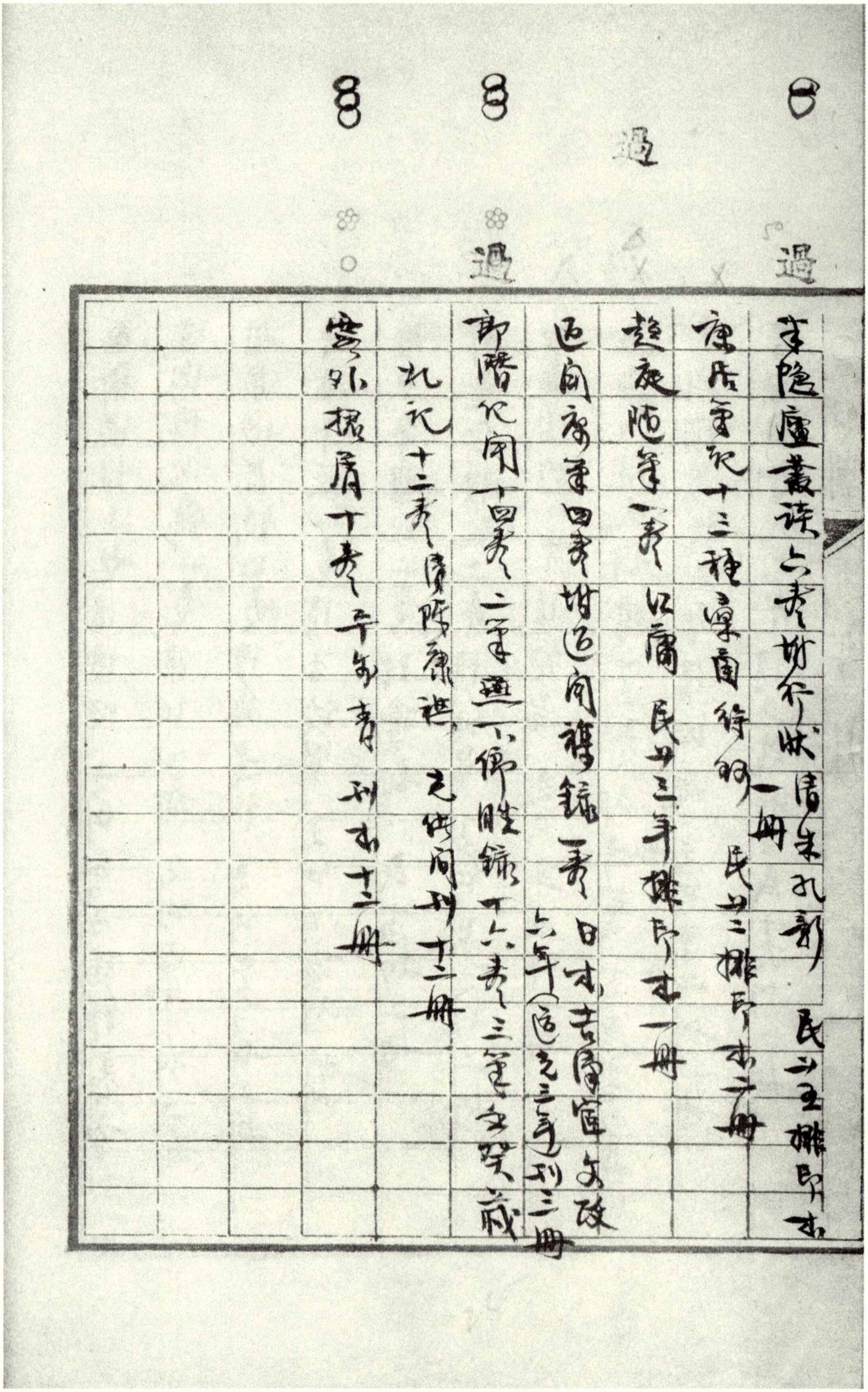

過

過

半隱廬叢談六卷附行狀 清朱孔彰 民二十五排印本

康居筆記十三種 [illegible] 一冊 民廿二排印本二冊

趨庭隨筆一卷 汪以簡 民廿三年排印本一冊

近向齋集四卷附近向禮錄一卷 日本吉田留安跋 六年(道光三年)刊三冊

郎潛紀聞十四卷二筆燕下鄉脞錄十六卷三筆 ... 藏

札記十二卷 清陳康祺 光緒間刊十二冊

霞外攟屑十卷 平步青 刊本十二冊

過

過 過

雜家 雜纂

故事必讀成語集註二卷 明五湖 日本三宅元信注 日本寛政元年刊二冊

竹文集二卷 續集二卷 别集二卷 餘集二卷 明方豪著 嘉靖間刊本鈔配八冊

霧市選言四卷 明王宇輯 明刊本二冊

徐文長先生祕集十二卷 明徐渭撰 孫一觀按 萬曆壬戌刊十冊

見聞雜記 續記十一卷 明李樂 萬曆辛丑刊四冊

焦氏類林八卷 明焦竑 萬曆丁亥刊十四冊

棠選古今舉業文從註釋評林四卷 明劉日寧 萬曆間刊四冊

許子選六卷 明朱家輯 萬曆辛亥刊四冊

智囊二十八卷 明馮夢龍 明季刊本十二冊

○○朝 年 月

媿林漫錄二卷 明瞿式耜 光緒庚寅重刊二冊

昨非菴日纂二十卷二集二十卷三集二十卷 明鄭瑄 崇禎末刊廿冊

八編經世類纂二百八十五卷 明陳仁錫 天啟丙寅刊八十冊

湘煙錄十六卷 明閔元京 凌義渠全輯 崇禎三年 重刊四冊

白厓書抄二卷 明陳繼儒 抄本一冊

博物典彙二十卷 明黃道周 崇禎乙亥刊八冊

倘湖樵書初二編十二卷 清來集之 康熙戊午刊本十二冊

查浦輯聞二卷 清查嗣瑮 乾隆間刊二冊

玉芝堂談薈三十六卷 清徐應秋 乾隆間刊三十六冊

海涵十鈔 清李大洪 稿本有乾隆九年識語 存六冊

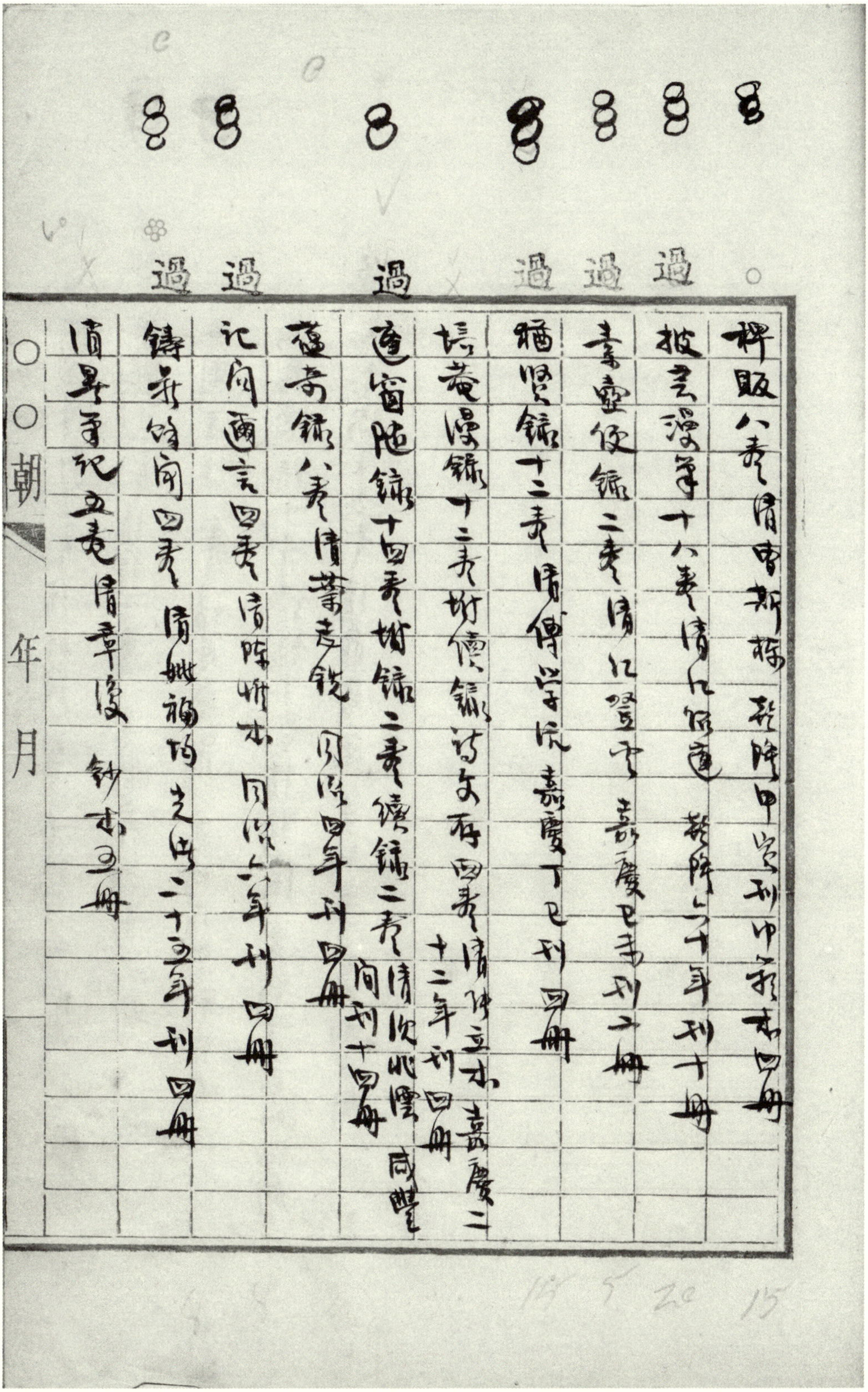

過 過 過 過 過 過
稗販八卷 清曹斯棟 乾隆甲寅刊巾箱本四冊
披雲漫筆十八卷 清任鍾道 乾隆六十年刊十冊
壽靈便錄二卷 清任鑑堂 嘉慶己未刊二冊
猶賢錄十二卷 清傅以漢 嘉慶丁巳刊四冊
塤篪漫錄十二卷 坿續錄詩文存四卷 清陳立本 嘉慶二十二年刊四冊
適窗隨錄十四卷 坿錄二卷 續錄二卷 清徐兆豐 咸豐間刊十四冊
蘊奇錄八卷 清葉廷銓 同治四年刊四冊
記問通言四卷 清陳忻本 同治六年刊四冊
鑄新詩聞四卷 清姚福均 光緒二十五年刊四冊
消暑筆記五卷 清章律俊 鈔本五冊
朝 年 月

88

过

析埸胜存十二卷 清陈偉 民三木活字本六册

宋艳十二卷 清徐士銮 光绪辛卯刊六册

止园笔谈八卷 清史梦兰 光绪戊寅刊四册

岛居随录十卷续录十卷 清杨浚 光绪丁亥刊四册

两屯偶笔五卷 清蒋庆篯 光绪二十三年刊二册

88　過

過　過　過

補泉 補品

錢神志七卷 清李光庭 道光六年木活字本七冊

古今待問錄四卷附錄時補遺 清朱楓 後知不足齋刊二冊

癖談六卷附清白士集校補 清蔡雲 道光丁亥刊二冊

選青小箋十卷 清許元愷 道光廿年刊二冊

古泉叢話四卷 泉苑菁華 合刻 清戴熙 劉喜海撰 丁福保輯 廿年印一冊

論泉絕句一卷 清劉喜海 重刊本一冊

觀古閣叢稿十二卷 清鮑康撰 同治癸酉刊十二冊

古泉匯五集六十卷 清李佐賢 同治甲子刊本二十冊

言錢別錄二卷補錄一卷 方若 民十七排印本二冊

○○朝　年　月

8 過 過 8

韻石齋筆談二卷 清姜紹書 鈔本二冊

印人傳三卷 清周亮工 康熙癸丑刊一冊

端溪硯史三卷 清吳繩年 乾隆三十二年刊一冊

硯小史四卷 清朱棟 嘉慶庚申刊本二冊

青研硯譜一卷 清[illegible]暘 道光己酉刊一冊

寶硯堂硯辨一卷 附硯巖圖 清何傳瑤 道光十九年刊一冊

硯林脞錄五卷 馬丕緒 民廿五年刊本四冊

墨法集要一卷 明沈繼孫 影印版本一冊

摩墨亭墨攷無卷數 清謝崇槼 手稿本 逸存墨品中一冊 附雪嶠墨譜一冊

前塵夢影錄二卷 清徐康 光緒丁酉徐氏刊本二冊

骨董瑣記八卷 續記四卷 鄧之誠 排印本六冊
營造法式三十六卷 宋李仲明 民國紫江朱氏影宋刊本八冊
魯班經三卷 午榮 咸豐庚申刊本二冊
園冶三卷 明計成 民廿一印本一冊
天工開物三卷 明宋應星 陶氏影印本三冊
物理小識十二卷 明方以智 刊本六冊
馬弔牌子譜八卷 朱[illegible] 鈔本一冊
瓷史二卷 黃矞 刊本一冊
士那補釋一卷 清鄭家樹 刊本一冊
玉譜類編四卷 清徐壽基 光緒己丑刊四冊

〇〇朝 年 月

銜蟬小錄八卷 清女史孫蓀意 嘉慶己卯刊四冊

蟲薈五卷 清方旭 光緒十六年刊四冊

小說家

三水小牘二卷 唐皇甫枚 乾隆间盧氏雅雨堂刊 一冊

青瑣高議前十卷後集十卷別集七卷 宋劉斧 董氏誦芬室刊 三冊

何氏語林三十卷 明何良俊 嘉靖间刊 十冊

皇明世說新語八卷 明李紹文 高麗刊本 四冊

玉堂叢語八卷 明焦竑 萬曆戊午錢貢徐象橒校刊 四冊

虞初志八卷 續虞初志四卷 明湯顯祖 萬曆间刊 十二冊

虞初新志二十卷 清張潮 康熙癸亥詒清堂刊本 八冊 徐積餘舊藏

廣虞初新志四十卷 清黃承增 刊巾箱本 二十冊

說頤八卷 明余懋學 萬曆戊寅刊 八冊

過　過　過

獪園十六卷　明錢希言　乾隆甲戌說元是齋校刊巾箱

耳新十卷　明鄭仲夔　本六册　天啟間刊二册

三岡識略十卷　清董含　舊鈔本六册　姚鈔續識一卷

棗林雜俎六集　清談遷　一册　宣統三年國學扶輪社印六册

覽之盦筆記六卷　大名增嚴　哭廟記略一卷　再生化異略　陸府生

嘉慶間刊十册

今世說八卷　清王晫　康熙癸亥霞舉堂原刊本四册

玉劍尊聞十卷　清梁維樞　民十六重刊四册

漁洋說部精華十二卷　增補續二卷　漁洋筆談鈔一卷

清王士禛撰　劉堅輯　乾隆間刊四册

西青散記四卷　清史震林　乾隆二年刊八册

過

過

閱微草堂筆記二十四卷 清紀昀 嘉慶間北平盛氏重刊本

質直談耳八卷 清鈕學鑒 乾隆甲辰刊八冊 十八冊

聽雨軒新記續記餘記贅記各一卷 清清涼道人 乾隆壬子刊四冊

野語八卷附西吳蠶略二卷 清程岱葊道場行本 嘉慶十三年刊五冊

履園叢話二十四卷 清錢泳 道光十八年刊八冊

吹影編四卷 清坦齋道人 嘉慶二年刊四冊

夢厂雜著十卷 清俞蛟 道光八年刊八冊

耳食錄十二卷二編八卷 清樂鈞 道光元年重刊八冊

鐵橋山房見聞錄十二卷 清于克襄 道光二十五年刊六冊

蕉軒隨錄十二卷 清方濬師 同治十一年刊十二冊

〇〇朝 年 月

夢園叢說內外篇十六卷　前人　光緒乙亥刊六册

見聞隨筆二十六卷續筆二十四卷清齊學裘　同治十年刊十六册

片玉山房花箋錄二十卷清孫兆溎　同治四年刊十二册

珊瑚舌雕談初筆八卷清許起　光緒乙酉刊八册

自怡軒危言四卷附楹聯賸話四卷清李承衡　光緒丙戌刊四册

閒處光陰二卷清彭邦鼎　光緒戊戌刊一册

鄺齋雜記八卷清陳曇　光緒十年刊二册

淞濱瑣話十二卷清王韜　光緒癸巳排印本四册

古佚小說叢刊　民十八排印本四册

遊仙窟一卷　三國志平話三卷　照世盃四卷

過

韻鶴軒雜著筆談四卷 未氏 古之之罕 刊四冊

靈臺小補不分卷 清包運凱 刊本二冊

燕巢漫抄二卷 清黃寧烽 刊本一冊

一瞬錄一卷 清周際華 刊本一冊

新世說八卷 易宗夔 排印本四冊

平等閣筆記六卷 狄楚卿 排印本五冊

宋稗類鈔八卷 清潘永因 康熙間原刊本六冊

○○朝 年 月

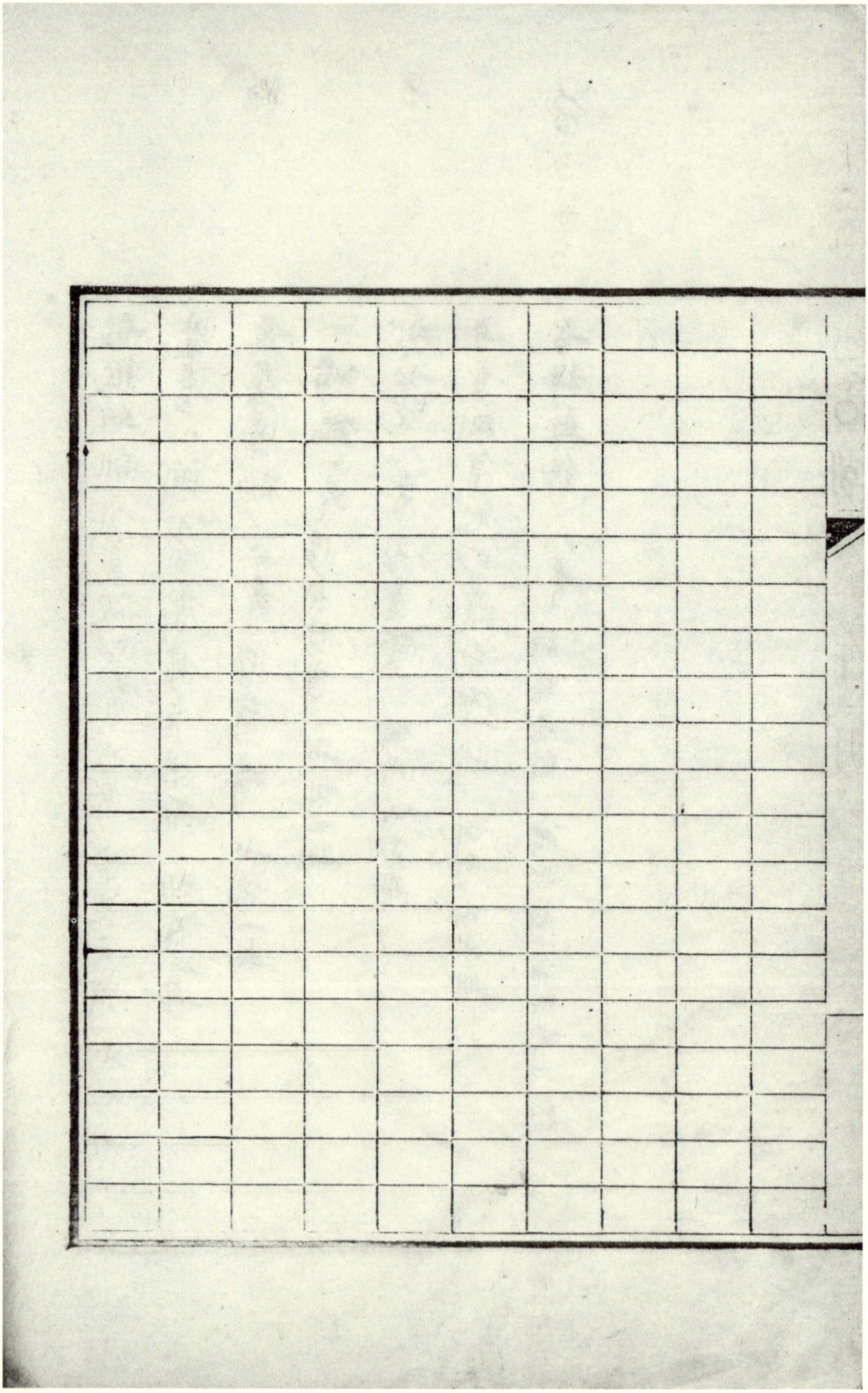

過

8 過

類書

北堂書鈔一百六十卷 隋虞世南 光緒十四年南海孔氏刊本二十冊

藝文類聚一百卷 唐歐陽詢 嘉靖己酉山西平陽府刊三十二冊

初學記三十卷 唐徐堅等奉敕撰 古香齋刊袖珍本十冊 光緒間復石齋刻本十六冊

太平御覽一千卷 宋李昉等 鮑氏覆宋刊本百冊

冊府元龜一千卷 宋王欽若等 明崇禎十五年校刊三百三十二冊

古今事文類聚前集六十卷後集五十卷續集二十八卷別集三十二卷 宋祝穆 新集三十六卷外集十五卷 元富大用

遺集十五卷 明祝淵 萬曆三十二年金陵唐富春刊八十冊

新鍥簪纓必用增補秘笈新書十三卷別集三卷 宋謝枋得 [illegible]四本

朝 年 月

九種續補　萬曆戊申刊　十六册

古今源流至論前集十卷後集十卷續集十卷别集十卷　一

宋林駉　黃履翁　元延祐刊本二十四册

玉海二百卷附刻十三種　宋王應麟　刊本百册

山堂肆考五集二百四十卷　明彭大翼　明刊本一百二十册

中極之本二十卷　明倪[illegible]　鈔本四册

詞林海錯十六卷　明夏樹芳　萬曆戊申刊八册

佩文韻府四百四十四卷　韻府拾遺一百十二卷　清康熙四敕撰　石印六十五册

子史精華一百六十卷　清康熙六十年敕撰　重刊本四十册　同文局印本八册

駢字類編二百四十卷　清康熙敕撰　石印本六十册

過 過 過 過 過

淵鑑類函四百五十卷 清康熙敕撰 石印本四十册
讀書紀数畧五十四卷 清宮夢仁 康熙間刊六册
格致鏡原一百卷 清陳元龍 雍正間刊十六册
三才彙編六卷 清龔在升 康熙六年刊八册
省軒考古類編十二卷 清柴紹炳 雍正四年澹民茂刊四册
醲寶集二卷 清周起訊 鈔本二册
醲寶集四卷 清周起訊 乾隆二十七年刊四册
六藝通考百卷 清孫玉芑 乾隆間刊四十册

○○朝 年 月

喻林一葉二十四卷　刊本八冊

日月紀古十二卷　清蕭智漢　乾隆五十九年刊十二冊

年華錄四卷　清全祖望　刊本二冊

事物異名錄四十卷　清厲荃輯　關槐增纂　乾隆戊申刊十二冊

識小類編八卷　清夏大觀　嘉慶己未刊八冊

稱謂錄三十二卷　清梁章鉅　刊本八冊

道家

陰符經滙解十卷 唐沈亞夫等 明刊本一冊

老子元翼二卷附考異附録 明焦竑輯 清乾隆庚寅刊 二冊

道德經註解二卷 清[illegible]史 清初刊本一冊

老子道德經本義二卷 清董德寧 乾隆六十年刊四冊

道德經正義二卷 清李之[illegible] 乾隆（嘉慶）十七年刊二冊

老子覈詁四卷 馬叙倫 排印本二冊

老子特解二卷 日本太宰純 日本天明[illegible]刊二冊（乾隆四十七年）

莊子翼八卷 明焦竑輯 萬曆戊子刊四冊

南華真經本義十六卷附録八卷 明陸西星 乾隆辛未刊 六冊

南華簡鈔四卷 清徐廷槐鈔 乾隆六年刊四册

南華經解三十三卷 清宣穎 同治丙寅刊六册

莊子集釋十卷 清郭慶藩 思賢講舍刊六册

莊子義證三十三卷 附錄二卷 馬敘倫 排印本六册

莊子補注四卷 奚侗 民六排印本二册

莊子集解四卷 王先謙 刊本二册

列子注八卷 唐盧重玄 嘉慶八年江都秦氏石研齋 刊本二册

關尹子二卷 宋陳顯微撰 明刊本一册

文始真經言外經旨三卷 宋陳顯微述 明刊本二册

黃老合偽 清丁芷 同治十二年刊二册

8 888

抱朴子外篇四十九卷 晋葛洪 明崇德書院刊 二册

黄庭内景玉經注二卷 陸西星 存經句注二卷 清[illegible] 嘉慶丙刊 四册

太上黄庭内景經存真集 清刊 不分卷 嘉慶八年刊 一册

參同契脈望三卷 附圖說 清陶素耜 康熙庚辰刊 一册

真經二卷 附古注參同契分釋一卷 陶素耜 刊本三册

玄脈明傳一卷 元陶宗儀 鈔本 一册

道統記要三卷 仙鏡記目三卷 清國遠 咸豐十一年抄本 六册

道藏舉要二十子 百九十八卷 涵芬樓影印明道藏本 二十五册

譯評古賢傳三十卷 京倉學會譯印 六册

〇〇朝 年 月

過

釋家

華嚴經六十卷 實叉難陀譯 刊本二十册

華嚴要述集要三十六卷 刊本十册

楞伽經注四卷 明宗泐 如玘同 成化間刊本四册

大乘入楞伽經七卷 唐實叉難陀譯 刊本二册

楞伽經會譯四卷 員珂 明刊本四册

楞伽宗通三十卷 明曾鳳儀 刊本八册

楞伽要旨四卷 明陸西星 刊本一册

觀楞伽經記十八卷 德清 刊本六册

楞伽阿跋多羅寶經義疏四卷 刊本五册 智旭 康熙間刊本

○○朝 年 月

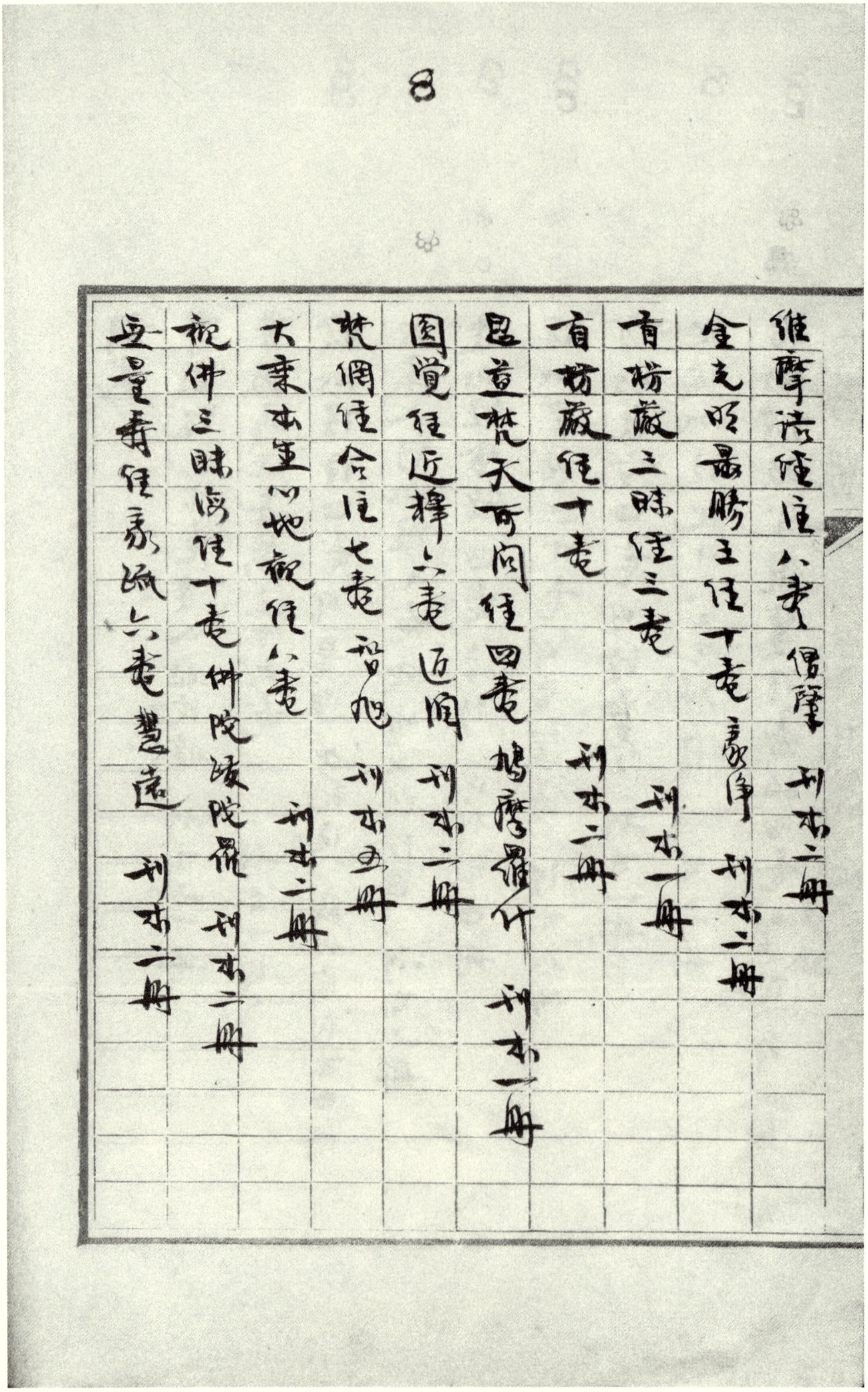
8

維摩詰經注六卷 僧肇 刊本二冊
金光明最勝王經十卷 義淨 刊本二冊
首楞嚴三昧經三卷 刊本一冊
首楞嚴經十卷 刊本二冊
思益梵天所問經四卷 鳩摩羅什 刊本一冊
圓覺經近釋六卷 通潤 刊本二冊
梵網經合注七卷 智旭 刊本五冊
大乘本生心地觀經八卷 刊本二冊
觀佛三昧海經十卷 佛陀跋陀羅 刊本二冊
無量壽經義疏六卷 慧遠 刊本二冊

8 8 8 8

過 過

觀無量壽經四帖疏四卷 善導 刊本二冊

阿彌陀經疏鈔四卷 袾宏 刊本五冊

淨土經論十四種 刊本四冊

淨土十要十卷 智旭 刊本四冊

楞嚴經合論十卷 德洪 刊本五冊

楞嚴經如說十卷 明鍾惺 天啟甲子刊本十冊

楞嚴經正脉疏六十卷 交光 刊本十四冊

楞嚴經合轍十卷 通潤 崇禎九年刊本十二冊

楞嚴經通議十卷 德清 刊本六冊

楞嚴經文句十卷 玄義二卷 智旭 嘉慶間刊六冊

○○朝 年 月

金剛經疏記會偏七卷 行策 康熙間刊二冊
金剛破空論 智旭 順治間刊一冊
金剛會解一卷 徐昌治 順治間刊本一冊
金剛經如是解一卷 張坦翁述 康熙間刊本一冊
金剛般若波羅蜜經旁通九卷 高鳳儀 刊本二冊
般若偈頌十卷 刊本四冊
入阿毘達摩論二卷 玄奘 刊本一冊
阿毘達摩身足論二卷 五事毘婆沙論二卷 十八部論
部執異論一卷 異部宗異論一卷 玄人 刊本一冊
隨相論二卷 真諦 刊本一冊

過 過 過 過 過

專宗四家所集論十卷 僧灿綠隆 康熙刊本二冊

中論六卷 鳩摩羅什 明刊本二冊

十二門論一卷 僧叡 刊本一冊

大乘百法明門論義記四卷 景曉 刊本一冊

三論玄義二卷 吉藏 刊本一冊

大乘起信論一卷 真諦三藏譯 刊本一冊

大乘起信論疏二卷 法藏 刊本二冊

大乘起信論裂網疏六卷 智旭 乾隆間刊本二冊

肇論三卷 僧肇 明萬曆間刊本一冊

智證傳一卷 惠覺 刊本一冊

○○朝 年 月

智[illegible]疏二卷 智生 康熙間刊本一冊

成唯識論十卷 玄奘 刊本二冊

成唯識論心要會纂十卷 靈盈心要 淨嚴會纂 康熙間刊本十冊

八識論纂一卷 性起 刊本一冊

因明論疏六卷 窺基 刊本二冊

大乘止觀釋要六卷 智旭 刊本二冊

壇經一卷 行海 刊本一冊

禪林僧寶傳三十卷 附臨濟宗旨 惠洪 刊本三冊

林間錄二卷 附後集 惠洪 明萬曆間刊本二冊

羅湖野錄二卷 曉瑩 明刊本一冊

牧道者究心録不分卷　康熙間刊本一册

宗鏡竹林七十二卷　弘恩　刊本十六册

評選語録十九卷　清世宗　雍正間刊本十四册

中峰廣録三十卷　梓明本　明刊本六册

玉林國師語録十二卷　梓國語侍者記　刊本四册（附照流聞）

密雲禪師語録十二卷　道忞　刊本四册（附弘覺之序）

趙州禪師語録三卷　梓從諗　壽山齊庵禪師語録一卷　靈隱

具德禪師語録一卷　康熙刊本三册

宗範八卷　錢伊庵　刊本三册

景德傳燈録三十卷　道原　刊本十四册

朝　年　月

五燈會元五十七卷 慧明（普濟） 刊本二十冊（長沙刻經處）
續燈存稿十二卷 增集四卷 施沛（梓舟通問） 康熙乙卯刊本六冊
指月錄三十二卷 瞿汝稷 刊本十冊
續指月錄二十卷 聶先 刊本六冊
釋氏稽古略四卷 覺岸 續集三卷 幻輪 刊本五冊
佛祖歷代通載三十六卷 念常 刊本八冊
阿育王傳五卷 法欽 刊本二冊
佛本行經七卷 寶雲 刊本二冊
付法藏因緣經六卷 刊本一冊
三藏法師傳十卷 彥悰 刊本三冊

高僧傳初集十五卷 慧皎 明刊本三冊

續高僧傳四十卷 道宣 刊本十冊

宋高僧傳三十卷 贊寧 刊本八冊

明高僧傳六卷 如惺 一冊

大唐西域求法高僧傳二卷 義淨 南海寄歸內法傳

四卷 唐人 明刊本一冊

高僧摘要四卷 徐昌治 明刊本二冊

出三藏記集十七卷 僧祐 明刊本四冊

大慧年譜一卷 祖詠 刊本一冊

居士傳五十六卷 彭紹升 乾隆間刊三冊

○○朝 年 月

8　8 8 8 8 8

過　過　過　過

一切經音義一百卷　釋慧琳　日本刊本五十冊

弘明集十四卷　僧祐　鈔本十二冊

象教皮編六卷　陳士元　照曠閣刊本一冊

佛爾雅八卷　周春　刊本四冊

鐔津文集十九卷　釋契嵩　刊本四冊

紫柏老人集十五卷　釋達可　明刊本十六冊

憨山夢遊集五十五卷　釋德清　刊本二十冊

雲棲遺稿三卷　山房雜錄二卷　袾宏　刊本四冊

靈峯宗論十卷　智旭　刊本十冊

布水臺集二十卷　道忞　康熙間刊二冊

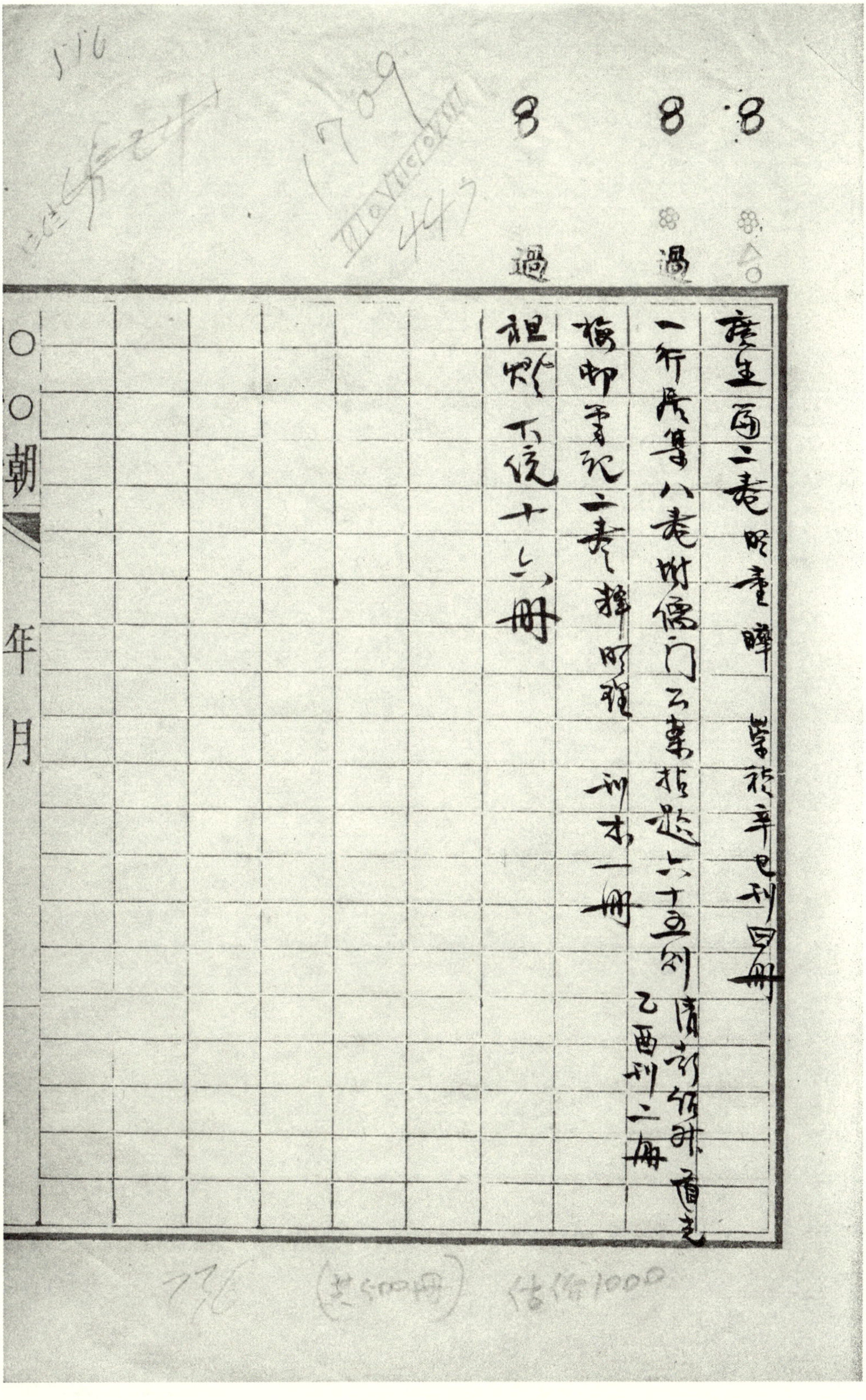

516

1709

447

8 8 8

過 過 合

痘生函二卷 明童暐 崇禎辛巳刊四册

一行居集八卷附儒門公案拈題六十五則 清彭紹升 道光乙酉刊二册

梅邨筆記二卷 釋明耀 刊本一册

祖燈大統十六册

○○朝 年 月

(共500册) 估價1000

過　過

叢書

儒學警悟四十卷　宋俞鼎孫俞經仝輯　民八武進陶氏據明鈔本校刊　十冊

百川學海十集　宋左圭輯　民十上海博古齋景明本　四十冊

說郛一百卷　元陶宗儀　民十六上海商務印書館照明鈔本排　即四十冊

說郛一百二十卷　元陶宗儀　說郛續四十六卷　明陶珽　清順治三年兩浙督學周南李際期宛委山堂刊本　一百六十八冊

顧氏文房小說　明顧元慶輯　民十上海商務印書館影明嘉靖夷白齋本　即十冊

顧氏四十家小說　明顧元慶輯　嘉靖己亥刊本　二十冊

古今說海一百四十二卷　明陸楫輯　道光元年苕溪邵氏酉山堂重刊本　二十冊

漢魏叢書三十八種　明程榮輯　萬曆壬辰刊　六十四冊

朝　年　月

稗海七十四種 明商濬輯 萬曆中刊本八十冊

寶顏堂秘笈正集二十種 明陳繼儒輯 萬曆三十四年刊 二十四冊

快書五十種 明閔景賢之棻輯 天啓丙寅刊 二十四冊

說鈴前集三十三種後集十九種 清吳震方輯 康熙間刊 十二冊

昭代叢書合刻十集 清張潮等輯 楊復吉沈楙惪續輯 道光中刊一百七十三冊

楝亭藏書十二種 清曹寅輯 民十上海古書流通處影印本二十冊

武英殿聚珍版書一百四十八種 清乾隆敕輯 同治十年福建刊本一千冊

雅雨堂藏書十種 清盧見曾輯 乾隆二十一年刊 二十八冊

奇晉齋叢書十六種 陸烜輯 乾隆三十四年刊 十二冊

微波榭叢書 清孔繼涵輯 乾隆中刊本十六冊

過

過

過

滂喜齋叢書四函 清潘祖蔭輯 同治光緒間刊 三十二冊

功順堂叢書 清前人輯 光緒中刊本 二十四冊

潘氏刻書五種 清前人輯 光緒中刊本 六冊

娛園叢刻十種 清許增輯 光緒中刊本 六冊

暢園叢書 清倪遠輯 光緒甲午年刊 四冊

藝園叢刻 清吳丙湘輯 光緒中刊本 二冊

鑄學齋叢書十三種 清徐維則 光緒中刊本 二十冊

半厂叢書初編 清譚仲修輯 光緒中刊本 十六冊

傳硯齋叢書 清吳丙湘輯 供宋元板書目一種 光緒中刊本 六冊

漸西村舍叢書四十一種 清袁昶輯 光緒間刊 八十九冊

○○朝 年 月

玉函山房輯佚書 清馬國翰輯 同治間刊 八十册

天壤閣叢書 清王懿榮輯 同治間刊本 二十册

仰視千七百二十九鶴齋叢書 六集 清趙之謙輯 光緒間刊本 三十六册

南菁書院叢書 八集 清王先謙輯 光緒十四年刊 三十二册

聖譯樓叢書 三種 清李祖年輯 光緒中刊 四册

嘯園叢書 六函 清葛元煦輯 光緒間刊巾箱本 三十六册

十萬卷樓叢書 三集 清陸心源 光緒中刊 一百册

木犀軒叢書 二十五種 清李盛鐸輯 光緒間刊 四十册

積學齋叢書 二十種 徐乃昌輯 光緒中刊 十六册

鄦齋叢書 二十種 —家人輯 光緒中刊本 十六册

一瓻筆存十集　清文廷式輯　鈔本三十三冊

惜陰軒叢書四十一種續編五種　清李錫齡輯　道光廿六年刊四十八冊

別下齋叢書二十八種　清蔣光煦輯　道光蔣氏影印本　二十冊

涉聞梓舊二十五種　清蔣光煦輯　仝上　刊本二十冊

清芬堂叢書　清蔣蘅輯　道光中刊本十八冊

宜稼堂叢書十一種　清郁松年輯　道光中刊本六十四冊

春暉堂叢書十一種　清徐渭仁輯　同治八年刊十二冊

海山仙館叢書四十七種　清潘仕成輯　道光同治間刊一百二十冊

連筠簃叢書十二種　清楊尚文輯　道光間西安楊氏刊三十冊

粵雅堂叢書三十集　清伍崇曜輯　道光至光緒間刊四百冊

琳琅秘室叢書四集　清胡珽輯　咸豐三年活字版排印二十四冊

小萬卷樓叢書　清錢培名輯　光緒四年重刊　十六冊

靜寄軒五種　清馬邦玉輯　、　十冊

二酉堂叢書二十六種　清張澍輯　道光中刊　十二冊

述古叢鈔四集　清劉晚榮輯　同治光緒間刊　四十冊

昭代叢書三集　清姚覲元輯　光緒間刊　二十四冊

式訓堂叢書初二集　清章壽康輯　光緒間刊　卅二冊

鶴壽堂叢書二十二種　清王士濂　光緒間刊　二十冊

大亭山館叢書　楊葆彝輯　光緒間刊　六冊

高邃閣叢書二十集　宋人輯　宋刊二十冊　襍集零星刊本鈔本

過

聚學軒叢書六十種 劉世珩輯 光緒間刊 一百冊
雲自在龕叢書二十種 繆荃孫 光緒中刊本 三十二冊
藕香零拾三十九種 前人輯 光宣間刊本 三十二冊
煙畫東堂小品二十三種 前人輯 民九刊本 十二冊
觀自得齋叢書 徐士愷輯 光緒二十年刊 二十三冊
佚首冊
觀古堂彙刻二集 葉德輝輯 光緒二十八年刊 三十二冊
振綺堂叢書第一集 清汪康年輯 宣統庚戌排印本 六冊
國粹叢書初二集 鄧實輯 宣統間排印本 六十冊
國粹學報第一年至第七年 鄧實編
古學彙刊初二集 鄧實輯 民元排印本 三十二冊

朝 年 月

遞

食舊堂叢書二十種 汪大鈞輯 民十四刊本二十四册
又滿樓叢書 趙詒琛輯 民十刊本八册
峭帆樓叢書 十六種廿六卷 同人輯 民十六刊本二十册
嘉業堂叢書五十七種 劉承幹輯 民國間刊一百五十五册
靜園叢書十種十八卷 沈宗畸輯 民七刊本十六册
蛸鏡樓叢刻 孫祖庚輯 民九排印本四册
念劬廬叢刻八種 徐彥寬輯 民四排印本四册
寶翰樓叢書八種 羅振玉輯 宣統三年刊八册
雪堂叢刻 同人輯 民四排印本二十册
殷禮在斯堂叢書二十種 同人輯 民十四排印本十二册

有紅圈者樣本在外

畿輔叢書八集五十三種續集二卷 清郎廷極輯 道光間刊 十冊

常州先哲遺書第一集四十一種 清盛宣懷輯 光緒二十五年刊 六十四冊

海陵叢刻二十一種 韓國鈞等輯 刊本六十三冊

金陵叢刻十五種 清傅春官輯 光緒中刊 十二冊

楚州叢書第一集十九種二十四卷 冒廣生輯 刊本八冊

嶺南遺書五集五十四種 清伍崇曜等輯 道光間刊 八十冊

浙北叢書二十一種 趙之輔輯 光緒間刊 一百冊

廬陵叢刻十五種二十卷 金誠輯 甲子刊 十二冊

羅氏吉光集二卷 附 依輯 民三木活字排印本二冊

德州田氏家集十四種百九卷 清田雯等輯 乾隆間刊 二十八冊

古墨齋趙氏家集十二種一百四十三卷 清趙紹祖等輯 道光間刊 五十二冊 嘉慶

○○朝 年 月

過

琴士詩鈔十二卷　文鈔六卷　新舊唐書互證二十卷

通鑑注商十八卷　消暑錄一卷　讀書偶記八卷

安徽金石略十卷　金石文鈔八卷　竹書紀年校補二卷

趙氏淵源集十卷　蘭言集十二卷　金仁山論孟考證輯要二卷

四書集注管窺二卷

叢睦汪氏叢書九種四十五卷　清汪師韓　乾隆間原刊本二十冊

春星堂詩集十卷　上湖紀歲詩編四卷　續編一卷　上湖分類文編十卷

觀象居易傳箋十二卷　孝經約義一卷　韓門綴學四卷　續一卷

談書錄一卷　詩學纂聞一卷

叢睦汪氏叢書二十種一百零三卷　清汪重輯　光緒十二年重刊三十二冊

通藝錄二十一種四十七卷　清程瑤田　嘉慶八年刊十四冊

洪遺稿十八卷　清洪榜　洪朴　影印本五冊

南海桂氏叢書十種二十五卷　清桂文燦　咸豐七年至光緒十一年刊二十四冊

1204

閩中馬氏家集十種四十二卷　清馬光啓輯　同治光緒間刊　二十四冊

安吉施氏遺著五種七卷　清施文銓施浴升　光緒癸卯刊　二冊

山陰俞氏叢書十一種五十五卷　清俞璟　光緒間刊　二十冊

高郵王氏遺書　羅振玉輯　民十年排印本八冊

成都楊氏遺書三種五卷　清楊葆發　民國初年刊　三冊

珍埶宧遺書三十八卷　清莊述祖　嘉慶間刊　二十四冊

味經齋遺書四十二卷　清莊存與　光緒間重刊本十冊

周松靄全書九種二九卷　清周春　嘉慶間刊本十二冊

蜚雲閣凌氏叢書四十卷　清凌曙　嘉慶間刊　十六冊

咏梅軒叢書四種　清謝蘭生　同治乙丑刊四冊

三長物齋叢書二十五種　黃本驥　道光間刊本廿冊

〇〇朝　年　月

過

過　過

宛鄰書屋叢書十種二十五卷　清張琦　道光中刊　十六册
竹柏山房十五種八十四卷　清林春溥　嘉慶咸豐間刊　四十册
古桐書屋遺書六種二十卷　清劉熙載　同治間刊　十册
碧聲吟館叢書八種十五卷　清許善長　光緒丁丑刊　十二册
蕙風叢書阮盦筆記五種十卷　況周頤　刊本六册
寶樹堂遺書三種七卷　清鄭夢星　光緒乙未刊四册
桐華閣叢書十六種四十二卷　清杜昌墀　光緒間刊　十二册
玉津閣叢書甲集十二種　清倪鑑之　刊本　十二册
枕碧樓叢書　四十二卷　清沈家本撰　民二刊本十八册
尚志齋藏書五種七十三卷　方欽敏　民三刊十二册

過 過 過 過

知不足齋叢書三十集 清鮑廷博輯 乾隆至道光間續刊本二百四十冊

知不足齋叢書十六集 高人輯 仝上刊本一百二十八冊

知不足齋刊書 清鮑廷博輯刊 八冊

唐高彥休唐闕史二卷 樊綽蠻書十卷 張鷟五仕

算術二卷 宋朱弁曲洧舊聞十卷 鍾景宗泰禮記四

卷補一卷 元李冶敬齋古今黈八卷 清郭宗昌金

石史二卷

經訓堂叢書 清畢沅輯 影印本二十冊

平津館叢書 清孫星衍輯 翻印本一函廿六冊

平津館叢書 清金人輯 後印本四十冊

問經堂叢書 清孫馮翼輯 嘉慶中刊本十六冊

讀畫齋叢書四十六種附南宋羣賢小集八十一種 江湖

○○朝 年 月

過

過

170

後集二十四卷 清阮脩輯 嘉慶四年刊 一百六四册

士禮居叢書 清黄丕烈輯 上海博古齋影印本四十册

學津討原 一百七十二種 清張海鵬輯 涵芬樓影印本二百册

借月山房彙鈔 一百三十五種 清仝人輯 上海博古齋影印 一百二十册

守山閣叢書 一百十四種 清錢熙祚輯 仝上印本 一百八十册

藝海珠塵八集 一百六十四種 清吳省蘭輯 道光中補輯 [illegible]刊六十四册

湖海樓叢書 十三種 清陳春輯 光緒中重刊 廿二册

得月簃叢書初二刻 二十種 清榮譽輯 道光中刊 廿二册

[illegible]硯[illegible][illegible]叢書新編四集 清阮元編 道光庚寅刊十册

五經歲徧齋校書三種 清羅[illegible]升 道光中刊十册

12

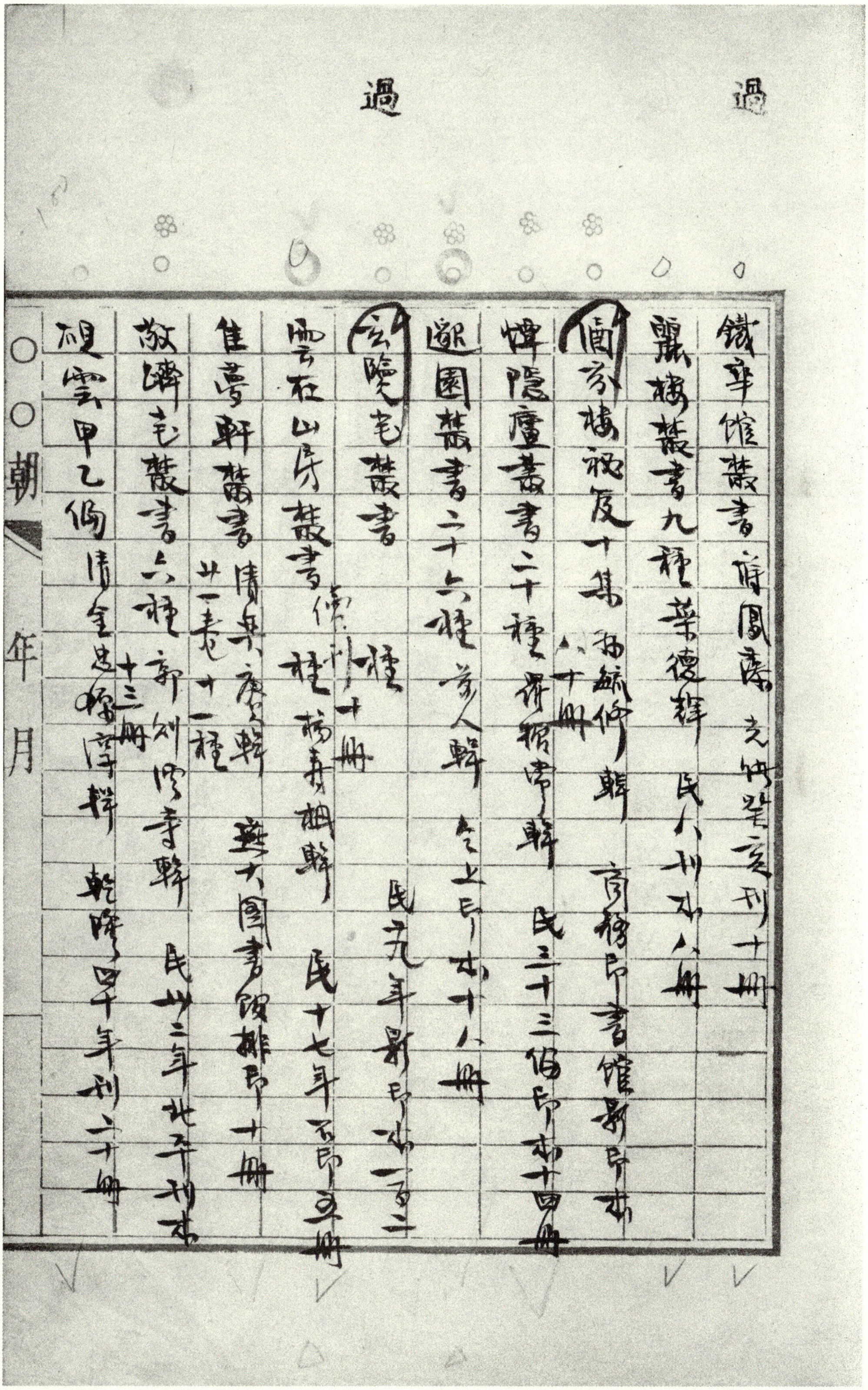
鐵華館叢書 蔣鳳藻 光緒[illegible]刊 十冊
麗廔叢書九種 葉德輝 民八刊本八冊
涵芬樓祕笈十集 孫毓修輯 八十冊 商務印書館影印本
蟫隱廬叢書二十種 羅振常輯 民三十三偽印本十四冊
郋園叢書二十六種 葉人輯 [illegible]上印本十八冊
劉隱宅叢書 種 民九年影印本一百二
雲在山房叢書 [illegible]十冊 楊壽枏輯 民十七年石印本五冊
佳夢軒叢書 清奕賡輯 廿一卷十一種 燕大圖書館排印本十冊
敬躋堂叢書六種 十三冊 郭則澐輯 民廿二年北平刊本
硯雲甲乙編 清金忠淳輯 乾隆四十年刊 二十冊

過

檇李遺書二十六種 清李富孫輯 光緒中秀水孫氏望雲山館刊二十四冊

湖州叢書十種 陸心源輯 光緒中刊十二冊

紹興先正遺書十三種 徐友蘭輯 光緒間刊四十八冊

越中文獻輯存書第一集十種 紹興越鐸報社輯 印六冊

吳興叢書六十五種 劉承幹輯 民國間刊一百五十五冊

四明叢書七集 張壽鏞輯 刊本四百九十六冊

續金華叢書五十八種 胡宗楙輯 民十三刊本一百二十冊

安徽叢書初二三集 民廿一年影印本六十冊

涇川叢書四十五種續七種 趙紹祖輯 嘉慶間刊巾箱本四十冊

豫章叢書一百三種 胡思敬輯 民三刊二百六十四冊

樸學齋叢刊十一種十一本 顧韞玉 民十二石印四冊
蘉園叢書八種十六本 陳慎儀 刊本八冊
信古閣小叢書八種八本 蔡位煜 排印本二冊
宣陽夏氏叢刻七種廿本 清夏曾武 夏孫武 光緒 刊本四冊
夢選樓遺集八種十八本 顧學樾 民六年刊八冊
直介堂叢刻八種百二十四本 邵章 木鑲 民十八排印本四十冊
天蘇閣叢刊二集十種 徐珂 民十二排印本六冊
甲戌叢編二十種二十二本 趙詒琛 王大隆輯 民廿三印本四冊
姚疏爲心續紀一本（吳秉達） 鄭桐庵年譜二本（鄭敷教） 鄭芊陽
寬獄雜一本（湯修業） 莊村志一本（曹鑲） 雨蕉岷記一本（楊補） 野山
紀遊一本（王淮） 王司農題畫錄二本（王原祁） 雨窗漫筆一本
一本（...） 朱壺園論畫一本（王昱） 浦山論畫一本（張庚） 藤齋新語一本

〇〇朝 年 月

蕭清泰鈔傳付一卷　徐之間　吳嵇氏筆記一卷　潛吉堂襍著
一卷（楊秉桂）散花庵叢語一卷（葉錢）吳縣詩存一卷（辛丑年）
課餘集一卷（吳昌綬）以畫樓詩鈔一卷（徐博敦）梅笛庵詞賸稿一卷
先志所　同統一卷（蔣兆蘭）

乙亥叢編十六種二十一卷　京人輯　民二十四年印本四冊

鄭易馬氏學一卷（陶方琦）倚情考略一卷（郭之逵）姚蘇名陳
後紀一卷（精言爽）寒山誌傳一卷（趙宦光）夢盦居士自編年譜一卷
（程廷鷺）鄭桐庵筆記一卷（鄭敷教）吳秉錫筆一卷（許元溥）
春樹閒鈔二卷（嗣立）言鯖隨筆一卷　曹樹堅　篆振日記鈔三卷（周
星詒）萬簽酒邊文（宗摩）遂初堂外詩文稿二卷（潘耒）三百卷
文集二卷（陳奐）莫氏甚詩一卷（世宗曝朝）朱陵紀事詩一卷（陳毅）
嶺居讀畫錄一卷（吳梅）

丙子叢編十二種十八卷　京人輯　民二十五年印本四冊

孟子趙注考證一卷（桂文燦）西清行課四卷（陳景雲）潤卿先生自訂
年譜一卷（孫嗣之）竹汀府君行述一卷（朱稿）家塾瓶語一卷（徐燉）
西廬家書一卷（王時敏）奉常公家訓二卷（王所晉）奉常公遺墨二卷
（丁國鈞）天瓶齋書畫題跋二卷（張照）補輯一卷（全上）桐庵存稿一卷

(鄭獻甫) 寫禮庼遺詞一卷(王頌蔚)

丁丑叢編十種十四卷 方人輯 丁丑年印本四冊

夜闌賊記借考異二卷(吳騫) 樗老先生一卷(莊履甲) 選實錄二卷

(傳闓) 宋惠士紀一卷(顧南友) 陽齋包閒錄一卷(蘇融) 增輯勞氏

碎金三卷 易佳齋書 桐齋筆記補遺一卷(高鄭敬) 隸續集

一卷(陳曼) 妙詞佳室文錄一卷 坊之傳 桐月增蕉譜一卷(王嘉祿)

戊寅叢編十種十六卷 方人輯 戊寅年印四冊

羣經冠服圖考三卷(黃世發) 說文[illegible]記一卷(許[illegible]) 安越記

二卷(王頌蔚) 安般集二卷(雷生甫) 語園居士自敘一卷(沈亨咸)

衛尉陳先生年譜一卷(顧廣圻) 歷代中戲考一卷(陳[illegible]) 藏書

遊識二卷(王韜) 程西塘文補遺一卷(孫星衍) 龍鷓居詞話一卷 書錄一卷(毛[illegible])

己卯叢編四種二十卷 方人輯 己卯年印四冊

遊記六卷 錄稿六卷(周學濬) 請[illegible]傳史七種(宋祁撰 附) 竹人錄

湖州府一卷 狂圖書 梵麓山房筆記六卷(王世玉)

庚辰叢編十種[illegible]卷 方人輯 庚辰年印四冊

〇〇朝 年 月

127種

論語皇疏考證十卷 桂文燦 二禮大義一卷 汪鈞著 林祥音殘本
（佚名）五子穀六卷 附鳳人詩話一卷 劉宿 一雲編一卷（王國維）
三國新代卷 任宏 石韻訂經舉要一卷 吳翌鳳 承墨考異二卷
（蔣廟）炳原先生遺稿二卷 惠周惕 吉郡領諸卷（陳倬）

辛巳叢編九種十七卷 某人輯 辛巳年 四冊
經學博采錄六卷（桂文燦）吳三桂紀略一卷（佚名）平吳錄一卷
（孫旭）平滇始末一卷（佚名）楊方札記一卷（徐鼒）荔村隨筆一卷
（譚宗浚）一老庵文鈔一卷 遺稿四卷（徐柯）

西王學五種 劉師遜 民卅五年 共五冊

四十三年 ……先……刊 八十二冊

興京學叢九冊

260

12064 160

别集
1 汉魏六朝
2 唐五代
3 宋
北宋
南宋
金
辽
4 元
5 明
6 清
民国
7 8 总
诗文
家集
时代 地域 民族

9 诗文评
文诗
10 词曲评
词集
曲
评

别集類 三國 六朝

諸葛忠武侯文集六卷故事五卷 張澍輯 刊本四册

陶靖節集十卷附錄一卷 陶澍 明覆宋本六册

陶靖節集八卷 前人 明周氏刊朱墨本二册

靖節先生集十卷 前人 陶澍集注 蘇局刊本二册 (銷)

謝宣城集六卷 謝朓 (明嘉靖覆宋刊 二册) 康熙丁亥郭威釗刊本二册

醴陵集十卷 江淹 乾隆乙亥高翔麟刊本二册

昭明太子集五卷 蕭統 明皇甫汸校刊本二册

陶貞白集二卷 陶弘景 (銷) 明汪士賢刊本 二册 以宋本校過

徐孝穆集十卷　徐陵　明屠隆評刊本二册

徐孝穆集箋注六卷　家人吳兆宜注　刊本二册

庾子山集十六卷　庾信　倪璠注釋　刊本八册

曹子建集十卷　曹植　北大影印明翻宋本二册

别集類 唐

王子安集注二十卷 王勃 蒋清翊 刊本十二册

陈伯玉文集三卷詩集二卷 陈子昂 道光丁酉西蜀楊氏刊本四册 明弘治楊澄刊本四册

張曲江集十二卷金鑑録五卷 張九齡 光緒間刊本四册

元次山文集十二卷 元結 明刊本一册

李太白集三十卷 李白 康熙五十六年繆曰芑刊本六册

李翰林别集十卷 前人 刊本一册

岑嘉州詩集八卷 岑參 日本冰玉堂刊本四册

杜工部集二十卷 杜甫 芸葉盦刊五家評本十册

杜詩闡卅三卷 盧元昌 康熙刊本八册

杜詩詳注三十一卷 前人 仇兆鰲 康熙三十二年刊本十四册

杜詩說十二卷 前人 黃生 康熙丙子刊本四册 批校本

歲寒堂讀杜二十卷 范輦雲 [illegible]年刊本八册

陸宣公集二十二卷 陸贄 康熙六十一年 年氏刊本六册

李長吉集四卷 李賀 雍正九年金惟驌刊黃陶菴評本 明嘉靖刊本[illegible]八册 附二家序

李長吉集四卷 前人 光緒間番禺葉氏寫刊本二册 一册

會昌一品集二十卷 別集十卷 外集四卷 補遺一卷 李德裕

光緒間重雕宋本六册 明萬曆間刊本八册

李義山文集箋注十卷 徐樹穀 康熙年刊本二册

白香山詩集二十卷 後集十七卷 別集一卷 補遺二卷

白居易　康熙壬午一隅草堂刊本十册

韓昌黎集四十卷遺文一卷外集十卷　韓愈　明東雅堂刊本十六册

韓文考異四十卷　宋人　朱子考異　明朱之蕃刊本

韓文公文抄十六卷　宋人　批校本　八册　李卓吾評選　閔刊朱墨本

韓筆酌蠡三十卷　宋人　雍正八年程崟刊本十二册

韓子文抄十卷　林明倫　乾隆戊子刊本四册

昌黎詩注十一卷　顧嗣立注　刊本八册

讀韓紀疑十卷　王元啟　刊本二册

孟東野詩集四卷　孟郊　明刊本四册

柳河東先生全集四十五卷外集二卷　柳宗元　明[illegible]　郭雲鵬刊本廿四册

東山少藏

8

古越藏書樓藏書　又刊本十六冊（鍇）

柳柳州文鈔七卷　前人茅坤評選　同刊朱墨本七冊

韋蘇州集十卷　韋應物　項刻本六冊　閔刻朱墨本二冊

樊川文集二十卷　外集一卷　別集一卷　杜牧　光緒間景蘇園重雕宋本四冊

劉隨州詩集十二卷　劉長卿（鍇）　萬曆間說以齡刊本二冊

李習之先生文讀十卷　李習之　宮澍然梓　同治十年刊本四冊

經緯集十卷　孫之　明嘉靖十二年秀水孫羅祖刊本一冊

笠澤叢書四卷　補遺一卷　陸龜蒙　刊本二冊

讒書五卷　羅隱　拜經樓刊本一冊

8

元氏長慶集六十卷 元稹 明刊本十二册 録

韓文故十三卷 首一卷 高澍然 道光丙申刊本十册

李義山詩箋注十六卷 徐樹穀 刊本八册 録

駱臨海集十卷 首一卷 末一卷 陳熙晉[illegible] 咸豐三年刊本四册

劉賓客集三十卷 外集十卷 劉禹錫 撰 本六册

黄氏補注杜詩二十五卷 黄鶴 明嘉靖注補翻宋本

謝疊山集十五卷 謝[illegible]卿 嘉慶間謝氏裔孫重刊本

民本二册

楊文公集十卷 楊億輯 嘉慶十一年朱璋刊本六册

杜詩說二十卷 陳式 康熙甲子刊八册

東山莊藏

九一六一九九一　一〇九　九八九　一〇七　一〇〇五　九七七一

別集類

徐公文集三十卷 徐鉉 抄本八冊

傳家集八十卷 司馬光 萬曆丁亥刊本十二冊

范文正公集四十八卷 范仲淹 康熙間刊本十冊

范忠宣公集二十卷 范純仁 仝上刊本四冊

周元公集十卷附遺芳集五卷 周敦頤 雍正間刊本六冊

石徂徠集二十卷 石介 康熙五十六年丁諒思刊本六冊

林和靖先生詩集四卷附省心錄一卷 林逋 康熙戊子吳調元刊本四冊

西塘文集九卷 鄭俠 光緒甲申云喜堂校刊本四冊

東山抄藏

嵩山景迂生集二十卷 晁説之 附重編楚辭八卷 晁補之
道光間晁氏待學樓刊本十册
歐陽文忠全集百五十三卷附錄三卷 歐陽修 嘉慶二十四年歐陽衡
重刊本二十四册 明天順刊本六十册
歐陽文忠公文鈔十卷 宋人 茅坤評選 閔氏刊朱
墨本五册
東坡全集百十五卷 蘇軾 明刊本二十四册
蘇文忠公詩合注五十卷 宋人 馮應榴注 乾隆癸丑刊
本十六册
蘇文忠公詩集五十卷 宋人 紀昀評點 道光十四年
盧坤刊朱墨本二十四册
蘇文忠公詩編注集成百零五卷 宋人 王文誥輯
附刻本二十四册

蘇文奇賞五十卷 陳仁錫選輯 明刊本十册（鋪）

蘇文忠公文選六卷 茅坤選輯 閔氏刊朱墨本十二册

欒城集五十卷 蘇轍 舊鈔本 有後集二十四卷三集十卷應詔集十二卷 十二册

明清夢軒刊本二十四册

秦淮海集四十卷後集六卷長短句三卷詩餘一卷

秦觀 徐文長評 明刊本十册

臨川文集百卷 王安石 萬曆四十年李光祚刊本十六册 又刊本二十册

元豐類藳五十卷 曾鞏 明刊本十六册 又康熙二庚

黃山谷詩全集五十八卷 黃庭堅 宋刊本六册 翁方綱輯 乾隆乙酉 謝啟昆刊本二十册

張橫浦集二十卷 張九成 萬曆乙卯方士騏刊本五册

東山抄藏

楊文靖全集四十二卷 楊时 刊本十冊 萬曆十八年刊本

宗忠簡集八卷 宗澤 十冊 刊本六冊

梁溪全集百八十卷 李綱 刊本三十二冊

李忠定集選二十九卷 奏議十五卷 宋人 左光先選輯 明刊本十六冊

胡澹庵先生文集三十二卷 胡銓 乾隆二十二年刊本十二冊

韋齋集十二卷 朱松 附玉瀾集一卷 朱槔 康熙戊子刊本二冊

屏山全集二十卷 劉子翬 道光丁酉刊本六冊

朱子大全集一百卷 朱熹 刊本三十六冊

龍川文集三十卷 陳亮 明崇禎間呂州刊本十六冊

龍川文集三十卷附錄三卷 前人 鄂局本十册（鋪）

張宣公全集四十四卷附論語解十卷孟子說七卷 張栻

咸豐四年刊本十六册

劍南詩鈔不分卷 陸游 楊大鶴選 刊本八册（鋪）

黄文肅文集四十卷 黄幹 康熙四十三年刊本十册

水心文集二十九卷 葉適 乾隆二十年刊本八册

水心別集十六卷 前人 刊本四册

薛值語集三十五卷 薛瑄 刊本六册

象山全集三十六卷附[illegible] 陸九淵 廿二册 同治局刊 明刊本十五

東山抄藏

稼軒集抄存四卷雜錄詩一卷詞四卷 辛棄疾 嘉慶間刊本六冊

鄒道鄉集四十卷補遺一卷附錄一卷 鄒浩 咸豐十年刊本八冊

鶴山文抄三十二卷周禮折衷四卷師友雅言二卷 魏了翁 望三益刊本十二冊

本堂先生文集九十四卷佚詩二卷佚文二卷 陳著 刊本十二冊

燭湖集二十卷附二卷 孫應時 嘉慶癸亥刊本六冊

宋王忠文公集五十卷 王十朋 雍正六年刊本九冊

瓊琯白真人文集十四卷 葛長庚 萬曆甲午刊本十冊

陵陽先生集二十四卷 牟巘 鈔本四冊

文山先生文集十六卷 文天祥 [illegible]應同刊本十六册

疊山文集六卷 謝枋得 雍正十二年刊本四册

晞髮集十卷遺集二卷附天地間集冬青引注登西臺

慟哭記 謝翱 康熙間刊本四册

鄭所南心史七卷 鄭思肖 崇禎己卯張國維刊本四册

四明文獻集八卷附補遺三卷年譜一卷 王應麟 印本四册 道光九年排印本八册

金仁山先生文集四卷 金履祥 四册 雍正乙巳金張翻刊本

斷腸詩集十卷附詞一卷詩後集七卷 朱淑真 鄭元佐注

鈔本五册

東山[illegible]藏

蘇學士集十六卷 蘇舜欽 康熙戊子徐惇復刊本二册

鄧州小集六卷附鄧州遺文 羅願 康熙間校刊本 原刊本二册

一册 有沈君青印 朱圖書記

蘇老泉集十三卷 蘇洵 明嘉靖刊本 [illegible] 十五卷本六册

有吳蓉裳補鈔朱墨本小册

姜白石集九卷 姜夔 知不足齋刊本四册 康熙卅七年吴郡陳氏刊本四册

栟櫚先生集二十五卷 鄧肅 影明正德鈔本六册

~~忠愍公詩集 三卷 寇準 康熙刊本二册~~

盤洲文集八十卷 洪适 抄本十二册

漫塘文集三十六卷 劉宰 明刊本十二册

洺水集二十六卷 程珌 鈔本六册

九五〇—一〇〇一
一〇〇九

一 宁齋四六叢話九卷 [illegible][illegible] 鈔本四冊

劍南詩稿八十五卷 渭南文集五十卷 逸稿二卷 附家世舊聞一卷 齋居紀事一卷 南唐書十八卷 陸游 汲古閣刊本四十八冊

小畜集三十卷 外集七卷 王禹偁 乾隆間趙氏鄭宅刊本十冊

釣磯詩集四卷 邱葵 刊本二冊

盱江先生全集三十七卷 外集三卷 附年譜 李覯 康熙刊本五冊

溪堂集十卷 謝逸 鈔本五冊

箋釋梅亭先生四六標準 李劉 明孫雲翼箋 明刊

東山抄藏

别集類 金元

元遺山先生文集四十卷 元好問 康熙四十六年華希閔刊本十二册

劉靜脩先生集詩詞六卷文六卷拾遺七卷 劉因 元刊本六册

松雪齋集十卷外集一卷行狀一卷 趙孟頫 清德毛刊本六册

陳定宇先生文集十六卷别集一卷 陳櫟 康熙年刊本六册

白雲集五卷 許謙 鈔本二册

道園學古録五十卷 虞集 明刊本十六册

師山文集八卷遺文五卷附録一卷濟美録四卷 鄭玉

明刊本六册

巴西文集不分卷 鄧文原 鈔本二册

九靈山房集三十卷附年譜補編 戴良 乾隆辛卯刊本十六册

張光弼詩集二卷 張昱 鈔本二册 (鍇)

李雲陽集四卷 李祁 康熙三十八年刊本一册

所安遺集一卷 陳泰 刊本一册

~~傅與礪詩集八卷文集十一卷附錄一卷 傅若金 刊本四册~~

木訥齋文集五卷 王毅 刊本二册

環谷集八卷 汪克寬 康熙四十八年刊本二册

余忠宣集五卷 余闕 道光元年刊本二册

生竹齋詩集四卷 王冕 嘉慶○年刊本一冊
危太僕文集十卷詩集二卷續集十卷附錄一卷 危素 嘉業
堂刊本六冊
附錄一卷
栲栳山人詩集一卷 岑安卿 刊本二冊
聞過齋集八卷 吳海 嘉業堂刊本二冊
淵穎集十二卷附錄一卷 吳萊 嘉靖間祝鑾刊本四冊
柳待制文集二十卷 柳貫 吳梅村圖記 順治十一年刊本八冊 用影
水雲村吟稿十二卷 劉壎 鈔之刊本殘 通之刊本四冊

東山抄藏

義山鈔藁

别集類　明

御製文集二十卷　高皇帝　嘉靖十四年刊本十册

鐵崖詩集注三種　楊維楨　光緒戊子諸暨楊氏刊本八册

樂府注十卷　咏史詩注八卷　逸編注八卷

宋學士全集三十二卷附録一卷　宋濂　正德間韓淓陽堂集刊本二十四册

王忠文公集二十四卷附録二卷　王褘　康熙三十年刊本八册　嚴録橋舊藏

天台林公輔先生文集不分卷　林右　鈔本二册　查初白舊藏

朱楓林集十卷　朱升　萬曆四十四年刊本六册

覆瓿稿八卷　朱同　萬曆丙辰刊本一册

東山艸藏

8

考古先生遺集六卷 趙撝謙 乾隆癸巳刊本二冊

東山存稿七卷附錄一卷 趙汸 康熙間刊本四冊

青邱詩集十八卷補遺詩餘附錄各一卷 高啓 金檀輯注刊本十二冊

遜志齋集二十四卷 方孝孺 同治間刊本十六冊 道光壬午刊本十六冊

練中丞金川集二卷附遺事錄 練子寧 道光間刊本二冊

天遊集十卷 王達 道光間刊本四冊

解文毅公集十六卷附錄一卷 解縉 乾隆間刊本六冊

貝清江全集四十卷 貝瓊 乾隆間刊本十六冊

薛文清文集二十四卷 薛瑄 雍正間刊本十二冊

兩谿文集二十四卷 劉球 刊本六册

韓忠定公集四卷 韓文 乾隆间刊本四册

于忠肅集十二卷附録三卷 于謙 天啓元年刊本 十四册 又丁氏刊本六册

懷麓堂集百十卷 李東陽 康熙二十年刊本二十册

康對山全集四十五卷 康海 康熙五十一年刊本十二册

鄭少谷全集二十四卷 鄭善夫 道光四年刊本六册

石淙詩稿十九卷 楊一清 明刊本十册 會稽世學樓鈕氏舊藏

升菴文集八十一卷 楊慎 萬曆十年刊本十六册

楊斛山先生全集四卷 楊繼盛 康熙戊寅重鐫刊本 二册

蕭山鈔藏

沈青霞集十六卷 沈鍊 乾隆十九年宣化刊本四冊

鈐山堂集四十卷 嚴嵩 嘉慶年刊本十冊

荊川文集十八卷 唐順之 康熙五十一年唐執玉刊本八冊 又江蘇局本十冊

王遵巖文集四十二卷 王慎中 康熙辛卯李光墺刊本二十四冊

王遵巖集選十卷 張汝瑚選評 康熙辛卯刊本十冊

震川大全集五十六卷附錄一卷 歸有光 嘉慶四年刊本二十冊

震川先生全集三十卷別集十卷 前人 康熙年刊本十冊（鉛）

震川集選十卷 張汝瑚選評 康熙年刊本六冊

王文成全書三十八卷 王守仁 明隆慶間謝廷傑編刊本十六冊 又浙局本二十三冊（鉛）

王文成公文錄五卷外集九卷別集三卷附傳習錄傳習續錄 前人 萬曆癸巳黟中刊本十四册

陽明先生集要十五卷 施邦曜編 崇禎向刊本十册

王陽明先生全集二十卷 俞嶙編 康熙向刊本十六册

陳白沙文集十卷附錄一卷古詩教解二卷 陳獻章 乾隆辛卯年刊本十册

弇州山人四部藁百七十四卷別集一百卷 續稿二百七卷 王世貞 世經堂刊本四十四册

何大復集三十八卷 何景明 咸豐壬子刊本八册

雅宜山人集十卷 王寵 嘉靖向刊本八册

未龕饭集二十九卷 邵侗 刊本十二冊

竹巖集十八卷 柯潛 康熙間刊本四冊

竹澗文集八卷奏議四卷 潘希曾 嘉靖辛丑刊本四冊

陳后岡文集無卷數 陳束 明萬曆間刊本四冊

滄溟先生集三十卷 李攀龍 道光間刊本八冊

周訥谿全集二十八卷 周怡 道光間刊本十冊

謙齋文錄八卷 徐溥 道光間刊本四冊

茅鹿門先生文集三十六卷 茅坤 明刊本十二冊

徐文長集三十卷 徐渭 萬曆間刊本十冊

徐文長先生逸稿廿四卷 徐渭 明刊本八冊

古城文集六卷 張吉 康熙間刊本四冊

荷亭文集十卷 盧格 明刊本二冊

韓苑洛全集二十二卷 韓邦奇 道光間刊本十冊

韓五泉詩集四卷 朝邑縣志二卷 附韓安人遺詩一卷

附錄一卷 韓邦靖 刊本三冊

宋布衣集二卷 宋登春 乾隆間刊本三冊

周恭肅集十六卷 周用 明刊本六冊

趙文肅集二十三卷 趙貞吉 刊本十二冊

世經堂集二十六卷 徐階 明刊本二十冊

東山抄藏

王文恪公集三十六卷坿鷗音白社詩草 王鏊 照刊本八冊
陳雲山集十三卷 陳察 陳琴溪集八卷 陳察 明刊本
二十四冊
陳恭介公文集十二卷 陳有年 萬曆壬寅刊本五冊
張文忠公全集四十卷 張居正 刊本十六冊
山海漫談五卷 任環 道光向刊本四冊
丘瓊臺集三十卷 丘濬 道光三年刊本十六冊
止止堂集五卷 戚繼光 原刊本四冊
賜餘堂集十四卷 吳中行 乾隆向刊本八冊
賜飴堂集十卷 錢士升 乾隆四年刊本四冊
松石齋詩集六卷文集二十五卷奏疏五卷坿遼事疏

一卷　趙用賢　光緒間刊本十冊　明刊本卅存十冊

亦玉堂稿十卷　沈鯉　康熙間刊本四冊

郊居遺稿十卷　沈懋學　萬曆間刊本六冊

賜閒堂集四十卷　申時行　萬曆間刊本二十冊

王文端公奏疏四卷尺牘八卷　王家屏　明刊本十二冊

蠛蠓集五卷　盧柟　明刊本五冊

六如居士全集二十卷　唐寅　嘉慶六年刊本六冊

博望山人稿十七卷　曹履吉　崇禎間刊本十冊

由拳集二十三卷　屠隆　萬曆八年刊本八冊

東山少藏

白榆集二十八卷 鄞人 明刊本鈔配九冊

靡梅軒集十二卷 鄧邦壽 萬曆刊本五冊

綉玉樓集十卷 前人 明刊本四冊

玉龍谿集二十二卷 王識 光緒間刊本十二冊

玉心齋全集十一卷 王貝 排印本六冊

顧文康公詩草六卷（文存十卷）續稿六卷三集四卷 頌臣 乾隆間刊本四冊（三十冊 辛 續稿文三卷 集四冊）

潛學稿十八卷 鄧元錫 乾隆間刊本六冊

占星堂集十六卷 唐文獻 道光間刊本八冊

歇菴集十六卷 陶望齡 萬曆辛亥刊本八冊

朱文懿公文集十二卷 朱賡 康熙間刊本八冊

王文肅公文草十四卷 王錫爵 萬曆間刊本十冊

王文肅公牘草十八卷 前人 仝上刊本十冊

喻鳴文集二十一卷 倪一燮 明刊本十冊

蒼霞草十二卷 葉向高 萬曆間刊本十四冊 1200

馮用韞先生書牘四卷 馮琦 乾隆三年積鑒刊本二冊

李溫陵集二十卷 李贄 明刊本六冊 600

馮恭定公全書二十二卷續編四卷 馮從吾 康熙間刊本十八冊 808

願學集八卷 鄒元標 刊本七冊

顧端文公遺書六十二卷附年譜 顧憲成 刊本十四册

仰節堂集十四卷 曹于汴 刊本八册

峚陽全集三十六卷 鄭鄤 活字版本八册

謀野集四卷 王穉登 萬曆间刊本四册

月鹿堂集八卷 張師繹 道光间刊本四册

王太史遺稿十卷 王邵 康熙间刊本二册

方孩未先生集十六卷 方震孺 同治间刊本六册

盧忠烈公集十二卷 盧象昇 刊本十册

熊襄愍集十卷 熊廷弼 刊本十册

500 200 100 100

熊襄愍尺牘四卷　前人　刊本四冊

萬忠貞公遺集三卷　萬燝　道光間刊本二冊

楊忠烈公文集三卷　楊漣　康熙元年楊苞刊本七冊

高子遺書十二卷附錄一卷　高攀龍　清雍正刊本八冊　（刊本廿冊〔錯〕）

繆文貞公文集二卷　繆昌期　乾隆間刊本一冊

忠介燼餘集三卷　周順昌　乾隆間彭定求刊本一冊

七錄齋集六卷　張溥　明刊本四冊

隱秀軒集三十二卷　鍾惺　天啟間刊本十二冊

譚友夏全集二十八卷　譚元春　附音岳詩艸一卷　張澤

東山抄藏

明刊本十册
新兩城集二十卷 新學顏 明刊本八册
居業初編四卷 次編五卷 孫鐸 家曆 向刊本九册
三易集二十卷 唐時升 謝三賓刊本六册
松圓浪淘集十八卷 偈庵集二卷 程嘉燧 六册 仝上刊本
檀園集十二卷 李流芳 仝上刊本六册
學古緒言二十五卷 婁堅 仝上刊本八册
石臼前集九卷 後集七卷 邢昉 刊本六册
徐文學石集六卷 卷首二卷 徐光理 排印本四册 又四卷本一册 墨蹟一册

兼山鈔藏

蔡液濱文集十卷語錄二十卷 蔡霦 刊本四冊

孫忠靖公遺集八卷附一卷 孫傳庭 咸豐間刊本八冊

孫文正公全集二十卷 孫承宗 嘉慶間刊本十二冊

鹿忠節公集二十一卷 鹿善繼 刊本六冊

鴻寶應本十七卷 倪元璐 明崇禎間補刊本十二冊

金忠潔公集二卷 金鉉 閒止集六卷 金敞 刊本五冊

劉文烈公全集十二卷 劉理順 康熙年刊本十二冊

周文忠公集七卷附錄一卷 周鳳翔 嘉慶間刊本二冊

史文忠正公集四卷附錄一卷 史可法 乾隆五十三年高孫向純刊本二冊

東山抄藏

賀文忠遺集四卷附一卷　賀逢聖　刊本六冊

瑶光閣集十二卷　黃端伯　乾隆間刊本二冊

賜誠堂文集十四卷　危紹卓　刊本二冊

黃陶菴集二十二卷　黃淳耀　刊本八冊

金忠節公文集八卷　金聲　刊本四冊

江止庵遺集八卷　江天一　刊本八冊

樓山堂文集二十七卷附熹廟忠節死臣列傳一卷兩朝剝復録六卷留都見聞録二卷年譜一卷遺事一卷

吳應箕　刊本十二冊

陳忠裕公全集三十卷附一卷 陳子龍 嘉慶間刊本十册

夏節愍全集十卷補遺二卷 夏完淳 刊本二册

黃漳浦集五十卷附年譜二卷 黃道周 道光間刊本十二册

黃子文錄六十六卷 前人 洪思編 鈔本八册

黃石齋五七言律詩卅無卷數 前人 刊本二册

劉蕺山先生遺集二十四卷附年譜二卷 劉宗周 道光間證人堂刊本十四册

劉子全書四十卷 前人 董瑒編 道光甲申刊本二十四册

劉子全書遺編二十四卷 前人 沈復燦編 刊本六册

東山抄藏

祁忠惠公遺集十卷 祁彪佳 附錦囊集 商景蘭 紫芝軒

逸稿 祁班孫 東樊稿 祁德瓊 道光十五年刊本四冊

祝子遺書四卷附錄一卷 祝淵 陳確編 鈔本四冊

瞿忠宣公集十卷 瞿式耜 道光間刊本四冊

張忠敏公集十卷附錄六卷 張國維 刊本六冊

奇零草一卷 張煌言 鈔本二冊

姜敬亭集十卷 姜埰 原本六冊

卬山文鈔二卷詩鈔一卷 沈泳 附蘖庵集一卷 [illegible]

同治間刊本一冊

詩集十卷

嶧桐集十卷 劉城 刊本八册

湘中草六卷 湯傳楹 康熙間刊本三册

休那遺稿十二卷附詩集一卷 貨殖傳評一卷 外集三卷 姚康 刊本十二册 太白劍二册

陶菴遺稿三卷 劇記二卷 續稿一卷 歸子慕 排印本

舜水遺書二十八卷附錄一卷 朱之瑜 排印本十二册 一册

求懷堂集一卷 宋樞 刊本一册

凝齋集九卷別集二卷 王鳴鏘 嘉靖丙申刊本八册 1000

青黎館集四卷 周如砥 萬曆間刊本四册 600

東山抄藏

澹寧齋集八卷 楊守勤 天啟刊本四册

穀城山館文集二十四卷 于慎行 萬曆間刊本二十四册

直廬稿十卷 嚴嵩 鈔本四册

五嶽山人集三十八卷 黄省曾 明刊本十二册

秋水庵花影集五卷 施紹莘 明刊本四册

范文忠公集十卷 范景文 畿輔叢書本四册

刻點堂集十〇卷 李春芳 明刊本十四册

鹿裘石室集二十五卷 梅鼎祚 明刊本四册

藏密齋集二十四卷 敦大中 明崇禎刊本八册

青霞集八卷 袁一千卿 明刊本四册
快雪堂集六十四卷 馮夢禎 明萬曆四十四年刊本八册
王季重先生文集十二卷 王思任 崇禎間刊本十册
澹園集四十九卷 焦竑 萬曆刊本八册（錄）
趙忠毅公集二十二卷 趙南星 崇禎刊本六册
倪文正公詩集二卷 倪元璐 不分本一册
無欲齋詩鈔四卷 龐呈繼 鈔本一册
夏桂洲文集 卷 夏言 萬曆刊本十二册
高忠憲公詩集八卷 高攀龍 崇禎間刊本一册
馮宗伯集八十一卷 馮琦 萬曆己亥刊本二十册

東山鈔藏

念祖堂集三十卷 王材 乾隆三十八年刊本十册

吴忠節公集四卷 吴麟徵 咸豐元年刊本二册

張仲雅文集二卷 張大鏞 抄本二册

李忠肅公集六卷 李邦華 乾隆間活字本六册

周忠毅公奏議六卷 周宗建 嘉慶間刊本二册

倪真年四十五種 龐繼善 抄本二十册

大同寓文集不分卷 李呈祥 清初寫刊本六册

許文穆公集六卷 許國 明刊本六册

吴文恪公集三十二卷 續集六卷 吴道南 萬歷（天啓）刊本二十册

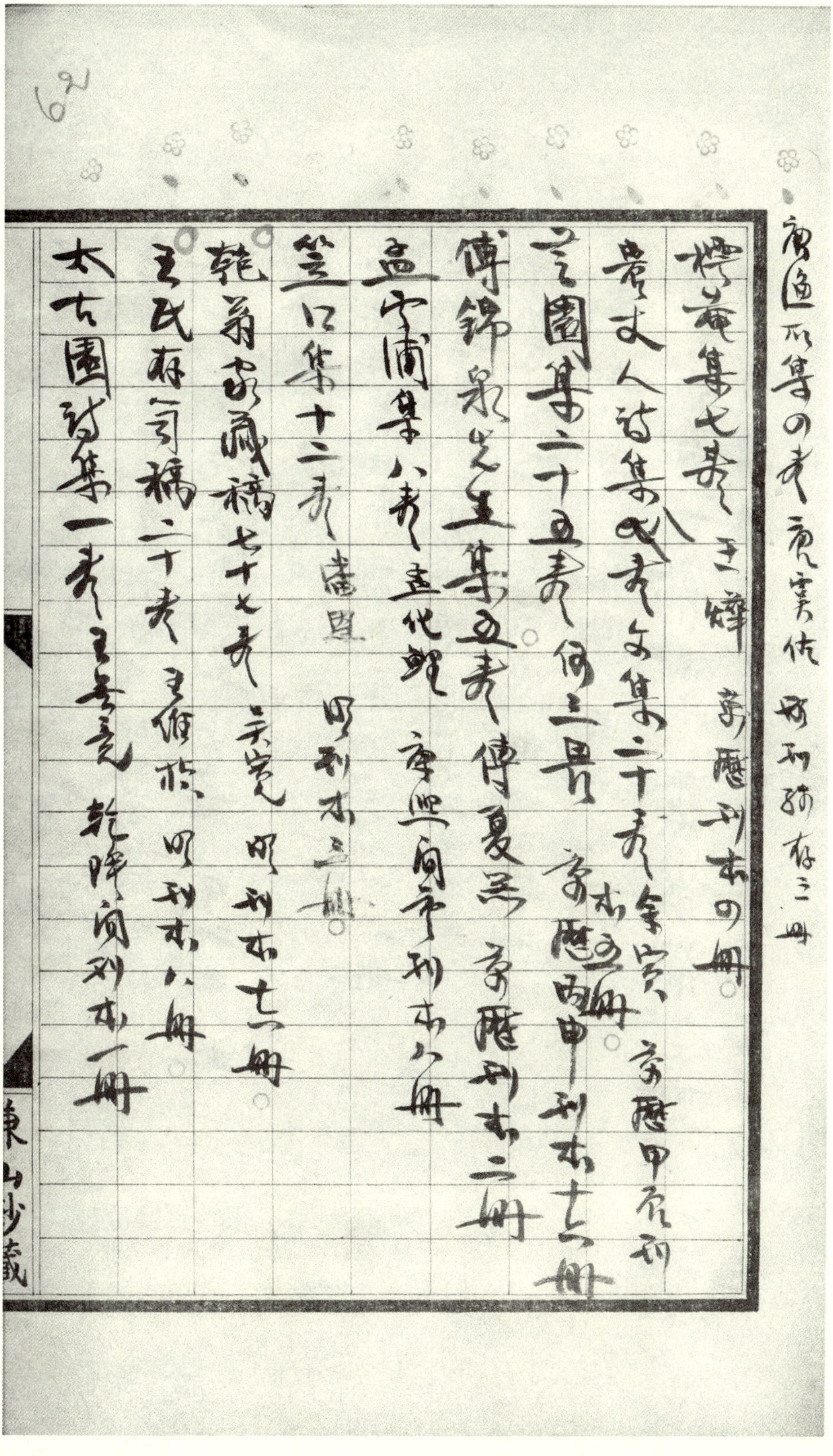
廣漁所集の表　廣實佐　所刊諸存二冊

櫻庵集七卷　王鐸　萬曆刊本四冊

愚丈人詩集八卷文集二十卷　余寅　萬曆甲辰刊本五冊

芝園集二十五卷　何三畏　萬曆丙申刊本十六冊

傅錦泉先生集五卷　傅夏器　萬曆刊本二冊

孟宗浦集八卷　孟化鯉　康熙間刊本六冊

笠江集十二卷　聶豹　明刊本二冊

匏翁家藏稿七十七卷　吳寬　明刊本十六冊

王氏存笥稿二十卷　王維楨　明刊本八冊

太古園詩集一卷　王嘉言　乾隆間刊本一冊

東山抄藏

類博稿十卷附錄二卷　岳正　抄本一冊
篁墩集九十三卷　程敏政　明刊本十冊
楓山先生集九卷附二卷　章懋　明刊本八冊
蘇門集八卷　高叔嗣　刊本二冊
郭鯤溟集四卷　郭諫臣　隆慶刊本二冊
比丘寺集十六卷　呂鏜　隆慶刊本四冊
袁永之集二十卷　袁袠　明刊本六冊
陳后岡詩集二卷　陳束集　刊本二冊
高文襄全集二十五卷　高拱　明萬曆刊本廿二冊

別集類　清

問山文集八卷詩集十卷　丁煒　咸豐甲寅刊本四冊

蕉雨山房詩鈔八卷集唐五卷附詩餘一卷　丁芝臣　光緒辛巳刊本六冊

用六集十二卷　丁晏　道光癸卯刊本六冊

醫庄文集六卷　卜慈之　光緒六年刊本一冊

丁刁卜

東山抄藏

于 孔

清遠文鈔十二卷 于振 道光十九年刻本四册

一粟廬詩一集四卷二稿四卷 鐙窗瑣話八卷 柳隱叢談四卷 于源 道光乙巳至庚戌刻本五册

聊園詩略十卷文無卷數 孔貞瑄 康熙間刻本三册

續古宮詞一卷 孔尚任 康熙二十四年刻本一册

刻于不息齋詩集一卷 孔昭焜 刻本一册

韓獨文三家四卷 孔憲彝 刊本一册

句二三齋詩集一卷 孔廣牧 木活字印本一册

兆鄰山人詩稿九卷文稿二卷駢文八卷坿尚書聽記三卷

尹恭保 刊本二十四册

健餘先生文集十卷 尹會一 乾隆七年刊二册

浮山文集前編三卷 方爾止 鈔本一册 （明遺民）

汗青閣文集二卷 方中履 刊本二册

尹 方

東山少藏

望溪集不分卷 方苞 乾隆十一年程崟刊本十四册

望溪先生全集三十卷年譜二卷 前人 咸豐元年戴鈞衡刊本十六册

集虛齋學古文十二卷 方楘如 許點本 乾隆甲戌刊本四册

虛白室文鈔二卷詩鈔十卷 方昌翰 光緒丁亥刊本三册

儀衛軒文集十二卷外集一卷年譜一卷 方東樹 刊本四册

鳴濛室詩鈔五卷文集不分卷文二集二卷 方宅潤[illegible] 光緒庚戌刊本六册

健松齋集二十四卷 方象瑛 刊本六册

望溪先生集補遺一卷 程崟田輯 鈔[illegible]一册

100

安序堂文鈔三十卷 毛際可 康熙戊辰刊本六册

味爽文稿十六卷 毛燧傳 嘉慶辛未刊本八册

休復居文集六卷附一卷詩集六卷 毛嶽生 道光甲辰刊本八册

紅藥壇集十二卷附刻詞一卷雙蝶夢二卷 王鑨 順治癸巳刊本七册

養素堂文集八卷附王大司農年譜一卷 王際華 嘉慶乙亥刊本十册

東山[illegible]藏

五公山人集十六卷 王余佑 康熙乙亥刊本八册

王崑繩文集不分卷 王源 刊本二册

居業堂集二十卷 前人 道光辛卯刊本六册

四照堂集五卷 王猷定 康熙间刊本四册

獨善堂文集八卷 王士佳 鈔本四册

曉庵先生遺集五卷 王錫闡 道光元年刊本四册

霞舉堂集卅五卷 王晫 康熙间刻本十册

墻東雜鈔不分卷 王晫 康熙间刊本四册

蘭雪堂詩稿無卷數 王彥公 康熙壬申刊本四册

遺安堂詩集四卷 王連瑛 康熙丙申刊本一册

弇山詩鈔二十三卷附錄二卷 王霖 道光間刊本八冊

旭華堂文集十四卷補遺一卷 王興吾 乾隆丁卯刊本六冊

王文靖公集二十四卷附年譜一卷碑傳一卷 王熙 康熙四十六年刊本十冊

家藏草 王國均 同治元年刊一冊

橫雲山人集三十七卷 臨言集五卷 王鴻緒 康熙間刊本十六冊

漁洋山人精華錄十卷 王士禛 林佶寫刻本四冊

精華錄訓纂十卷年譜二卷 惠棟 紅豆齋刊本十二冊

精華錄箋注十二卷 金榮 家刊本六冊

帶經堂集九十二卷 王士禛 康熙間刊本二十四冊

蓼村集四卷 王苹 刊本一冊

王

東山鈔藏

己山先生文集十卷 王步青 乾隆壬申刊本四冊
柳南文鈔六卷詩鈔十卷 王應奎 刊本四冊
青虛山房集十一卷 王太岳 光緒癸巳康氏重刊本六冊
崇德堂稿八卷 王植 刊本八冊
夢樓詩集二十四卷 王文治 道光二十九年刊本六冊
春融堂文集六十八卷 王昶 嘉慶丁卯刊本二十冊
悔生文鈔八卷詩鈔六卷 王灼 刊本四冊
寶眉齋自喜集四卷 王閏 道光二十八年刊本一冊
龍壁山房文集五卷 王拯 光緒癸未善化向氏刊本二冊

王香峯先生文集一卷 王遜升 道光丁未刊本一册

空桐子詩艸十卷 王照 道光九年刊本二册

晚聞居士遺集九卷 王崇炎 道光十一年刊本四册

北溪詩集二十卷文集二卷 王元文 嘉慶壬申刊本六册

惕甫未定稿十六卷 王芑孫 嘉慶甲子刊本四册

秋膝書屋文鈔二卷詩鈔七卷 王斯年 嘉慶壬申 刊本二册

王葦民遺稿一卷 王廷佐 嘉慶十二年刊本一册

清白堂存稿十六卷 王希伊 嘉慶 刊本四册

毋自欺室文集十卷 王炳燮 光緒庚辰刊本四册

王

兼山鈔藏

伊蒿室文集六卷 王效成 咸豐五年刊本二册

觀邕集十六卷 王澤 咸豐四年刊本二册

伊園文鈔四卷 王景賢 同治甲戌刊本二册

璧舟園初稿一卷次稿一卷 王堙 刊本二册

許鄭學廬存稿八卷 王紹蘭 原印本五册

綠雪堂遺集二十卷 王衍梅 刊本四册

山隱山樵文存二卷 王義祖 光緒庚子刊本一册

歲寒堂文稿六卷續刻二卷 王德森 刊本二册

王文貞公集十卷別集四卷附制義 王祖畬 刊本六册

襄生園初稿四卷續稿三卷　王大經　刊本六册

王文敏公遺集八卷　王懿榮　求恩齋刊本二册

也儂遺稿四卷　王慶雲　刊本四册

平養堂文集十卷　王龍文　刊本六册

銅梁山人詩集二十五卷詞四卷　王汝璧　刊本五册

弢園尺牘十二卷　王韜　排印本四册

適安廬詩鈔二卷　王世新　光緒乙未刊本二册

柔橋文稿十六卷　王棻　排印本八册

函雅堂集四十卷　王詠霓　刊本十册

王孝子聽桐廬殘草一卷 王繼穀 刊本一冊

緑雅堂駢體文八卷 王詒壽 光緒六年刊本二冊

西島山房殘草一卷 王星誠 刊本一冊

虛受堂文集十六卷 王先謙 刊本八冊

試畯堂文鈔一卷 王蘇 刊本一冊

陶廬文集七卷 王樹枏 刊本二冊

鈍盦編文二卷 王有年 康熙間刊本一冊

樂山集不分卷 王霖 嘉慶間刊本一冊

螾廬未定稿三卷 王季烈 石印二冊

市隱書屋文稿十一卷 詩稿五卷 卮言二卷 范樹滋 咸豐十一年刊本四冊

俞俞齋文稿四卷 詩稿二卷 朱昆祖 光緒庚寅刊 六冊

念宛齋文稿八卷 方輔 嘉慶二十三年刊本四冊

慎盦詩文鈔四卷 方宗植 刊本四冊

眉阜館稿一卷 方宗棠 刊本一冊

獨學廬初稿十三卷 二稿九卷 石韞玉 乾嘉間刊本八冊

清壽堂詩集九卷 文集七卷 王鈞 乾隆六十年抄本 三冊

元古石史

東山抄藏

平田

耕煙草堂詩鈔一卷 平疇 刊本一冊

樵隱昔寱二十卷 平步青 刊本六冊

安越堂外集十卷 前人 刊本六冊

越吟殘草一卷 前人 抄本一冊

古歡堂集二十二卷附長河志籍考十卷年譜二卷 田雯 康熙

間刊本六冊

田撰異遺文 不分卷 田曾 刊本一冊

蕭山鈔藏

3

聰山集文三卷詩六卷剞劂小語進語各一卷年譜附

賢錄 申函光 康熙刊本六冊

紫溪襍著不分卷 丘宗聖 刊本四冊

鳴鶴堂文十卷詩十一卷 任源祥 刊本六冊

直木齋集十三卷 任繩隗 刊本三冊

敬事初仍二卷 任玥 康熙間刊本一冊 ○

清芬樓遺稿四卷 任堅遲 刊本二冊

有竹居集十六卷 任兆麟 道光間刊本六冊 ○

申任吉

東山抄藏

任午橋存稿三卷 任朝楨 刊本一册

知止齋遺編三卷外編一卷 任重光 刊本四册

仲漁詩草二卷 任錫純 光緒戊戌刊一册

研經堂詩集十三卷文集三卷 黄夢熊 刊本四册

含薰室詩集二卷文集五卷 黄鍾駿 同治丁卯刊本一册

8

廣英堂遺稿一卷　包慎言　同治己巳劉壽曾刊本一册

紀城文稿四卷詩稿四卷玉磑集四卷　安致遠　刊本六册

愚庵小集十五卷　朱鶴齡　康熙辛亥刊本四册

曝書亭集八十卷附録一卷漁留小稿十卷　朱彝尊　重刊本十二册　原刊本十二册

杜谿先生集十卷附二卷　朱書　鈔本六册　刊本四册

包　安　朱

東山鈔藏

朱止泉文集八卷 朱澤澐 乾隆四年刊本二册

笥河文集十六卷詩集二十卷 朱筠 嘉慶乙亥刊本十二册

知足齋文集六卷進呈文二卷詩集二十卷詩續集四卷 朱珪 刊本十四册

梅崖居士集三十八卷外集二卷 朱仕琇 乾隆戊戌刊本八册

鐵簫庵文集四卷 朱春生 附獨笑軒文稿 嘉晟 道光間刊本四册

小雲廬晚學文藁八卷 朱壬林 咸豐七年刊本二册

小萬卷齋集七十二卷 朱珔 刊本二十四册

遊道堂集四卷 朱彬 道光二年刊本四册

古惟齋文鈔不分卷 朱般 刊本二冊

茮聲館集六卷 朱為弼 咸豐二年刊本四冊

怡志堂文初編六卷詩八卷 朱琦 光緒十八年刊本四冊

退思粗訂稿二卷 朱文翰 刊本一冊

尺五軒詩四卷文二卷續一卷尺牘一卷疊韻詩一卷

朱寯藝 刊本四冊

棣垞集四卷外集三卷 朱型運 刊本二冊

佩韋齋文存二卷駢文存一卷詩存一卷試帖一卷律賦

一卷補存二卷 朱一是 刊本四冊

朱

東山抄藏

朱九江先生集十卷附年譜一卷 朱次琦 刊本四冊

寶善堂遺稿二卷 朱湖 刊本二冊

介石山房遺文二卷 朱墉深 刊本二冊

朱燮墉遺稿三卷 朱國華 刊本二冊

繞竹山房詩稿十卷續十四卷 朱文治 刊本四冊

抱山堂詩集十八卷 朱彭 嘉慶刊本四冊

草香館詞稿一卷 朱文燾 鈔本一冊

88

介亭全集二十九卷 江濬源 刊本六册

執經文四卷 續一卷 沈濤 刊本一册

鮚埼亭集三十八卷 經史問答十卷 全祖望 刊本八册

鮚埼亭文外編五十卷 前人 刊本十六册

鮚埼亭詩集十卷 前人 刊本二册

椽墨軒文集一卷 先鳴諧 刊本一册

江全何

東山抄藏

何義門先生集十二卷 何焯 道光二十四年刊本八冊
何義門先生文集一卷 前人 道光乙未刊本一冊
巢雲閣詩鈔二卷 何經綸 嘉慶乙丑刊本二冊
古三疾齋三樂齋與弟亮人刊本二冊
停雲軒古詩鈔二卷 何經愉 嘉慶十一年刊本一冊
西溪偶錄不分卷 何彤文 道光十八年刊本一冊
雙藤書屋詩集十二卷試帖二卷 何道生 坿月波舫遺
稿一卷 何興績 道光辛巳刊本二冊
一鐙精舍甲部藁五卷 何秋濤 刊本一冊
悔餘菴文藁九卷詩集十三卷樂府四卷 餘辛集三

21

40

卷袖蘇集一卷 何栻 刊本八冊

存誠齋文集十二卷 何日愈 同治五年刊本四冊

錫月山房文鈔二卷 何仁山 刊本二冊

天根文鈔四卷 續鈔一卷 詩鈔二卷 何家琪 光緒丙申刊本六冊

何子清遺文二卷 何忠家 刊本一冊

十六覲齋遺集五卷 何維樸 排印本二冊

二思齋文存六卷 何文明 刊本二冊

何氏學四卷 何治運 嘉慶二十四年刊本四冊 ○

四照亭詩鈔一卷 何焜 刊本一冊

何 余

東山鈔藏

10

东洲草堂文钞二十卷　何绍基　刊本六册

东洲草堂诗钞　[illegible]三卷　[illegible]刊二册

晚闻堂集十六卷　余绍祉　刊本五册　道光丁酉

秋室学古录六卷　余集　刊本二册

存吾文稿不分卷　谐穀堂诗集一卷　余廷灿　[illegible]刊本四册　道光

石园偶录二卷　余成教　嘉庆间刊本二册

求实学斋文集四卷　余情　刊本二册

江泠閣全集三十二卷 冷士嵋 乾隆庚申刊本四册

梅邨家藏稿五十八卷 吴偉業 宣統三年董氏誦芬室刊本八册

梅村詩集箋注十八卷 吴偉業 吴翌鳳箋注 嘉慶甲戌刊本十册

陋軒詩十二卷續二卷 吴嘉紀 道光庚子刊本五册

蓮洋集二十卷 吴雯 乾隆甲午翁方綱校訂刊本八册

甓湖草堂文集六卷 西山紀遊草一卷 南歸集一卷 麟里頌言一卷 庚申禊詩一卷 吴世杰 康熙間刊本四册

林蕙堂集二十六卷 吴綺 刊本十六册

吴丹邃文集六卷外集一卷 吴直 刊本四册

泠 吴

東山鈔藏

霜林山人詩集五卷　吳文溥　乾隆三十六年刊本二冊

好山詩四卷　吳修齡　乾隆間刊本一冊

紫石泉山房文集十二卷詩鈔三卷　吳定　刊本五冊

臨江鄉人詩四卷　吳穎芳　乾隆甲午刊本一冊

白華前稿六十卷　吳省欽　乾隆刊本二十冊

蓮塘山房詩鈔十卷　吳璜　刊本二冊

吳學士詩集五卷文集四卷　吳鼒　六冊　光緒壬午刊本

有正味齋駢文箋注十六卷　葉聯芬注　道光庚子刊本八冊

初月樓文鈔十卷詩鈔三卷　吳德旋　光緒甲申刊本三冊

初月樓文選續八卷 前人 鈔本二冊

私艾齋文集六卷 吴育 鈔本二冊

澹成居文鈔四卷 喪禮經傳約一卷 吴卓信 道光三年刊本一冊

此君園文集三十卷 吴名鳳 道光辛丑刊本八冊

甚德堂文集四卷 吴賢湘 鈔本四冊

小鷗廬文存二卷 詩存二卷 試帖一卷 吴其泰 咸豐九年刊本五冊

求自得之室文鈔十二卷 吴嘉賓 同治丙寅刊本五冊

柈湖文鈔八卷 史記別錄二卷 吴敏樹 同治向刊本六冊

漱六山房全集十一卷 吴昆田 刊本六冊

吴

東山鈔藏

儀宋堂文二集十卷 吳嘉淦 光緒五年刊本二冊
澤古齋文鈔三卷補遺一卷附時文詩鈔語錄 吳士模 光緒癸巳刊本五冊
拙脩集十卷 吳廷棟 同治十年刊本四冊
小酉腴山館文集十二卷詩八卷年譜二卷 吳大廷 光緒五年刊本二冊
小匏庵詩存六卷詩話十卷 吳仰賢 光緒八年刊本六冊
秋崖館古文三卷駢文一卷春秋隨筆一卷素書解注一卷 吳勤邦 同治己巳重刊本二冊

明壘軒文牘十二卷 吳季清 光緒甲申刊本十二册

抑抑堂集十五卷附韭餘日記一卷 吳陳 刊本九册

桐城吳先生文集四卷詩集一卷傳狀一卷 吳汝綸 刊本五册

岳廬詩四卷別存一卷 吳儀 刊本一册

景杜堂文存一卷 吳廷燮 排印本一册

佩蘅文集一卷 吳道國 鈔本一册

餘心集四卷 吳宗信 廣州刊本四册。

秋水集一卷 吳雲 刊本二册

寰誠叢談二卷 吳曾英 刊本一册

椎香山館文集一卷 吳曾祺 排印本一册

吳

東山□藏

蘧盦詩存卷文存二卷吳縣錢刊本二冊

呂晚村先生古文二卷 呂留良 康熙甲子抄字版刊本四冊

晚村先生八卷附錄一卷續集四卷 前人 雍正间刊本四冊

白雲草堂文集七卷詩集三卷 呂星垣 嘉慶癸亥刊本四冊

呂月滄文集八卷 呂璜 道光二十一年刊本二冊

月滄讨文偶存 前人 道光戊子刊一冊

呂安氏

東山抄藏

學古集四卷詩論一卷牧牛村舍外集四卷 宋大樽 嘉慶間刊本二冊

樸學廬文鈔一卷 宋祖駿 刊本一冊

向璱閣文錄一卷 宋育仁 刊本一冊

岸舫詞三卷 宋俊 康熙間刊本一冊

壽苑詩草不分卷 宋鶴令閒 乾隆乙酉刊一冊

求在我齋文存八卷附示子弟帖 成設 五冊 咸豐八年刊本

陵塘詩草一卷 咸熙編 稿本 一冊

李

二曲集二十六卷 李顒 附惲遜菴集一卷 惲日初 道光戊子刊本八冊

杲堂文鈔六卷詩鈔七卷 李鄴 康熙間刊本六冊

受祺堂文集四卷續刻四卷 李因篤 刊本八冊

織齋文集八卷 李煥章 刊本二冊

秋錦山房集十卷又續三卷 李良年 康熙丙子刊本八冊

蓮龕集十六卷 李來泰 雍正十三年刊本六冊

石園全集三十卷 李之新 康熙間刊本六冊

李笠翁一家言十六卷 李漁 刊本二十冊

恕谷後集十三卷 李塨 雍正四年刊本四冊

東山抄藏

嘉樹山房文集六卷 李中簡 嘉慶辛酉刊本六册

悦桐軒文集八卷 李用南 嘉慶庚辰刊本二册

願學齋文鈔十四卷 李集 嘉慶己卯刊本六册

數點梅花草堂詩藁四卷 朱士設 嘉慶十三年刊本二册

校經廎文藁十八卷 李富孫 道光元年刊本四册

養一齋文集二十卷詩集四卷詩餘一卷 李兆洛 刊本十册 道光廿三年活字版本六册

子仙文鈔二卷詩鈔四卷 李福 道光戊戌刊本二册 二册

李南澗先生古文三卷 李文藻 鈔本三册

西雲詩鈔四卷文鈔二卷 李枚青 刊本四册

寄鷗亭文集四卷 李宗傳 同治三年重刊本二册 ○

蘇鄰遺詩二卷 李鴻裔 刊本一册

西漚全集十八卷 李惺 刊本十六册

好雲樓初集二十八卷二集十六卷附臨川答問 李聯琇

光緒壬寅刊本十二册

十三峯書屋全集八卷 李榕 重印本四册

天岳山館文鈔四十卷 李元度 光緒六年刊本十六册

畹蘭齋文集四卷 李楨 光緒壬辰刊本二册

石船居雜著賸稿不分卷筆錄一卷 李超瓊 刊本三册

李

東山鈔藏

李文忠尺牘不分卷 李鴻章 石印本三十二冊
李文忠朋僚函稿廿卷 排印本十二冊
白華絳跗閣詩十卷 李慈銘 刊本二冊○
湖塘林館駢體文二卷 又人 刊本一冊
越縵堂駢體文四卷 散體一卷 又人 刊本四冊
越縵堂文集十二卷 又人 排印本四冊
越縵堂詩初集十卷 二集十卷 又人 排印本六冊
訥盦類稿四卷 李恩綬 刊本四冊
橘誦堂遺集六卷 李佳 刊本一冊
味燈聽葉廬詩卅二卷 李振鈞 刊本二冊

學制齋駢文二卷 李詳 排印本二冊

鍥不舍齋集四卷 李祖望 刊本二冊

夢谿集四十七卷後集五卷 李宗文 刊本十二冊 ○

李靜軒遺文一卷 李文淵 刊本一冊

桐閣先生文鈔十二卷 李元春 道光甲申刊 十二冊

張沂堂文述二卷 李肇增 咸豐丁巳吳門木活字版二冊

寒支初集十卷二集四卷 李世熊 同治刊本十冊

龍川先生詩鈔一卷詩文補鈔一卷語錄一卷 一冊 李光炘 姚晴峯抄本

蒲言文鈔一卷 李騰華 道光五年刊 一冊

李

東山書藏

東村全集十卷　李呈祥　康熙間刊八冊

兼山鈔藏

變雅堂文集不分卷 杜濬 原刊本二冊

變雅堂文集五卷附偶遊草 別興草 攝山草 三山草各一卷 前人 原刊本四冊

變雅堂遺詩十卷文八卷附二卷 前人 刊本八冊

經緯堂集十六卷 杜璘 清初刊本四冊

變雅堂文集八卷詩集十卷附二卷 杜濬 光緒甲午黃岡沈氏重刊本六冊

杜 匡

東山抄藏

鈍翁類稿六十二卷續藁五十六卷 汪琬 康熙間刊本十四冊

堯峯文鈔四十卷 前人 林佶寫刊本十冊

百尺梧桐閣詩集十六卷文集十卷 汪懋麟 康熙間刊本十冊

空石齋文集二卷 汪國 嘉慶十三年刊本四冊

駢體新編不分卷 汪灝 刊本一冊

松溪文集一卷 汪梧鳳 刊本二冊

汪子文錄十卷 汪縉 刊本四冊

厚石齋詩集十二卷 汪孟鋗 刊本一冊

四一居士文鈔六卷 汪德鉞 刊本二冊

廣陵通典十卷 汪氏弟子所記六卷

述學五卷 汪中 嘉慶道光間 同治間刊本六冊

（附）六卷

汪容甫先生遺詩五卷補遺一卷 前人 刊本八冊

廣陵通典十卷 汪氏一手行 六卷 [illegible]

從政錄四卷 汪喜孫 道光廿一年刊本四冊

東里生燼餘集三卷 汪家禧 重刊本一冊

繡美雲閣詩集四卷 汪存 刊本二冊

玉鑑堂詩存一卷 汪日楨 刊本一冊

汪梅村先生文集十二卷外集一卷詩集十五卷補

遺一卷詞五卷年記六卷 汪士鐸 刊本八冊

青學齋集三十六卷 補後錄二卷 汪之昌 附李孝廉遺

汪

東山沙藏

王一菴李稿 刊本 十二册

微尚齋雜文六卷 旧代鈔 批點本 一册

兼山鈔藏

彤蘭堂集四卷　沈元滄　乾隆壬申刊本二冊

隱拙齋文鈔六卷附詞科試卷　沈廷芳　乾隆間刊本四冊

隱拙齋集五十卷續集五卷　前人　乾隆間刊本十六冊

果堂集十二卷附傳誌　沈彤　乾隆間刊本六冊

學福齋集文集二十卷詩集三十七卷　沈大成　乾隆甲午刊本十冊

近遊詩鈔二卷　沈大成　刊本一冊

蘭韻堂集十二卷　詩續集一卷　西清筆記二卷　文集五卷　文續集一卷　經進文稿二卷　御覽集一卷

沈初　乾隆甲寅刊本六冊

沈

東山珍藏

敬亭文稿八卷 沈諟之 刊本八册

十經齋文集四卷 沈濤 道光壬寅刊本二册

柴辟亭詩集四卷 沈濤 道光壬寅刊本一册

落帆樓文集二十四卷 沈垚 嘉業堂刊本八册

受恆受漸齋詩文集十二卷 沈日富 光緒丁亥刊本四册

頤綵堂文集十六卷 律賦二卷 駢文鈔二卷 詩鈔十卷 沈叔埏 附墅禾僊農詩鈔四卷 沈銓 刊本十册

樂志簃詩錄六卷 詞一卷 試帖詩二卷 文錄四卷 筆記四卷 沈祥龍 光緒辛丑刊本四册

蓮溪先生文集二卷 沈寧 刊本一冊

崇龢文鈔八卷 沈用熺 刊本四冊

東山詩集十五卷 沈楳 刊本八冊

因樹書屋詩稿十二卷 沈寶鏞 刊本四冊

幼學堂文稿五卷 沈欽韓 三冊 存卷六、七、八、十一、十二、

沈東阮峰

東山芗藏

梅隱詩鈔三卷詠史詩鈔二卷 車林 咸豐亥辛刊本一冊

揅經室集四十卷外集五卷 阮元 道光三年刊本十八冊

安遇堂文鈔十二卷 陸恒輝 刊本四冊

蠡龕遺詞二卷 李應麟 光緒乙亥刊本一冊

艸亭先生文集二卷詩集四卷 周篆 嘉慶庚申刊本六冊

賴古堂集二十四卷附年譜一卷 周亮工 康熙十四年刊本十二冊

賴古堂詩集四卷 前人 刊本六冊

偶遂堂近詩一卷 前人 刊本一冊

賜書堂詩鈔八卷 周長發 乾隆間刊本六冊

存吾春軒集八卷 周大樞 乾隆壬午刊本一冊

十誦齋集六卷 周天度 乾隆三十五年刊本二冊

犢山類稿六卷詩稿四卷課易存商一卷讀書雜記一卷隨筆雜記一卷 周鎬 嘉慶戊寅刊本四冊

周

東山步藏

内自訟齋文集十卷 周凱 道光庚午刊本八冊

介存齋詩六卷文無卷 叔止齋詩詞二卷 周濟 刊本四冊

周文忠公尺牘二卷附補文一卷 周天爵 同治七年刊本二冊

養生四印齋三集六卷五集三十三卷 周生恒 刊本六冊

壯學齋文集十二卷 周樹槐 刊本四冊

心白日齋詞集六卷 周之琦 刊本二冊

思益堂集十九卷 周壽昌 光緒年刊本六冊

時習編六卷 周炳琦 光緒十六年刊本二冊

惕齋遺集四卷續集二卷補遺一卷附一卷 周韞良 刊本二冊

卌三牘稿十二卷 周岂浦 刊本四冊

邃廬文鈔八卷 周慶莘 無大刊印本四冊 鈔本二冊

自怡軒新文二卷 周學頡 咸豐活字版本二冊

耻白集 周之祀 刊本一冊

周孟季宗

東山抄藏

蕭山錢齋

瓶菴居士文鈔四卷詩鈔四卷 畫說弍 七冊 嘉慶乙亥刊本

菽耘文鈔四卷 李鈞暐 道光五年刊本一冊

九曲山房詩鈔十六卷 宋璧垣 嘉慶五年刊本四冊

躬恥堂文鈔二十卷 宋援原 咸豐元年刊本十二冊

屈翁山詩集八卷 詞一卷 屈大均 康熙刊本六冊

翁山文存十四卷 屈大均 刊本四冊

享帚集鈔一卷外集鈔一卷附錄一卷 屈軼 抄本一冊

枕香軒遺文一卷 屈聚五 鈔本一冊

適古堂集四十八卷詩集二十六卷 程世騄 原刊本八冊

屈彥梳林式

東山抄藏

吴山彀音四卷 林云铭 康熙甲子刊本二册

畏壘文集文續集不分卷 林佶 排印本二册

小石渠閣文集六卷 林昌彝 刊本四册

衣讔山房詩集八卷 同人 刊本二册

歗雲文鈔十卷詩鈔八卷 林樹梅 道光甲辰刊六册

晚翠軒詩集一卷 林旭 刊本一册

授堂文鈔八卷 武億 刊本二册

迂齋學古編四卷 沈坤宏 乾隆三十九年刊本四册

邵邦士先生文集十八卷 邵衍房 道光間刊本六册

邵子湘全集三十卷 邵長蘅 刊本十二册

南江文鈔四卷 邵晉涵 家刊本四册

小石城山房文集二卷 邵閏燿 排印本二册

半巖廬遺文二卷遺詩二卷附錄一卷 邵懿辰 刊本二册

夢餘詩鈔二卷 邵颿 光緒三年刊本二册

法卲卲 全

東山鈔藏

玉芝堂集六卷 邵齊燾 刊本三冊

樸亭古文鈔十卷 駢文鈔六卷 詩鈔十八卷 詞鈔七卷

金兆燕 道光丙申刊本十六冊 ○

金檜門先生詩存四卷 金德瑛 刊本二冊

小樹軒詩八卷 金實 刊本二冊

竹鄰遺稿二卷 金式玉 嘉慶間刊本一冊

思詒堂文稿一卷 金紱宗 同治五年刊本一冊

瓢隱芻言二卷 前人 咸豐五年刊本一冊

秀山錢十蘭

蜀章堂文鈔八卷 侯言醇 刊本四册

潛廬詩文鈔十二卷 侯[illegible]鏡 刊本四册

壯悔堂文集十卷 遺稿一卷 四憶堂詩集六卷 侯方域 刊本六册

古杼秋館遺稿二卷 侯楨 光緒丁酉刊本一册

問字堂詩五卷 俞思穆 刊本一册

俞寧世文集四卷 俞汝言 清初 刊本四册。

粲雲詩文二卷 俞臨警 刊本一册

節霧詩存三卷 俞忠孫 抄本一册

印雪船欸乃四卷 俞玉局 刊本一册

侯、俞、姚

東山抄藏

惜抱軒集三十三卷 姚鼐 刊本四册

惜抱先生尺牘八卷 同人 道光二年陳用光刊本四册

石甫文鈔三卷 姚瑩 嘉慶戊寅刊本四册

東溟文集六卷外集四卷文後集十四卷外集二卷 姚瑩

道光十三年刊本八册

晚學齋文集十二卷 姚椿 ~~道光~~咸豐二年刊本四册

思復堂文存一卷詩選一卷 姚景衡 鈔本一册

邃雅堂集十卷續編一卷 姚文田 道光元年刊本五册

姚伯山先生集二十六卷 姚柬之 道光間刊本十二册

姚鏡塘先生集十卷 姚学塽 刊本六册

後莊詩問三十四卷 姚燮 道光丙午刊本八册

補蘇遺稿八卷 姚福均 文休閣活字本三册

景詹閣文一卷 姚諶 刊本一册

蛻私軒集五卷 姚永樸 刊本一册

慎宜軒文十二卷 姚永概 刊本二册

姚姜施

東山珍藏

茝園未定稿六卷　姜宸英　刊本四冊

姜西溟文鈔四卷　同人　乾隆四年刊本四冊

香民樓帝蕭集六卷　姜皋　道光[illegible]刊本二冊

施愚山先生詩集五十卷　文集二十八卷　别集　詩話　補
遺四卷　年譜四卷　家風述畧一卷　施閏章　撰　隨村
先生遺詩六卷　施瑮　乾隆間刊本二十冊

一枝軒稿八卷　施晉　嘉慶二十二年刊本四冊

澤雅堂文集八卷 施補華 刊本二册

通雅堂詩鈔十卷 施山 刊本二册

望雲詩草十二卷 前人 刊本二册

查浦詩鈔十二卷 查嗣瑮 康熙檢全堂刊本二册

蕉塘書室稿七卷 查有仁 原刊本二册

銅鼓書堂遺稿三十二卷 查禮 乾隆五十七年刊本四册

篔谷文集十二卷 查揆 道光乙未刊本四册

查柏柳

東山鈔藏

菽原堂初集十卷 查初揆 嘉慶八年刊本二册

諦豈文存一卷 詩存一卷 查元偁 刊本四册

灃西草堂集八卷 柏景偉 刊本六册

蘧廬文鈔不分卷 柳商賢 光緒十五年刊本二册

15

經韵樓集十二卷 段玉裁 道光元年刊本六冊

卷施閣駢體文十三卷 洪亮吉 善化堂刊本四冊

雪鴻老人詩稿四卷 洪梓 嘉慶八年刊本二冊

筠軒文鈔八卷 洪頤煊 嘉慶十一年刊本四冊

龍岡山人文十卷詩十八卷駢文四卷 洪亮吉 刊本十冊

段洪紀胡

東山抄藏

紀文達公文集十六卷詩集十六卷 紀昀 刊本十六册

胡石莊詩集十五卷 胡承諾 刊本六册

石笥山房詩文集十八卷 胡天游 道光丙午刊本八册

詒翼堂文集一卷 胡符 鈔本一册

繁梓居遺集五卷 胡澂 道光十八年刊本二册

研六室文鈔十卷 胡培翬 道光十七年刊本二册

崇德〔雅〕堂集十六卷 胡敬 道光二十四年刊本三册

五石瓠齋遗稿二卷 胡世敦 同治十一年刊本一册

讀書舫文稿不分卷 胡捷 鈔本一册

胡文忠公遗集八十六卷 胡林翼 刊本三十二册

柝山草堂詩稿五卷 胡壽銓 光緒十年刊本五册

玉津閣文略九卷 胡薇元 刊本二册

退廬文集七卷 驢背集四卷 胡思敬 刊本四册

夢選樓詩文鈔四卷 胡宗楙 刊本二册

遵古堂文集二卷 胡薇元 宣統元年排印本二册

16

漫興篇不分卷 顧森 刊本二册

容齋詩集二十八卷 古香詞一卷 文鈔十卷 顧編修 嘉慶間刊本 十册

計改亭文集十六卷 計東 康熙間刊本八册

范忠貞公文集五卷 范承謨 康熙四十七年刊本四册

苕溪漁隱詩藁六卷 范鍇 道光辛卯刊本二册

雙雲堂詩草六卷文存二卷 范邑律 蘭清館詩一卷

范永陞 刊本六册

范肯堂先生集三十二卷 范當世 蘊素軒詩稿五卷

刊本六册

鶴影山人文稿一卷 范耆林 排印本一册

世守拙齋詩存四卷 范廩 刊本四册

范 倪 吳 唐

東山抄藏

畲香文存三卷續刻一卷 倪元坦 刊本四册

迂存遺文二卷附年譜二卷 倪模 刊本二册

兩疆勉齋文存二卷 倪文蔚 刊本一册

秋聲閣尺牘二卷 姜學孔 康熙間刊本四册

謝家山人集六卷 唐瑩 刊本二册

覺顛冥齋內言四卷 唐才常 刊本四册

茹經堂文集六卷 唐文治 刊本三册

茹經堂文集二編八卷 前人 排印本二册

成山廬稿文不分卷 唐炯 稿本一册

古香軒一簃遺文 夏紀堂 道光十一年刊 一册

半舫齋古文八卷 夏之蓉 乾隆辛卯刊本六册

浣玉軒集四卷 夏敬渠 刊本四册

夏仲子集六卷 夏炯 刊本三册。

觀所尚齋文存七卷詩存二卷 夏孫桐 排印本三册

冬生艸堂文畧十八卷詞四卷山右金石錄一卷 夏寶晉 刊本七册

夏孫

東山步藏

夏峯先生集十四卷補遺二卷 孫奇逢 道光廿年刊本 八册

溉堂前集九卷後集六卷續集六卷文集五卷詩餘二卷 孫枝蔚 刊本十二册

愛日堂文集八卷外集一卷 孫宗彝 五册 康熙間刊本

麻山文集二卷附錄一卷補編一卷 孫學顏 刊本一册

鶴侶堂文存稿一卷 孫勷 封氏鈔本一册

鶴侶齋文稿四卷 前人 咸豐辛亥刊本二册

秋槎詩鈔三卷 孫大覆 乾隆間刊本一册

問字堂集六卷 孫星衍 乾隆間刊本二册

天真閣集五十四卷外集六卷　孙原湘　附長真閣詩集七卷　席佩蘭　刊本十二册

未吾室文钞一卷　孙應科　道光间刊本一册

補讀十齋集二卷　孙爕　道光甲辰刊本二册

妙香閣文稿三卷詩稿一卷　孙雲桂　咸豐壬子刊本四册

延釐堂集九卷　孙玉庭　同治壬申刊本八册

通學齋文钞十二卷詩钞十卷　孙衣言　刊本四册

籀廎述林十卷　孙詒讓　刊本四册

寄龕文存四卷補志甲乙丙丁集十六卷　孙惪祖　刊本八册

孙

誰與菴文鈔二卷 孫世均 刊本一册

校經室文集六卷 孫葆田 刊本二册

孫瘦石文集十二卷外集二卷 孫鏘 刊本五册

畬嫺吟稿二卷 孫新臣 咸豐九年刊 一册

耕山錢庸

莘齋文鈔四卷 官樾庵 刊本二册

居易堂集二十卷 徐枋 刊本六册 缺首册

畏壘山人詩十卷 徐昂發 活字版二册

偶更堂文集二卷詩稿二卷 徐作肅 刊本四册

憺園集三十六卷 徐乾學 康熙間刊本十二册 ○

含經堂集三十卷別集二卷附錄一卷 徐元文 鈔本 四册

南州草堂全集三十卷附楓江漁父圖題詞青門集

徐釚 康熙丁卯刊本五册 ○

官 徐

東山夢藏

兼山錢藏

凌雪軒詩集六卷外集一卷 徐燮 乾隆甲子刻本一册

楳亭詩草八卷 徐鐵 刊本二册。

徐石渠文鈔四卷 徐楨 道光壬辰刊本二册

瀫芳閣集十卷 徐士芬 同治壬申刊本六册

未厭齋文集八卷外集一卷 徐壽 咸豐間刊本四册

斯未信齋文編軍書四卷 徐宗幹 刊本二册

煙嶼樓文集四十卷 徐時棟 刊本八册

憧櫺詩稿十卷 徐傳標 刊本二册

嵩青齋遺集詩一卷詞一卷 徐慶謨 續修館吟

草賦草一卷 擬美亭 刊本二冊

榆墩集選文三卷 續文一卷 刊本一冊

徐鷹桂説

東山步藏

白華山人詩集十六卷詩說二卷 厲志 道光九年刊本四冊

樊榭山房集六卷 厲鶚 乾隆刊本六冊

晚學集八卷詩四卷 桂馥 道光二十一年刊本四冊

晦木軒稿一卷 桂壇 刊本一冊

惇裕堂文集四卷 桂超萬 刊本二冊

日新書屋稿二卷 祝淦 陳用光刊本一冊。

31√

小峴山人詩集二十八卷文集六卷續二卷 秦瀛 嘉慶間刊本十六冊

虹橋老屋遺稿十二卷 秦湘業 刊本四冊

鐵華僊館集六卷 秦賡彤 刊本二冊

俟寶齋文稿二卷 秦寶璣 刊本一冊

乖庵文錄二卷 秦樹聲 刊本一冊

復初齋文集三十五卷 翁方綱 刊本十冊 光緒丁丑重校道光

佚老巢遺稿二卷 翁元圻 咸豐元年刊本二冊

秦翁表

東山抄藏

50

瓶廬詩稿八卷 翁同龢 刊本四冊

潛虛文鈔四卷詩鈔三卷 翁咸封 道光七年刊本一冊

小倉山房文集三十卷外集七卷詩集三十二卷 袁枚 原刊本

十六冊○ 清武青藏書

袁文箋正十六卷 袁人 石韞玉箋 嘉慶壬申刊本 十冊

秋卓文隨十卷 袁穀芳 乾隆間刊本四冊○

瞻衮堂文集十卷 袁鈞 刊本四冊○

2

曬書堂文集十二卷外集二卷別集一卷筆記二卷筆
錄六卷附文一卷詩二卷識餘詩一卷 郝懿行 刊本 十六冊
翊翊齋書述十四卷 馬翮飛 刊本一冊
湙園文集二卷 馬徵麐 刊本二冊。
詩一卷補遺文二卷 馬徵麐 抄本一冊
馬一齋文鈔一卷詩鈔一卷筆記二卷 馬翮飛 刊本一冊
鷗堂遺稿三卷 馬慶元 刊本一冊
抱潤軒文集十卷 馬其昶 石印本二冊
適可齋記行六卷記言四卷 馬建忠 刊本二冊
從天集一卷 高不騫 刊本一冊

郝 馬 高

東山步藏

20

栖雲閣詩十六卷文十五卷 高珩 乾隆間刊本六冊

南阜詩集七卷 高鳳翰 乾隆間刊本四冊 此或手稿本

涌翠山房詩集四卷文集四卷附老子證義二卷 高延第 刊本四

抑快軒文集乙編四十九卷丙編十六卷丁編九卷 高尉然 鈔本十冊

陶堂志微五卷遺文一卷恒諭一卷碑帖一卷 高心夔 刊本四冊

續東軒集四卷 高均儒 刊本三冊

雲石坦歌二卷 高崇元 鈔本一冊

質園詩集三十二卷 商盤 乾隆間刊本八册

畫聲二卷 前人 乾隆辛酉刊本二册

質園尺牘二卷 前人 道光壬寅刊本二册

嬰陰堂文集不分卷 附詩集二卷 年譜二卷 康熙壬申刊本三册

鶴泉文鈔二卷 戚學標 嘉慶十八年刊本二册

鶴泉文鈔續選九卷 前人 嘉慶間刊本四册

蒿松草堂詩集二十卷 文集十二卷 懺[illegible] [illegible]八册

商廣咸張

隺之菴文鈔二卷 陳岵 嘉七齋地樓鈔本一冊 凌瑕手鈔

萬菴集三卷 陳年岐 乾隆三十六年刊本三冊

瑯嬛文集六卷 張岱 光緒三年刊本六冊

六禪鐫二卷 張開 刊本一冊

旅歸草十卷 沈符驥 重刊本二冊

果亭山人章郭藁武詩集曆樹集蠑志集不分卷

張氏 刊本六冊

陳文貞公集十二卷 陳廷敬

匠門書屋文集三十卷 張大受 雍正庚戌刊本六冊

正誼堂文集十二卷 張伯行 乾隆三年刊本六冊

看山鈔藁

160

張文端集七卷　張鵬翮　刊本八冊

澂菴全集十六卷附青溪詳考一卷周安隨筆一卷

張承年　排印本六冊

茗柯文初編一卷二編二卷三編一卷四編一卷詞一卷

張惠言　嘉慶十四年刊本二冊

宛鄰文二卷附明發錄　張琦　刊本一冊

嘉樹山房集二十卷外集二卷　張士元　嘉慶己卯刊本八冊

問亭文鈔六卷　張鵠　鈔本二冊

船山詩草二十卷　張問陶　嘉慶乙亥刊本八冊

張

東山鈔藏

海藏集十卷 張向東 刊本四冊

自齋文集八卷詩集四卷 張揆 刊本四冊

養素堂文集三十五卷 張澍 道光間刊本十六冊

桂馨堂集十一卷 張廷濟 道光六年刊本二冊

寄菴雜著二卷 張應昌 刊本一冊

寫心偶存一卷續存一卷再存二卷 張[illegible] 咸豐戊午刊本二冊

小安樂窩文集四卷詩存一卷 張海珊 道光辛卯刊本二冊

仰蕭樓文集不分卷附國朝經學名儒記一卷 張星鑑

光緒六年刊本四冊

2

聽松廬駢體文鈔四卷 張維屏 刊本一冊

松心文鈔九卷 前人 刊本三冊

魯巖所學集十五卷 交遊記二卷 附集二卷 張宗泰 刊本十冊

暢園遺稿八卷 白灑詞二卷 張寶 刊本一冊

竹花龕詩鈔八卷 張鳴基 刊本二冊

積石詩存四卷 南池唱和詩存一卷 鯨餘編一卷 文稿十六卷 張履 刊本八冊

知退齋稿七卷 時文稿一卷 張琛 刊本四冊

濂亭文集八卷 遺詩二卷 遺文五卷 張裕釗 刊本四冊

張

東山抄藏

澱樓遺集三卷 張士詡 刊本三冊

竹居山牘十二卷 京人 刊本二冊

廣雅堂散體文二卷 駢體文二卷 張之洞 刊本二冊

鐵畫樓詩續鈔二卷 張蔭桓 刊本一冊

悔廬文鈔五卷 補一卷 詩鈔四卷 古文尚書私議三卷
張崇蘭 刊本九冊

臥古齋文鈔二卷 張復成 刊本一冊

清修閣藁四卷 張品桂 刊本四冊

石冠堂文鈔一卷 詩鈔四卷 張尹 乾隆刊本二冊

思誠堂集文六卷 詩二卷 張鏞 刊本四冊

静惕堂詩集四十四卷 曹溶 刊本八册

倦圃尺牘二卷 前人 刊本二册

繡虎軒尺牘二十四卷 曹煜 刊本十二册

四焉齋集十四卷 曹一士 乾隆庚午刊本八册

東山樓詩集八卷 曹宗載 嘉慶庚午刊本二册

穆書內篇二卷 外篇二卷 曹重穆 刊本二册

淮南講義二卷 曹元深 刊本二册

巖南寫定稿一卷 曹佐熙 稿本一册

古莪硯集四卷 曹禾 刊本一册

曹辛

東山鈔藏

兩女齋文鈔二卷 [illegible] 道光刊 不全

學志堂遺稿二卷 曹壽銘 刊本一冊

後甲集二卷 章大來 刊本一冊

思綺堂文集十卷 章藻功 刊本十冊

四當齋集十四卷 章鈺 排印本四冊

好不及齋文鈔二卷 章甫 刊本二冊

章棨古文撰手二卷 章陶 道光九年刊本二冊

待山閣詩二卷詞一卷 章華 刊本一冊

一山文存十二卷 章梫 刊本四冊

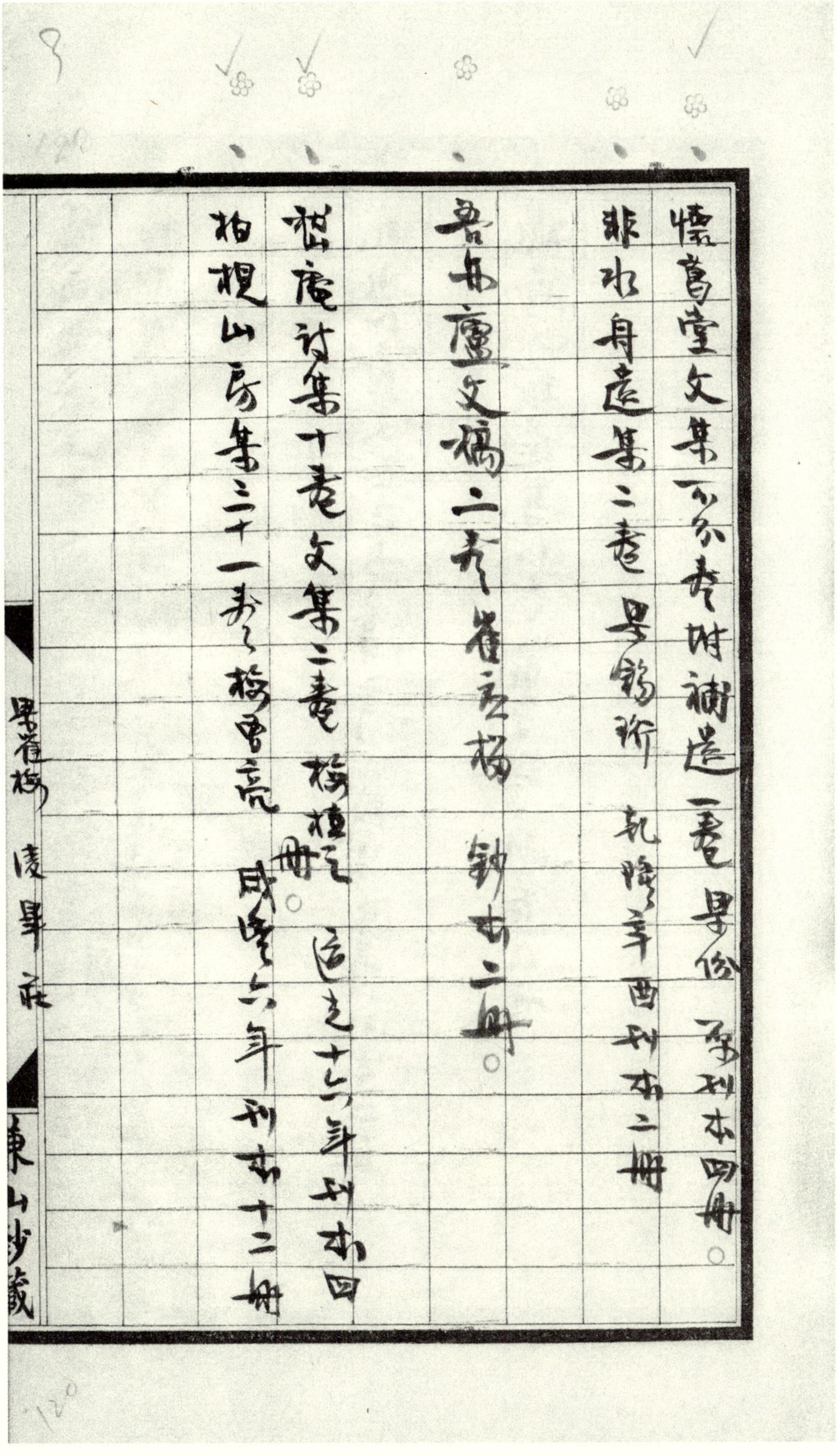
懷舊堂文集不分卷附補遺一卷 吳俗 原刊本四冊
非水舟遺集二卷 吳鶴琴 乾隆辛酉刊本二冊
吾亦廬文稿二卷 崔應榴 鈔本二冊
甜庵詩集十卷文集二卷 楊植之 道光十六年刊本四冊
柏梘山房集三十一卷 梅曾亮 咸豐六年刊本十二冊
吳翟梅 淩畢莊
東山抄藏

杏西詩草三卷刪餘草一卷詩餘一卷遺集 嘉慶癸酉刊本二册

吟鶴集八卷快園詩話十六卷 凌霄 道光間刊本二册

九水山房文存三卷 畢亨 咸豐二年刊本二册

楓南山館遺集八卷 應受祺 刊本二册

春池文鈔十卷 許蹈鯉 道光年刊本四册 ○

鑑止水齋集二十卷 許宗彥 咸豐八年刊本六册 ○

六觀樓文集摘選一卷 許鳴盤 刊本一册

玉井山房文畧五卷 許學衛 刊本二册

攀古小廬文一卷補遺一卷 許印林 光緒元年重刊本二册

許玉峯先生集三卷附錄一卷 許兼 附陳松田遺文

陵紀 同治五年方某識刊本一册

秋水軒尺牘二卷 許思湄 道光辛卯刊本一册

秋水軒尺牘二卷附續刻一卷燕遊草一卷 亦人 甲申刊本三册 ○

許 郭

東山沙藏

许文肃公遗稿十二卷 许景澄 排印本六册

酿川集词五卷 许尚质 刊本一册

香林苑集十卷 许[illegible] 刊本二册

介石堂诗十卷文十卷水镜六卷 郭起元 刊本十二册

郭大理遗稿八卷 郭尚先 道光廿五年刊本四册

吉雨山房遗集五十五卷 郭篯龄 刊本二十八册

郭明经遗集四卷 郭志正 刊本二册

郭[illegible]文钞不分卷附诗钞 郭[illegible] 稿本一册

乾初先生文钞二卷遺詩钞一卷 陈確 附補菴遺稿一卷 陈枚

敬齋詩钞 陈翼 雪帆詩钞 陈克鬯 光緒年海昌羊氏刊本二册

陳一齋先生文集不分卷 陈梓 钞本六册

刪後文集十六卷詩存十卷 前人 刊本十二册

獨漉堂集二十二卷 陈恭尹 道光五年刊本八册

稽留山人敝帚集　卷 陈祚明 康熙年刊本四册

苑青集十八卷 陈玉言 康熙间刊本五册

華山堂集八卷 陈锡嘏 康熙庚午刊本四册

陈学士文集十八卷 陈儀 刊本八册

陳

生香書屋文集四卷 陳浩 刊本四册

古漁詩集六卷 陳毅 乾隆庚辰刊本二册

白雲文集五卷詩集二卷 陳誠 嘉慶十二年刊本二册

紫竹山房詩文集二十卷 陳兆崙 刊本十册

壽雪山房詩稿六卷 陳廣寧 嘉慶六年刊本一册

學福齋詩稿六卷 陳鴻寶 嘉慶間刊本二册

陳簡莊文鈔六卷續鈔二卷詩鈔一卷 陳鱣 道光十四年海昌羊氏刊本二册

枕善堂稗言二卷詩鈔二卷 陳大濬 道光丙申刊本四册

北涯草堂集四卷 陳樑 道光三年刊本一冊

六九齋饌述稿一卷 陳璐 仙杞齋刊本一冊

東塾類稿一卷 陳澧 道光己酉刊本一冊。

東塾集六卷附申范一卷 前人 刊本四冊

小瓊海詩集二十一卷 陳蕃 刊本八冊

夏西軒禊文四卷附岷江紀程一卷 檀帖偶存一卷

　陳鍾祥 刊本四冊

靜遠堂集三卷 陳壽熊 光緒壬辰刊本二冊

耐安類稿八卷 陳偉、光緒二十二年刊本六冊

陳

東山抄藏

纂喜堂遺集無卷數 陳壽祺 刊本一冊

句溪雜著六卷 陳立 刊本二冊 文鈔刊本無卷數

袌碧齋集七卷 陳銳（一冊） 刊本二冊

石遺室文集十二卷詩集三卷補遺一卷 陳衍 附木庵

文集 陳子 蕭閒堂詩一卷 道安室事畧譔文一卷

平安雜記一卷 蕭道管 刊本四冊

橫山鄉人類稿十三卷 陳慶年 刊本六冊

陳慶笙文集四卷 陳樹鏞 刊本二冊

綴學堂初稿四卷 陳漢章 刊本二冊

蠹曝室詩存一卷 陈新 排印本一册

惕園初稿十六卷 外稿一卷 陈祖铢 道光間活字本 四册

宝綸堂集十卷 拾遗一卷 陈洪绶 光绪戊子重刊 六册 康熙刊本四册

穏佳亭類稿若干卷 樹齋要録辨文二卷 陈廣鏞 之倬 光緒刊 十二册

藤陰吟稿四卷 陈鸿熙 嘉慶庚辰刊 二册

一間老屋文稿二卷 陈[illegible] 抄本一册

橘隱軒全集 陈錦 光緒三年刊 [illegible]一册

陈陶[illegible]单

東山步藏

泊鷗山房集三十六卷　陶元藻　道光間刊本十册

湘麋閣遺詩四卷　衡齋詞二卷　陶方琦　刊本二册

春萱草卷集

陰靜夫先生遺文二卷　陰承方　嘉慶丁卯刊本一册

桴亭文集五卷 陸世儀 正誼堂刊本二册

陸密菴文集二十卷錄餘二卷 陸求可 康熙間刊本六册

善卷堂四六十卷 陸繁弨 吳自高注 道光壬午刊本四册

三魚堂集二十卷 陸隴其 刊本十册 三册 嘉會堂刊本十二册

寶奎堂集十二卷 篁村集十二卷 陸錫熊 嘉慶庚午刊本八册

切問齋集十六卷 陸燿 嘉慶之年刊本八册

崇百藥齋集四十八卷 附五真閣吟稿一卷 陸繼輅刊本十六册

雙白燕文三卷外集八卷 陸耀遹 刊本四册

儀顧堂集二十卷 陸心源 刊本六册

陸傳

東山抄藏

錢園集六卷 陸熾 道光廿九年刊 二冊

霜紅龕集四十卷附錄三卷年譜一卷傅山 刊本十二冊

湘帆集二十六卷傅占衡 乾隆壬戌刊本四冊。

澹園未定稿二卷 傅懷祖 刊本二冊

心孺詩選二十四卷傅仲辰刊本四冊

浣荷園賸稿 傅霖 鈔本一冊

使粤集一卷又纪一卷　高某　刊本一册

齋摩亭文钞一卷　高杉年　刊本一册

雙青閣詩稿八卷　勵廷儀　乾隆三年刊本六册。

吟秋館詩鈔二集四卷三集四卷　郭鵬徵　味堂詩鈔一卷

郭宗楠　道光甲辰刊本二册

高　勵　郭　並　稿

東山抄藏

雕菰樓集二十四卷 焦循 附蜜梅花館文錄一卷 焦廷琥
刊本八冊 單刊本六冊

此木軒直寄詞 焦袁熹 鈔本一冊

抱犢山房集六卷 附續離騷雙報應揚州夢 嵇永仁 康熙戊
戌刊本五冊 ○

致翼堂文集六卷詩集四卷 彭昱堯 排印本二冊

樹廬文鈔十卷 彭士望 道光甲申刊本六冊 ○

古愚心言八卷 彭鵬 原刊本十六冊 ○

松桂堂集四十三卷 彭孙遹 乾隆间刊本八册

南畇文稿十二卷（诗稿□卷附年谱） 彭定求 刊本十二册

秋士先生遗集六卷 彭绩 乾隆五十五年二林居刊本一册

二林居集二十四卷 彭绍升 原刊本四册

测海集六卷 前人 嘉庆己卯刊本一册

观河集四卷 前人 道光癸未刊本一册

小谟觞馆（诗集八卷续诗余）文集四卷续集二卷（文续集二卷） 彭兆荪 嘉庆间刊本 六册

小谟觞馆诗集八卷续集二卷诗余一卷文集四卷续集二卷 前人 刊本八册

小谟觞馆诗集注八卷续集二卷诗余一卷文集注

彭

東山鈔藏

四老續集二卷 前人 刊本八册

小謨觴館文巨六卷 前人 [illegible] 刊本三册

秋潭外集十六卷 彭勝 嘉慶癸亥刊本四册

歸樸龕叢稿十二卷續編四卷 彭蘊章 刊本四册

無近名齋文鈔四卷二編二卷補遺二卷二編一卷外編一卷 彭翊 道光間刊本四册

彭陽峯先生文集十六卷 彭而述 順治壬辰刊本十八册

南亭文集不分卷 彭任 道光乙酉年刊本四册

白鶴堂稿不分卷 彭端淑 乾隆間刊本二册

賞雨茅屋詩集十九卷外集一卷 曾燠 嘉慶己卯刊本六冊

復齋文集二十一卷詩集四卷 曾鏞 嘉慶二十二年刊本十四冊

湘中草六卷 湯傳楹 康熙間刊本二冊

湯子遺書十四卷 湯斌 乾隆丁巳刊本十二冊

聽雲仙館儷體文四卷補編一卷續集二卷詩集二卷詞一卷西遊吟草一卷 湯成彥 同治間刊本四冊

海秋詩集二十六卷 湯鵬 道光間刊本八冊

盤邁文甲乙集五卷別錄一卷 湯紀尚 刊本二冊

曾湯氏楏

東山抄藏

蘊素閣詩文全集二十八卷 戴大士 附嘯雨草堂集十卷 戴徽典 道光元年刊本十六冊

若菴集五卷 程定 康熙年刊本五冊○

海日堂集詩五卷文二卷 程可則 康熙刊本二冊

水南先生遺集六卷 程鳴立 嘉慶丙子刊本二冊○

勉行堂詩集二十四卷文集六卷 程晉芳 慶嘉戊寅刊本六冊

程侍郎集十卷 程恩澤 道光丙午刊本二冊

容齋文集一卷 程同文 刊本一册

小松園閣讌集二卷 程廷鷺 同治二年刊本一册

嘯竹軒文集六卷 程曦 刊本二册

二樹山人詩畧五卷 摘句圖一卷 寫梅歌續編一卷 三里館
刊本二册○

愼獨齋吟牘四卷 章鳳三 道光甲申刊本二册

童鈺 華

竹石居文草四卷 [illegible]華 刊本二册

瓶水齋詩集十七卷 別集二卷 舒位 嘉慶刊本二册 又光緒十二年刊本六册

離垢集五卷 華嵒 道光乙未刊本二册

延綠閣集十二卷 華希閔 刊本十册

荔雨軒文集六卷 華翼綸編 刊本二册

水田居文集五卷 賀瑞麟 刊本六册

附菴文存六卷 詩存三卷 賀壽慈 咸豐十一年 刊本三册

賀先生文集四卷 賀濤 刊本四册

臨野堂文集十卷 詩集十二卷 詩餘二卷 尺牘四卷
鈕琇 康熙間刊本十二册

研谿先生詩集 卷 惠周惕 刊本二册

賀鍾[illegible]

東山鈔藏

遥擲藁十五卷 馮武 康熙年刊本四冊

馮舍人遺詩六卷 馮廷櫆 刊本二冊

秋水集十六卷 馮如京 附翠滴樓詩集六卷 馮雲驌 刊本六冊

解舂文鈔十二卷補遺二卷詩鈔三卷 馮景 抱經堂刊本十冊

石經閣文集八卷 馮登府 鈔本三冊（錄）

適適齋文集二卷微尚齋詩集四卷續集二卷 馮志沂 同治八年刊本四冊

頤志堂集十二卷 馮桂芬 刊本八冊

浮碧山館駢文二卷 馮可鏞 排印本一冊

蒿盦類稿三十二卷續稿三卷馮煦刊本十二冊

南雷文案十卷外集一卷撰杖集一卷吾悔集四卷詩曆三卷子劉子行狀二卷黄宗羲撰附学箕初稿三卷黄百家康熙間刊本六冊

南雷文定前集十一卷後集四卷三集三卷附錄一卷

黄

詩歷四卷 前人 康熙間刊本六冊

南雷文約四卷 前人 刊本十冊

九煙先生遺集六卷 黃周星 道光己酉刊本二冊

蓄齋集十六卷 黃中堅 康熙間刊本四冊 ○

唐堂集五十卷 附外錄一卷 黃之雋 乾隆間刊本十冊

秋江集六卷 黃任 乾隆間刊本二冊 ○

兩當軒集二十二卷 攷異二卷 附錄六卷 黃仲則 咸豐間刊本六冊

第六弦溪文鈔四卷 黃廷鑑 道光十八年刊本二冊 ○

第六弦溪詩鈔二卷 前人 附小西山房詩賸草 黃士蔚著

兼山鈔藏

2

道光辛卯刊本二册

西陂草廬詩録六卷 黄鋐 道光二十年刻本一册

扶盦遺藁一卷 黄易 原印本一册

东井詩鈔四卷文鈔二卷 黄定文 刊本四册

又文鈔 早印本一册

木雞書屋文初集四卷二集六卷三集八卷四集

六卷五集六卷 黄金台 同治辛未刊本八册

黄篠莽古文鈔一卷 黄家人刊本一册

真有益齋集六卷 黄安濤 刊本六册

比玉樓遺稿四卷 黄振鈞 刊本一册

陶樓文鈔十四卷 黄彭年 刊本六册

黄楊

東山抄藏

谿南禪說二卷　黃儞乾隆三十年活字本二册
莫宦草　黄丹家抄本一册
楊大瓢襍文殘稿一卷　楊賓　傳節子藏抄本一册
芙蓉山館詩鈔八卷補鈔一卷詞鈔二卷集句詞一卷
楊芳燦　光緒辛卯西蜀所版本四册
采蘭簃文集不分卷　楊鳳苞　舊天帝地抄本一册

雲在文稿一卷 楊紹文 鈔本一冊

汀鷺文鈔三卷 詩二卷 楊傳第 同治十一年刊本二冊

汲庵文存六卷 楊象濟 光緒辛巳刊本四冊

蘇盦文錄二卷 駢文五卷 詩八卷 楊葆光 刊本四冊

博約堂文鈔十卷 楊琪光 刊本四冊

遲鴻軒文稿二卷 詩稿四卷 楊峴 刊本二冊

晦明軒稿 無卷數 附金石跋 楊守敬 刊本二冊

孟鄰堂文集鈔十六卷 楊椿 嘉慶二十三年刊本六冊

穆堂文集十三卷 詩集三卷 附退庵集一卷 外集一卷 楊夔生 刊本十冊

楊鳥

東山書藏

謝翁老人自書題詞 蔣宇跋 石印本二册

郭允叔文鈔不分卷附詩鈔 郭象升 排印本一册

綠溪詩稿一卷詩餘一卷綠溪詩二卷咏史偶稿一卷詞一卷 新學[illegible] 刊本四册

續騷堂集一卷 郭[illegible] 刊本一册

儒廬全集十四卷 郭[illegible] 刊本二册

讓齋集二卷 郭方照 刊本四册

兼山鈔藏

歸盦文稿八卷 葉裕仁 刊本四冊

奇觚廎文集三卷外集一卷 葉昌熾 刊本二冊

白鹇村文集十六卷 李輿 刊本四冊

傳樸堂詩稿四卷 葛金烺 刊本二冊

正誼堂詩二十卷詞三卷文無卷數 董以寧 康熙間刊本十二冊

微泉閣文集十六卷詩集十四卷 董文驥 康熙間刊本六冊

葉葛董票賣鈔

東山鈔藏

舊雨草堂詩八卷 董元度 乾隆間刊本二册

秋芬十七龕文集不分卷 董怡 刊本二册

△ 澹園文集二卷 覃學潛 刊本一册

△ 曹比部集二卷 曹樹誠 光緒元年南越堯平氏刊本 一册

志遠堂文稿十卷 鄭樂 刊本六册

竟陵文鈔十六卷詩鈔二卷 雷士俊 康熙間刊本六册

經笥堂文鈔二卷 雷鋐 嘉慶十六年伊氏刊本二册

續溪初稿一卷詩四卷詩餘二卷詠史偶稿一卷詞一卷 新學 舊刊本四册

南雲書屋文鈔不分卷 康鳴彝 刊本一册

南谷仙遊集不分卷 商杉巖 光緒甲午石印本二册

雷序商輝燮安藏

東山步藏

新山鈔藏

大雲山房文稿初集四卷二集四卷 惲敬 刊本八冊

緯蕭齋集十八卷 熊鶴殷 康熙間刊本六冊

藕頤類稿二十卷 熊寶泰 嘉慶間刊本五冊

同岑軒文初集十卷二集六卷補遺一卷 竇同 道光元年刊本四冊

拜經堂文集五卷 臧庸 影印葉氏寫本四冊

6

貽山文集十二卷詩集二十卷聲調譜二卷談龍錄一卷

趙執信　乾隆間刊本十冊　又一部近刊本多禮俗權衡二卷

漱芳居文鈔八卷二集八卷　趙青藜　刊本八冊

東潛文稿二卷　趙一清　刊本四冊

育巖文鈔四卷　趙貞爵　乾隆間刊本二冊

亦有生齋全集五十七卷　趙懷玉　刊本二十四冊

保甓齋文錄二卷　趙坦　刊本二冊

琴鶴山房遺稿八卷　趙銘　刊本二冊

亭思齋文集八卷　趙衛　刊本四冊

趙齋

東山步蔵

柳邨山房文略二卷 駢文一卷 臨川二卷 趙樹吉士 刊本一册

萬青閣自訂全集十二卷 趙吉士 康熙刊本八册

有三惜齋詩二卷 趙福雲 刊本一册

寶綸堂文鈔八卷詩鈔六卷 齊召南 嘉慶二年刊本六册

匪莪堂文集五卷 劉嚴 刊本一册

宛委山人詩集十卷 劉正誼 乾隆間刊本二册

抱膝廬文集六卷（陸三卷の巻）劉崇四 乾隆五年刊本四册

江村山人續稿四卷閏餘稿六卷 前人 乾隆五年刊本六冊

雲中集二卷 劉亨孝 刊本一冊

劉海峯全集十四卷 劉大櫆 刊本十四冊

劉海峯文集八卷詩集十一卷附制義唐宋文選 前人 刊本

十二冊

青溪舊屋集十一卷 劉文淇 刊本二冊

思補齋文集四卷 劉星煒 刊本四冊

綠野齋前後合集六卷詩集一卷制義一卷 劉鴻翱 道光十八年刊本六冊

劉

東山抄藏

刊禮部集十二卷 刊蓮社 道光十年刊本八册

刊惜屯文鈔一卷 刊芑後 鈔本一册。

石梅齋集二十八卷外集四卷 刊周詩 道光庚戌刊本八册

刊孟塗文集十卷駢文二卷詩前集十卷後集二十二卷 刊劉開 道光六年刊本八册

研秋齋詩略一卷文略一卷筆記二卷 刊彭矩 刊本一册

庶經堂文鈔一卷 刊莘奇 刊本一册

通藝閣文集十六卷 刊姚椿 刊本八册

含清德齋講年不分卷 刊藏佩 刊本四册

南豐刘先生文集四卷補遺一卷 刘字亭刊本四册

古奩集八卷 刘師培刊本六册

後丁詩紀一卷續一卷 刘炳照刊本一册

刘履書

東山抄藏

樊榭山房集十卷續集十卷文集八卷 厲鶚 乾隆四年刊本六册

遂初堂集二十卷別集四卷 潘耒 刊本十二册

陽爪集不分卷 前人 刊本二册

響文堂尾集畧八卷 潘振 刊本五册

春緒草堂文鈔二卷詩鈔二卷詞鈔一卷春溪社詩存五卷 潘光誥 刊本六册

潘少白先生集文八卷詩五卷常語 潘諮 刊本六册

120

石甫文牘二卷 清[illegible] 刻本二冊

東津館文集三卷 詩集十一卷 清曹沂 咸豐甲寅 刻本四冊

叠一齋集 詩文二十四卷 金石子一卷 表讚正誤一卷 札記九卷 詞三卷 清[illegible]輿 道光間刻本十二冊

清方伯遺稿六卷 清 刻本六冊

有真意齋文集一卷 清芝恩 刻本一冊

西礦山房詩文集四卷 嘉慶戊午 刻本二冊 ○

清 [illegible]

東山抄藏

蔡寅倩集選十二卷 蔡秋宗 康熙間刊本四册

二希堂文集十一卷 蔡世遠 乾隆四十八年刊本四册

借秋亭詩草五卷補遺一卷吳歈百絶一卷 蔡雲 道光庚寅刊本二册

小詩航全集七卷 蔡時珍 道光甲辰刊本五册

燒尾文鈔一卷 蔡壽昌 道光元年刊本一册

佳秦亭一卷 蔡垂之 刊本一册

鷗跡集二十卷 蔡受 刊本四册

蔣石進禊帖一卷 蔣和 鈔本一册

拙存堂文集八卷 蔣衡 乾隆壬寅刊本六册

160

忠雅堂詩集二十九卷補遺二卷詞二卷文集十二卷 蔣士銓 嘉慶間刊本十册

梓菴存稿八卷 蔣学鏞 嘉慶癸酉刊本四册

讀孟居文集六卷 蔣汾功 嘉慶庚辰刊本四册

七經樓文鈔六卷 蔣子瀟 道光二十七年刊本四册

春暉閣詩鈔選六卷 前人 道光十六年刊本二册

通齋全集十卷 蔣超伯 附曉瀛遺稿二卷 蔣繼伯 同治三年刊本十册

嘯古堂文集八卷 蔣敦復 刊本二册

空青水碧齋文集八卷 蔣琦齡 刊本八册

蔣稿

東山鈔藏

清隱草堂文二卷 薛雲錫 刊本一册

策軒文鈔六卷 薛宣識 刊本四册

岣嶁講義不分卷 喻毓杰 刊本二册

寶書堂詩鈔八卷 許華 嘉慶十六年刊本一册 ○

詠齋遺稿八卷 許維屋 刊本二册

田硯齋文集二卷 許宗杞 刊本一册

聽雨山房文鈔六卷 鄧顯鶴 刊本二冊

南村草堂文鈔二十卷詩鈔二十四卷 鄧顯鶴 刊本十六冊

雙梧山館文鈔二十四卷 鄧瑶 刊本八冊

鄭寒村詩文選二十六卷 鄭梁 刊本八冊

板橋詩鈔三卷詞鈔一卷小唱一卷家書一卷題畫一卷

鄭燮

東山抄藏

鄭燮 乾隆間刊本四册

吞松閣集四十卷 鄭虎文 嘉慶間刊本十二册

藏密廬文稿四卷 鄭喬遷 道光十一年刊本二册

亦囂囂齋隨筆十二卷 鄭敦曜 同治壬申刊本六册

巢經巢集二十五卷 鄭珍 同治五年刊本十册

巢經巢詩文集二十二卷 前人 附屈廬詩集 鄭知同 刊本八册

海藏樓詩八卷 鄭孝胥 刊本二册

思齋存草四卷 鄭受貴 刊本一册

野竹居詩稿二卷文稿一卷附雪樵詩稿一卷 鄭竺 刊本一册

金粟齋遺集八卷 蒯光典 刊本四冊

式馨堂文集十五卷 魯之裕 康熙甲戌刊本四冊

歸田文存二卷 魯曾煜 道光間刊本二冊

山木居士外集四卷 魯仕驥 乾隆四十七年刊本二冊

魯山木先生文集十二卷 外集二卷 蒯人魯賓之文鈔一卷 魯績 魯習之文鈔一卷 魯蒯光 道光十一年刊本八冊

通父類稿四卷續編二卷詩存四卷存餘二卷 魯一同 刊本四冊

仲實類稿一卷詩存二卷 魯蕡 刊本二冊

蒯魯儀輯

東山抄藏

厚庵詩稿四卷 魯鴻 鈔本三冊

劍光樓集三卷 儀克中 刊本二冊

託素齋文集六卷詩集四卷行述一卷 黎士弘 雍正四年刊本二十冊

拙尊園叢稿四卷 黎庶昌 刊本四冊

四照堂詩集十一卷 盧紘 順治辛丑刊本六册

抱經堂文集三十四卷 盧文弨 乾隆乙卯刊本四册

賡言堂文集十二卷 衛既齊 乾隆三十七年刊本四册

杏廬文鈔八卷 許楣坤 刊本二册

推一宅文集不分卷 錢棻 鈔本一册

藏山閣詩存十四卷文存六卷尺牘四卷 錢秉鐙 排印本四册

調運齋集不分卷 錢陸燦 刊本六册

衎石齋記事藁十卷續藁十卷（刻楮集四卷）旅逸小稿二卷僑京[illegible]一卷

錢儀吉 道光間刊本十二册

甘泉鄉人藁二十四卷附可讀書齋校書譜 錢泰吉 咸豐四年刊本五册

甘泉鄉人藁二十四卷餘稿二卷年譜一卷 前人 附四[illegible]子崖

辛卯農偶吟稿 同治十一年刊本七册

常惺惺齋文集十卷 錢之稿 道光庚戌刊本十册

錢南園遺集五卷 錢澧 同治壬申刊本二册

小學盦遺書四卷 錢馥 刊本一册

存素堂詩藁十四卷文藁四卷奏疏四卷古稿二十八卷

3

年譜二卷 錢寶琛 刊本十三册
述古堂集十二卷 錢兆鵬 刊本四册
寄廬雜記四卷 錢國珍 刊本二册
清風室文鈔十二卷 錢保塘 刊本四册
竹初詩鈔十六卷 文鈔六卷 附乞食圖題詠 錢維喬撰 刊本二册
錢維喬 嘉慶五年刊本十册
錢文敏公全集三十卷 錢維城 乾隆丙申刊本十册
經德堂文集六卷 別集二卷 龍理瑞 刊本六册
永懷堂文鈔十卷 詩鈔二卷 龍文彬 刊本五册

錢龍偁齋簿
東山抄藏

藝風文存十二卷 繆荃孫 刊本五册

敬孚類稾十六卷 蕭穆 刊本四册

澹友軒集十六卷 薛所蘊 康熙間刊本四册 ○

依歸集不分卷 薛揆 康熙丁巳刊本二册 ○

香閒遺集四卷 薛起鳳 重刊本一册 寫刊本一册 ○

學詁齋文集二卷 薛壽 光緒庚辰刊本一冊

洛間山人文鈔二卷 又稿本三卷一冊 薛學廷 刊本二冊

青萍軒文錄二卷詩錄一卷 薛福保 光緒八年刊本一冊

潛齋先生集十卷 應撝謙 咸豐四年刊本六冊

大愚山人文集十六卷詩集十二卷 謝嘉榮 光緒六年刊本六冊

醉白堂集四卷續一卷 謝良琦 光緒十九年刊本二冊

知恥齋文集二卷 謝振定 道光九年刊本一冊

樹經堂文集四卷 謝啟昆 刊本二冊

謝韓應

會稽山齋全集二十五卷 附文一卷 蒙泉子一卷 謝應芝 刊本六冊

二勿齋文集六卷 謝金鑾 道光癸酉刊本二冊

梅莊雜著四卷 謝濟世 道光五年刊本四冊

進斯齋詩集四卷 謝照 刊本四冊

理堂詩集四卷 文集十卷 日記八卷 韓夢周 道光四年 刊本八冊

讀有用書齋雜著二卷 韓應陛 刊本一冊

翠岩室文稿二卷 詩鈔五卷 韓弼元 刊本四冊

忱軒文鈔二卷 蔣灝 刊本二册

儲遯庵文集十二卷附錄一卷 儲方慶 刊本六册

在陸草堂文集六卷 儲欣 雍正元年刊本六册

存硯樓文集十六卷二集十六卷 儲大文 乾隆九年刊本 四册

存硯樓文集初集十六卷 乾隆九年刊十册 存硯樓二集廿五卷 乾隆十九年刊八册

戴南山集十四卷惟年譜一卷補遺三卷 戴名世 六册 刊本十册

兩峯堂詩集六卷文集四卷 戴殿四 刊本四册

味雪齋文鈔甲集十卷乙集八卷詩鈔八卷 戴絅孫 道光丁

翰 儲 戴

東山抄藏

未刊本六册

習苦齋詩集八卷 古文四卷 戴熙 同治六年刊本四册

味經山館文鈔四卷附行述 戴鈞衡 咸豐三年刊本二册

耕煙草堂詩鈔四卷 戴梓 刊本二册

純甫古文鈔六卷 戴楫 同治庚午刊本一册

謫麐堂遺集四卷 戴望 刊本二册

師華山房文集五卷 戴祖啓 刊本二册

帰元恭文鈔不分卷 帰庄鈔本二冊○

踈野堂集十卷 帰令瑜刊本一冊○

清風遺集一卷補遺一卷附錄一卷 魏閑刊本一冊

寒松堂集奏疏四卷詩文十二卷附年譜一卷 魏象樞嘉慶十六年刊本十二冊

古微堂内集三卷外集七卷 魏源刊本四冊

尊聞居士集六卷 羅有高 乾隆四十七年刊本二冊○

帰 魏 羅 譚 過

東山抄藏

恬養齋文鈔四卷補一卷 羅以智 排印本二冊
永豐鄉人稾甲乙丙丁集八卷 羅振玉 刊本六冊
面城精舍雜文甲乙編 前人 刊本一冊 松翁近稿一卷補遺一卷 前人 石印本一冊
丙寅稿一卷 前人 排印本一冊 丁戊稿一卷 排印本一冊
樂志堂文集十八卷續集二卷 譚瑩 咸豐間刊本八冊
希古堂文甲集二卷乙卷六卷 譚宗浚 刊本四冊
復堂文續五卷 譚獻 刊本四冊
隨園詩草八卷附禪家公案 邊連寶 乾隆乙未刊本八冊

60

健修堂詩二十二卷空青館詞三卷 邊浴禮 刊本八冊

叢碧山房集三十八卷 龐塏 刊本十二冊

秋水集十卷 嚴繩孫 刊本二冊

嚴太僕集十二卷 嚴虞惇 刊本四冊

樂園文鈔八卷詩鈔六卷 嚴於煌 道光甲辰刊本四冊

鐵橋漫稿八卷金石跋四卷 嚴可均 刊本五冊

香雪齋詩鈔四卷 嚴鈖 刊本二冊

鄦嚴蘇

東山鈔藏

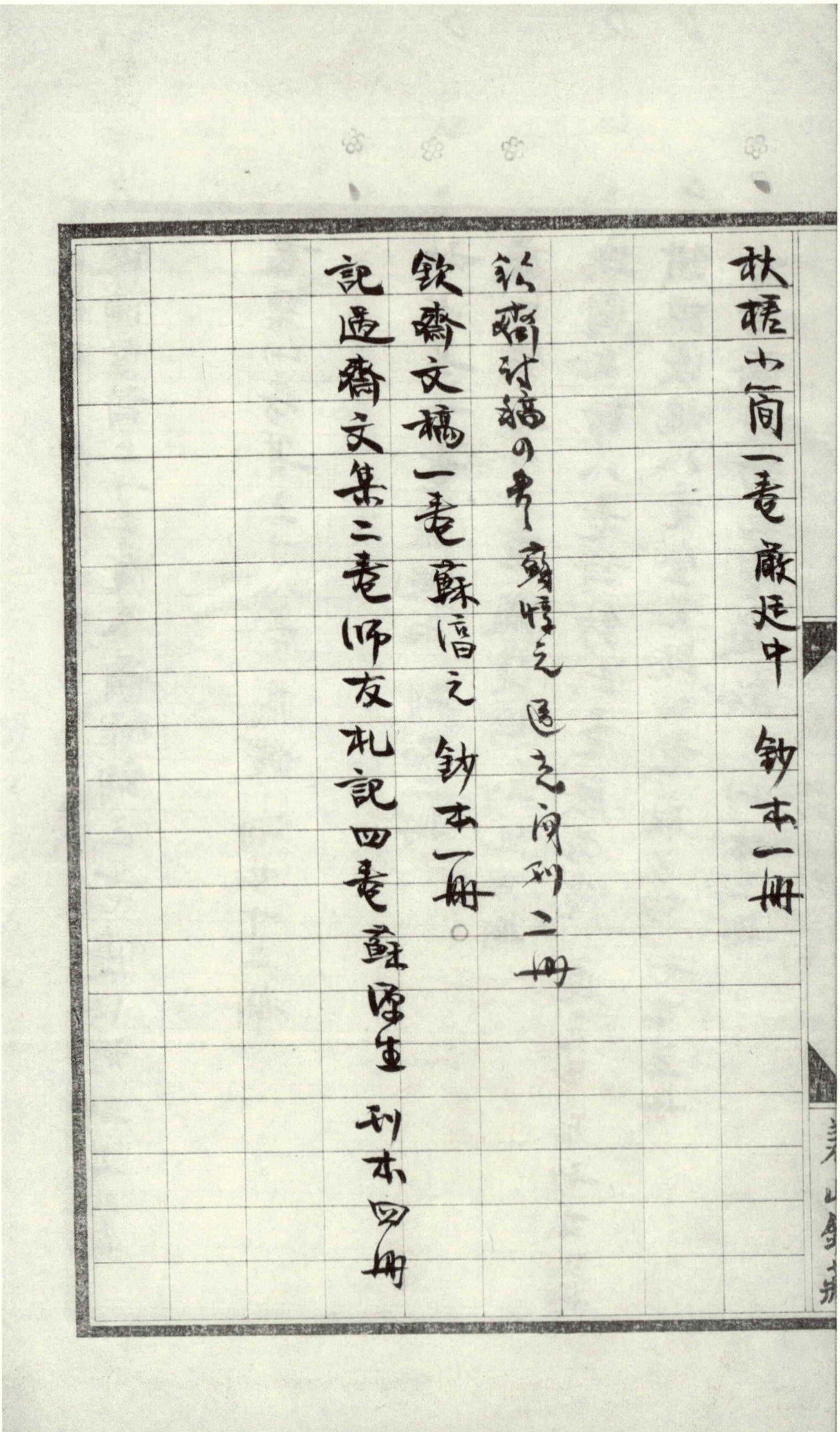
秋槎小簡一卷 嚴廷中 鈔本一冊
欽齋詩稿四卷 蘇惇元 道光間刊二冊
欽齋文稿一卷 蘇惇元 鈔本一冊◦
記過齋文集二卷 師友札記四卷 蘇源生 刊本四冊

白茅堂集四十六卷附耳提錄一卷 顧景星 刊本二十冊

鳳池園文集八卷詩集八卷 顧汧 康熙年刊本六冊

秀野草堂集六十六卷附自訂年譜一卷 顧嗣立 通志 戊申刊本十二冊

吹萬閣詩集七卷 顧詒祿 乾隆年刊本四冊

抱桐軒文集三卷 洗桐軒文集九卷 顧陳垿 乾隆年刊本四冊

素崖詩鈔二卷外集三卷 顧脩 刊本二冊

玉司山房集四卷 [illegible]足倫

鷗巢詩存一卷 顧信慶 刊本二冊

且飲樓詩選四卷續集一卷 顧晞元 刊本一冊

悔過齋文集七卷劄記一卷續集七卷補遺一卷 顧廣譽 刊本四冊

孟晉齋文集五卷附國朝列士傳一卷 張壽祺 刊本二冊

衎素居文鈔六卷 張錄 刊本五冊

寰東文録八卷 張鎮 刊本四冊

壺山文録八卷詩録二卷 張雯 刊本四冊

跬園詩録六卷 張震禧 排印本二冊

非拙齋文集八卷附存二卷 張千臣 排印本四冊

月滴樓文集四卷 張宇泰 刊本二冊。

詒思齋古文一卷 饒滌夫 同治四年刊本二冊

定盦文集三卷續集四卷續錄一卷詩三卷詞選一卷

補編四卷 龔自珍 刊本五冊 國學扶輪社排印本四冊

薇花吟館詩稿六卷 龔顯曾 刊本二冊

定山堂詩集四十三卷詩餘四卷古文小品六卷 龔鼎孳 刊本十二冊

饒 龔

東山抄藏

絡緯吟十二卷　明徐媛

康熙癸丑年抄本二冊。

徐烈婦詩鈔二卷 吳絳雪 同心梔子圖續編一卷 丞堂 咸豐之年同

刊本一册

香雨樓集十四卷 沈彩 乾隆四十七年刊本二册

紅鶴山莊近體詩二卷二集一卷詞一卷 胡慎容 刊本二册

晏海遠艸一卷 讀印廔 九疑仙館詩鈔一卷 讀印樓鈔本一册

醉依軒詩鈔二卷 趙鏡仙 道光十七年刊本一册

聽松樓遺稿四卷附一卷 陳尔士 刊本二册

自然好學齋詩鈔十卷 汪端 刊本三册

倩梅簃遺稿一卷 戴小玉 道光年刊本一册

綠雪山房詩草二卷 勞崇光 刊本一冊

雙蝶閣詩詞五卷 長祉媛 刊本一冊

芸香館遺集二卷 那遜蘭保 刊本一冊

同根草四卷 屈茝纕蕙纕 刊本二冊

千里樓詩一卷 周維德 刊本一冊

讀選樓詩稿十卷 王瓊之姊 刊本二冊

物徂徠集三十卷 物茂卿 日本文元元年刊本二十册

蘐葉夕陽邨舍詩十卷後編八卷文四卷 菅晋帥 日本刊本十三册

碩水先生遺書十二卷 楠本孚嘉 刊本五册

中州文稿三卷 三島毅 日本刊本三册

息軒遺稿四卷 安井衡 日本刊本四册

遺稿十卷

山陽先生書後三卷 題跋一卷 賴襄 刊本九册

宦亭別錄一卷 民國抄本一冊

松陽詩集略選四卷 油和尚抄本一冊

深雪老人拜集 趙彬抄本一冊

謝屯亭詩集一卷 董彭刪抄本一冊

鐔津文集十九卷 契嵩 文化十八年抄四冊

入王重部

完也庵詩集十卷 之琭抄本二冊

借庵吟一卷 吳培 道光抄本一冊

八指頭陀詩集十卷附襍文鈔自述 敬安抄本二冊

梵隱堂集不分卷 定阿祖記 鈔本一冊

新山鈔

存素堂文集四卷 法式善 嘉慶間刊本四册。

大谷山堂集六卷 夢麟 又續集二卷 嘉慶辛未刊本一册

鬱華閣遺集四卷 盛昱 刊本一册

意園文略二卷 前人 刊本一册

海上嘉月樓勵学遺摘二卷 震鈞 刊本二册

諸子偶十卷 訒勤精舍 刊本二册

越中百詠一卷 周晉鑅 道光己酉刊本一册。

越詠二卷 周調梅 咸豐四年刊本二册。

太湖竹枝詞二卷 葉承桂 咸豐癸丑刊本一册

南湖百詠一卷 吳莘恩 刊本一册

真州竹枝詞一卷 厲惕齋 刊本二册

瓊海紀事詩一卷 程秉釗 刊本一册

臺灣雜詠合刻 王凱泰等 刊本一册

蒙青青八字唱和詩 釋明新等 刊本一册

臺灣雜詠合刻 王凱泰 刊本一册

詠史新樂府不分卷附明懿安皇后遺事 胡介祉 鈔本二册

明樂府一卷 萬斯同 刊本一册

七姬詠廿三首 見擷芳 嘉慶間刊 一册

十六國宫詞二卷 周舜 選 光刊 一册

會稽王氏銀管録懸存録不分卷 刊本二册

總集類

楚辭十七卷 王逸章句 洪興祖補注 鄂局刊本四冊（鋪）

楚辭集注八卷 洪興祖 古逸叢書覆元刊本二冊 ○

楚辭十九卷 陸時雍疏 明緝柳堂刊本二冊

楚辭五卷 來欽之述注 清初刊本二冊 ○

屈原賦注七卷通釋二卷音義三卷 戴震 乾隆二十五年 原刊本一冊 ○ 周氏複刻本二冊

屈子正音三卷 方績 光緒六年 桐舊間叢刊本一冊

楚辭上下篇 明閔齊伋刊三色本二冊

楚辭新注八卷 屈復 刊本四冊

文選六十卷 梁蕭統 唐李善注 清嘉慶十四年胡克家 影宋刊本二十四册 明刊六臣注六十册

文館詞林十卷 許敬宗 古逸叢書影舊鈔卷子本重刊三册

文苑英華一千卷 宋李昉等輯 百零四册 明隆慶年涂澤民刊本 1000

文苑英華選六十卷 清宮夢仁選 康熙年刊本四十八册

古文關鍵二卷 呂祖謙 刊本二册（鋪）

文章正宗二十四卷續二十卷 真德秀 明刊本二十四册

文章規範七卷 謝枋得評選 刊本二册（鋪）

崇古文訣三十五卷 樓昉 明刊本六册

文致不分卷 明劉士鏻選 明閔元衢刊朱墨本八册 400

文選筆記八卷 許巽行 [illegible] 刊六册

名世文宗三十卷 胡時化選輯 明刊本十六冊（鋪）

朱子論定文鈔二十卷 吳震方輯 康熙年刊本十冊

古文淵鑑六十四卷 徐乾學等奉敕撰 清內府刊本三色印本三十二冊

古文約選不分卷 方苞輯 刊本二十四冊

古文辭類纂七十四卷 姚鼐輯 （道之間）康紹鏞刊本十二冊

古文辭類纂七十四（五）卷 姚鼐輯 道光五年吳啟昌刊本十冊

古文辭類纂七十四卷 姚鼐輯 續纂三十四卷 王先謙輯（撰）

華山房刊本二十冊

古文詞略二十四卷 梅曾亮 刊本四冊（鋪）

唐文粹百卷 宋姚鉉 明嘉靖年徐焴刊本十六册○

唐文粹百卷 宋姚鉉 補遺二十六卷 清郭麐 許氏刊本二十四册

宋文鑑百十五卷 呂祖謙 刊本二十四册

聖宋文選三十二卷 佚名 設宋刊本六册○

南宋文錄二十四卷 董兆熊 刊本六册

遼文萃七卷 附遼史藝文志補證一卷 西夏文綴二卷

西夏藝文志一卷 王仁俊 光緒甲辰 刊本一册

金文雅十六卷 莊仲方 刊本四册

元文類七十卷 蘇天爵 刊本十册 明刊本廿册

明文衡 [illegible] 程敏政 明刊本卅二册

皇明文範六十八卷 張時徹輯 明隆慶己巳刊本四十冊

明文授讀六十二卷 黃宗羲 三十二冊 康熙三十八年刊本

明文在一百卷 薛熙撰 倪霱寫刊本十冊

明文奇賞四十卷 陳仁錫 明崇禎刊本二十冊

明文習是編不分卷 不著撰人 鈔本四冊 鄧彼珊藏本

媚幽閣文娛不分卷 鄭之勳選 明刊本五冊

媚幽閣文娛二集十卷 前人選 明刊本十冊

明文遠識本 徐文駒輯 清初刊本八冊 又廿冊

今文短篇十五卷 許巨新 康熙年刊本四冊

湖海文傳七十五卷 王昶輯 十六冊 道光丁酉經訓堂刊本

國朝古文彙鈔一百七十六卷二集一百卷 朱珔刊本 百二十冊 道光己亥

國朝文錄初二編一百四十四卷附邁堂文畧四卷 李祖陶刊本六十冊

國朝古文選不分卷 道光甲午刊本二冊(鈍)

國朝文滙五集二百卷 繆荃孫等纂(鈍) 九十冊 國學扶輪社石印本

文苑珠林四卷 蔣超伯 刊本二冊

唐宋文醇五十八卷 康熙敕撰 內府刊本二十冊 ○

文章指南五卷 歸有光 抄本六冊 孔繼涵藏本 ○ 刊本五冊

8

今文類編八卷二編二卷 趙熟典輯 乾隆間刊本十冊

明文選 不著撰人名氏 天啓刊本八冊

吳國倫六卷 王道行四卷 劉鳳四卷 宗臣二卷

徐中行二卷

明儒尚論錄十六卷 葉士昭 輯存卷一之二卷 寫本六冊

國朝文述初編八卷 王熙選 光緒刊 十二冊

宋國文選十六卷 周壽昌 選光緒六年刊 十二冊

東山步藏

古賦辯體十卷 宋祝堯 明嘉靖丁酉刊本二冊○

四六法海八卷 王志堅 蔣士銓評 刊本八冊

翠娛閣評選文韻二卷 陸雲龍 刊本一冊

六朝文絜四卷 許槤 道光五年刊朱墨本二冊○

六朝文絜箋注十二卷 黎經誥 刊本四冊 (錄)

選注六朝唐賦二卷 馬傳庚 刊本二冊

八家四六文鈔八卷 吳鼒 刊本四冊

四六金桴十二卷 汪士鋐 康熙刊本四冊 (錄)

國朝駢體正宗十二卷 曾燠 姚燮評 花雨樓刊朱墨本六冊

東山鈔藏

國朝駢體正宗續編八卷 張鳴珂 光緒戊子寒松閣刊本

駢文類纂四十六卷 王先謙二冊 刊本二十四冊

駢文類苑十四卷 姚燮 刊本二十冊

吳郡文粹十卷 鄭虎臣輯 康熙年活字本十册
舊鈔本八册
廣陵詩事十卷 阮元 嘉慶六年刊本四册
淮安藝文志十卷 不著輯人姓氏 刊本八册
梅里詩輯二十八卷 許燦 續輯十二卷 沈愛蓮 道光三十年刊本十二册
白田風雅二十四卷 朱彬 光緒丙辰刊本四册
同治十四年
秣陵文錄二十四卷 凌淦 刊本六册
國朝浙人詩存八卷 柴杰 乾隆年刊本八册
兩浙輶軒錄四十卷 阮元 續錄五十四卷 潘衍桐 刊本七十册
會稽掇英總集二十卷 孔延之 宋輯 道光辛巳山陰杜氏浣花宗塾刊本六册

東山抄藏

越風三十卷 商盤 嘉慶辛未刊本十册
諸暨詩英十一卷 續七卷 石印本四册
國朝湖州詩錄三十四卷 陈焯 續錄十六卷 補編二卷 鄭佶
道光庚寅刊本二十册
當湖文繫初編二十八卷 朱壬林輯 光緒己丑刊本十二册
硤川詩鈔二十卷 詞鈔一卷 曹宗載 續鈔十六卷 許仁沐
光緒十八年刊本十册
蓮蹊文鈔八卷 陳回璜 咸豐年刊本二册
新溪文述八卷 鄭之章 排印本二册

甬上耆舊詩三十卷 胡文學選輯 李鄴嗣敘傳 康熙丙辰刊本十二冊

續甬上耆舊詩一百二十卷 全祖望 排印本二十四冊

蛟川先正文存二十卷 陳繼聰 光緒七年刊本十冊

甌括先正文錄十五卷 補遺一卷 陳遇春 道光年刊本十六冊

南昌文考二十卷 萬芝堂壽藕船輯 乾隆六十年刊本十冊

曲阜詩鈔八卷 孔憲彝 道光二十五年刊本二冊

津門古文所見錄四卷 郭師泰 光緒十八年刊本四冊

天津文鈔七卷 華光鼐 庚申年刊本四冊

嶺南文鈔十八卷 陳在謙 道光壬辰刊本六冊

古川紀事詩二卷 沈爲輅 伊藤清民鈔 嘉永戊申 刊本二冊

越中耆舊詩不分卷 沈澄集輯 鈔本二十四冊

甬東正氣集二卷 董沛輯 刊本一冊

新闗藝文一卷續一卷 沈安跋 刊本一冊

姚江逸詩十五卷 黃宗羲 乾隆四十一年 刊本六冊

方氏七代遺書 方昌翰輯 刊本十冊

15

500

漢魏六朝二十一名家集一百二十二卷　汪士賢輯　明萬曆年刊本四十一冊

漢魏六朝百三名家集一百七十四卷　張溥輯　明刊本一百冊
附漢魏六朝一百三名家集題詞一冊

唐人三家集二十六卷　駱賓王　呂溫　李觀　道光年石研齋刊本四冊

唐四家詩集二十三卷　孟浩然　王摩詰　孟東野　李賀　明凌濛初刊朱墨本十四冊

後三唐人集二十六卷　歐陽詹　皇甫湜　孫樵　民国乙卯斗[illegible][illegible][illegible]刊本四冊

唐人五十家小集七十三卷　江標輯　刊本十六冊

三宋人集四十五卷　方功惠輯　光緒庚辰刊本六冊

唐宋四家集選四十四卷　柳開　穆修　尹洙　陸夢龍　明刊本二十四冊

唐宋八大家類選十四卷　儲欣　刊本十冊

東山[illegible][illegible]

300

三蘇先生文粹七十卷 不著撰人 明嘉靖年刊本十册

蘇門諸子文粹五十六卷 不著撰人 明萬曆年刊本八册

南宋群賢六十家小集九十六卷 影汲古閣影宋鈔本二十四册

明六名家集四十九卷 徐世溥輯 明刊本三十二册
劉基 李東陽 茅坤 王世貞 汪道昆
李攀龍

翠娛閣評選明人小品二十四卷 陸雲龍評 鈔本十二册
李維楨 陳仁錫 鍾惺 陳繼儒 屠隆 董其昌 張鼐 湯顯祖 虞淳熙 曹學佺 徐渭 黃汝亨

國朝三家文鈔三十二卷 宋犖 康熙甲戌刊本十册
侯方域 魏禧 汪琬

易堂九子文鈔不分卷 道光年刊本十二册

藏書題跋尺牘小詞共十六卷 黃蕘圃全稿 明刊本二册

中州名賢文表三十卷 劉欽昌輯 康熙丙戌里之先刊 本十二冊

許衡六卷 姚燧八卷 馬祖常五卷 許有壬三卷 王惲六卷

孛术魯翀二卷

容城三賢集十二卷 刊本十二冊

劉靜修四卷 楊椒山四卷 孫夏峯四卷

空同與何君集三十八卷 影印本八冊

何元俊二十八卷 何良俊十卷

左氏雙忠集十八卷 道光丙午刊本八冊

左忠毅六卷 左忠貞十二卷

海寧三陶先生合集二十卷 光緒七年刊本八冊

東山抄藏

陶文僖八卷　陶退庵二卷　陶正靖十卷

臨川陳氏父子全集　李來泰輯　康熙間刊本七册

陳際泰已吾集十四卷　陳孝威壺山集三卷

陳孝逸癡山集六卷

三魏全集八十六卷　道光二十五年刊本五十册

伯子十卷　叔子三十三卷　季子十六卷

昭士十卷　敬士十卷　與士六卷

江左十五子詩選十五卷　宋犖選輯　康熙癸未刊本二册

四明四友詩四卷　鄭梁輯　康熙間刊本四册

李暾　蔣郎動　鄭性　謝緒章

徐州二遺民集十卷　萬壽祺　閻爾梅　刊本六册

越中三子詩三卷　郭毓選　乾隆癸酉刊本三册

劉鳴玉　陳[illegible]乾　童鈺

兩屏詩僧全集二十六卷　丁松生輯　鈔本十冊

明中五卷　篆玉九卷　讀一三卷　嘯溪二卷

達宣三卷　達受四卷

靈巖三家詩選四卷　乾隆丁酉刊本一冊

盛錦青嶼遺稿二卷

黃子雲野鴻詩選一卷　孫鶴能鑑齋遺稿一卷

粵西五家文集二十四卷　宗經瀛輯　刊本六冊

茶陽三家文鈔六卷　排印本二冊

何如璋三卷　林達泉二卷　邱晉昕一卷

吳氏一家稿九十二卷　吳錫麟等　刊本十六冊

五周先生集七卷　周星譽等　刊本二冊

乾坤正氣集五百七十四卷　潘錫恩輯　刊本百六十册
明萬曆　年刊本二十四册
宋二名家集
龍川集三十卷
水心集二十九卷
明十家詩集　明刊本十六册　每半頁九行行二十字
高蘇門集二卷　[illegible]　　[illegible]三石集二卷　[illegible]
何大復集四卷　[illegible]　　邊華泉集二卷　[illegible]
王鳳洲集四卷　[illegible]　　[illegible]川樓集四卷　周倫
李滄溟集四卷　[illegible]　　鄭少谷集四卷　[illegible]
薛西原集二卷　[illegible]　　徐昌穀集二卷　[illegible]
翠娛閣評選古文十六[illegible]　陸雲龍評選　崇禎間刊殘存八册
目缺下
[illegible]二卷　袁中郎二卷　袁小修二卷　鍾伯敬二卷
周氏七代選十卷　[illegible]輯　刊本十册

玉臺新詠十卷 徐陵 清初寒山馮氏硯豐齋刊本七冊

玉臺新詠箋注十卷 吴兆宜 乾隆三十九年刊本四冊

西崑酬唱集二卷 康熙戊子朱俊升刊本二冊

西崑酬唱集注二卷 周本楨、王圖煒 刊本二冊

古詩十九首詳解一卷 張庚 刊本一冊

唐音十五卷 楊士宏 顧璘評點 日本刊本五冊

唐詩正聲二十二卷 高棅 刊本四冊

唐詩快十六卷 黄周星 康熙丁卯刊本五冊

唐詩摘鈔四卷 黄生 康熙壬寅年刊本二冊

東山收藏

宋詩鈔初二三四集不分卷 吴之振 康熙年刊本三十二册

元詩自携十六卷 姚廷謙 康熙年刊本六册

明詩綜百卷 朱彝尊 康熙年刊本二十四册 300

明二十四家詩定二十四卷 黄昌衢 康熙年刊本二十册 860

明遺民詩十六卷附過青堂詩一卷 卓爾堪 清康熙初刊本八册 800

明三十家詩選初二集十六卷 汪端 道光年刊本四册

皇清國朝百名家詩選八十九卷 魏憲 康熙年枕江堂刊本三十册 1000

近代詩鈔二十四卷 陳衍 排印本二十四册

妝樓摘艷十卷 鐵之鍔 道光年刊本二册

300

15

詩持一集四卷 二集十卷 三集十卷 魏憲 康熙庚戌枕江樓刊本十二冊 40

詩比興箋四卷 陳沆 同治五年刊本二冊

乾坤正氣集詩二十卷 潘錫恩輯 道光癸卯刊本八冊

古詩紀一百五十六卷 馮惟訥 明萬曆刊本四十八冊 2000

十朝詩乘二十四卷 郭則澐 刊本十冊

如蘭集二十卷 黃榮 乾隆庚辰刊本八冊

列朝詩集七十七卷 錢謙益 清初刊本四十八冊

東山珍藏

明代經濟言十四卷 陳子壯輯 天啟丙寅刊本四冊

皇朝經世文編一百二十卷 姓名總目二卷 賀長齡 道光乙亥刊本六十小冊

皇朝經世文續編一百二十卷 盛康 光緒二十三年刊本六十冊

詁經精舍文集十一卷 阮元輯 嘉慶六年阮氏刻本 五册

學海堂初二三四集八十九卷 前人 道光甲申至光緒十二年刻本四十八册

翰海十二卷　沈佳胤辑　明刊本六册

翰苑瓊琚十二卷　楊慎選輯　孫鑛評　明刊本十二册

賴古堂尺牘新鈔十二卷　藏弆集十六卷　結鄰集十六卷　周在浚辑　康熙元年至九年刊本十六册

八家名賢手札四卷　郭慶藩辑　刊本四册

耕山鈔藁

邗上題襟集八卷　許正向刊本四冊。

西泠消寒集二卷　楊振宗等　同治甲戌刊本二冊

詞曲類

草堂詩餘五卷　明閔氏刊朱墨本四冊

絕妙好詞箋七卷續一卷　厲鶚　查為仁　道光間刊本四冊

詞綜補遺三卷　林樹梅　嘉慶庚午刊本四冊○

詞腴二卷　查郎勳　道光年刊本二冊

今詞初集二卷　顧貞觀　成德合選　康熙丁酉重刊本

國朝名家詩餘十六卷　二冊　孫默輯　康熙刊本十冊

宋名家詞六十九卷　錢唐汪氏重刊本二十四冊

二家詞鈔五卷　李慈銘撰增評　光緒間刊本二冊

峴亭疊韻二卷　余亮松　汪憲　刊本一冊

平陵宜客詞　倚學士　張迴　刊本一冊

元曲選二十卷 臧晉叔輯 影印本四十八冊

盛明雜劇初集三十卷二集三十卷 董氏重刊本十六冊

納書楹曲譜二十二卷 葉堂 刊本十冊

散曲叢刊 卷 任中敏輯 排印本三十二冊

曲海總目提要四十六卷 黃文暘 排印本十六冊

詞話叢編百八十四卷 唐圭璋編 排印本二十四冊

影舊鈔卷子本碣石調幽蘭　古逸叢書單行本一册

廿一史彈詞注十卷　楊慎　孫三錫注　明紀彈詞二卷　孫三錫　刊本六册

荊釵記二卷　暖紅室刊本二册

瓶笙館修簫譜四卷　舒位　道光癸巳錢唐汪氏刊本一册

桃花聖解盦樂府二種　李慈銘　刊本一册

詩文評類

文心雕龍十卷 劉勰 明刊本四冊 又黃叔琳校輯鈔本二冊
又道光間兩廣節署刊黃注紀評朱墨本四冊

唐詩紀事八十一卷 計有功 明刊本十六冊

苕溪漁隱叢話前集六十卷後集四十卷 胡仔 乾隆庚申刊本十六冊

少室山房詩藪內編六卷外編六卷續編二卷補編六卷 胡應麟 萬曆間刊本十冊

四溟詩話四卷 謝榛 乾隆甲戌秀水胡曾校刊本二冊

詩人玉屑二十卷 魏慶之 清刊本六冊

堯山堂偶雋七卷 蔣一揆 明刊本二冊

静志居诗话二十四卷 朱彝尊 嘉庆己卯扶荔山房刊本十四册

围炉诗话六卷 西昆发微三卷 吴乔 附谈龙录一卷 刊本三册

带经堂诗话三十卷 王士禛 刊本十册 张宗柟辑

渔洋山人诗问二卷一册 乾隆□午刊八册

柳亭诗话三十卷 宋长白 康熙乙酉刊本六册 又十二册

历代诗话八十卷 何文焕辑 乾隆三十五年刊本二十四册

絸斋诗谈八卷 附诗选二卷 张谦宜 康熙间刊本四册 论文六卷 乾隆

空泉诗话五卷 陈辉 刊本一册

宋诗纪事一百卷 厉鹗 乾隆十一年刊本十八册

初白庵诗评三卷 附词综偶评 张载华辑 乾隆二十二年刊本六册

炙硯瑣談三卷　楊大奎　乾隆五十七年亦有生齋刊本二冊

四六叢話三十三卷　選詩叢話一卷　孫梅　乾隆間刊本十二冊

拜經樓詩話四卷　吳騫　嘉慶三年刊本四冊

風雅遺聞四卷　鮑學璟　乾隆癸丑刊本二冊

全閩詩話三十八卷　陶元藻　嘉慶丙辰　刊本十二冊

全唐文紀事百二十二卷　陳鴻墀　同治十二年　刊本三十二冊

蘇亭詩話六卷　孫道　光緒[illegible]　刊本四冊

文翼三卷　吳鋌　道光十六年刊本一冊

文史通義一卷　章學誠　刊本一冊

兼山鈔藏

刘海峯論文偶記附惜抱軒語不分卷 廖景輯 刊本一冊

鐙窗瑣語十卷 于源 道光丁未刊本四冊

筠石山房詩話鈔六冊 觴霞 道光丁未刊本六冊

滇南詩話十四卷 檀萃 嘉慶庚申刊本六冊

閩川閨秀詩話四卷 梁章鉅 道光己酉刊本二冊

長樂詩話六卷 高人 鈔本二冊

養一齋詩話十卷李杜詩話三卷 潘德輿 道光丙申刊本四冊

睿吾樓文話十六卷 葉元堦 道光癸巳刊本四冊

國朝詩人徵略六十卷二編六十卷 張維屏 道光廿二年刊本十八冊

明詩紀事一百八十七卷 陳田 刊本三十八冊

竹間十日話六卷 郭柏蒼 刊本三冊

射鷹樓詩話二十四卷 林昌彝 咸豐間刊本八冊

海天琴思錄八卷續錄八卷 前人 刊本十二冊

罗吾詩話一卷舊詩一卷 島國韓 光緒年刊本二冊

小匏庵詩話十卷 吳仰賢 刊本二冊

出戍詩話四卷 袁潔 刊本二冊

懷雲閣詩話三卷 得依居士遺存 鈔本三冊

萱園詩話一卷附椿同草堂筆記一卷 金宣 刊本二冊

緯雅堂詩話二卷 儲衍桐 光緒辛卯刊本二册

昭昧詹言二十一卷 方東樹 吳摯甫評 刊本六册

峴傭說詩一卷 不著撰人 刊本一册

埜說六卷 不著撰人 刊本二册

羅畫樓詩話八卷 房星文 刊本四册

越縵堂詩話二卷 李慈銘 排印本二册

藻川堂譚藝四卷 鄧繹 光緒丙刊本二册

六朝麗指一卷 孫德謙 刊本一册

古文辭通義二十卷 王葆心 排印本十册

清代閨閣詩人徵略十卷 施淑儀 排印本四冊

楹聯新話十卷 朱應鎬 刊本四冊

古謠彙例六卷 蔡佺恒 刊本二冊

螢雪軒叢書十集十卷 日本近藤元粹評 明治三十七年刊本十冊

[illegible]文[illegible]二卷 葉[illegible] 刊本一冊

十朝詩乘 卷 郭則澐 刊本十冊

閩遊詩話三卷 徐祚永 刊本一冊

初月樓古文緒論一卷 吳德旋 呂璜纂 道光十一年周家祠刊本一冊

耆舊續詩話十卷 錢駿[illegible] 同治十三年刊本八冊

宋四六話十二卷 曹振鏞 嘉慶四年刊六冊

一、方右川先生傳錄 一册

一、制義叢話二四卷 梁章鉅 咸豐九年刊 八册

兼山鈔藏